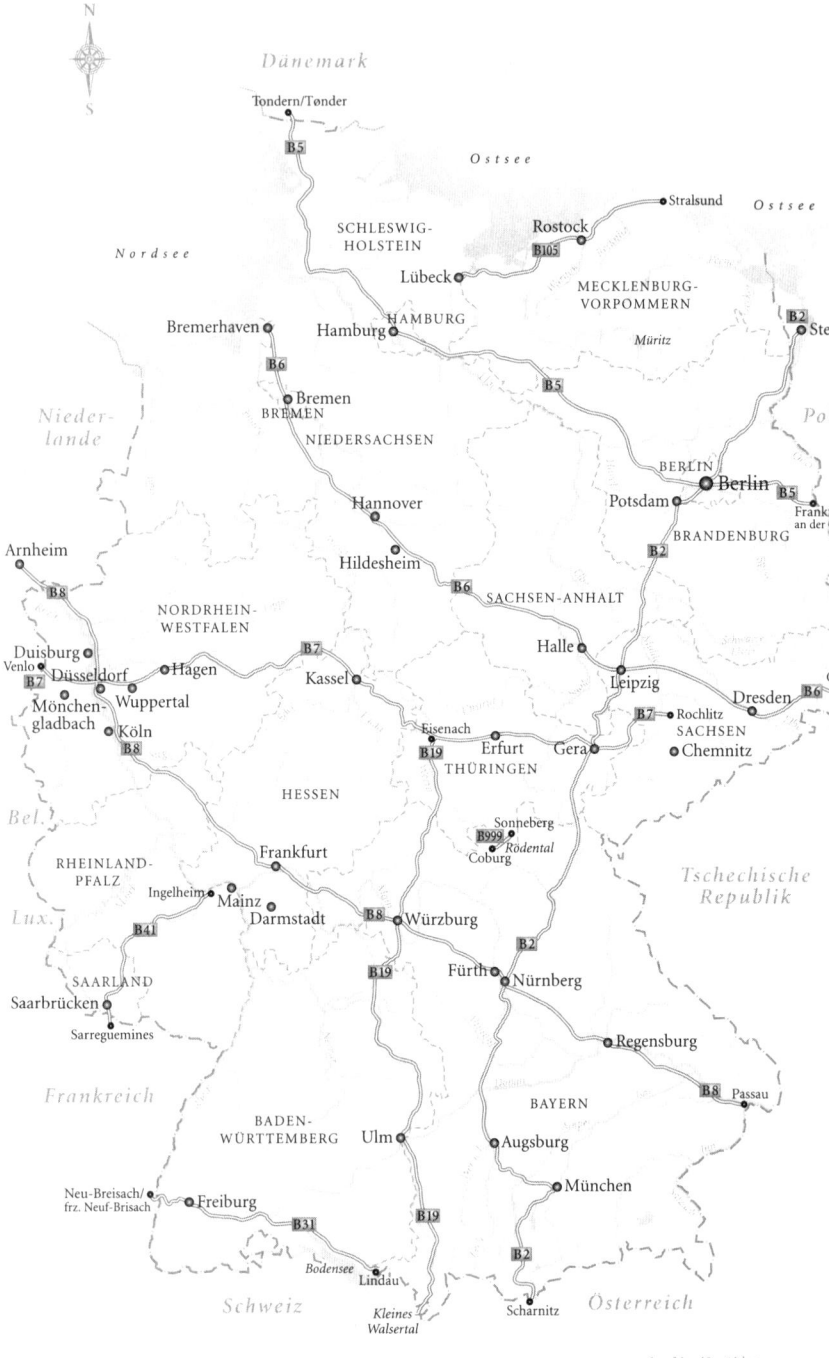

Burkhard Müller

B – eine deutsche Reise

Rowohlt · Berlin

1. Auflage September 2010
Copyright © 2010 by Rowohlt · Berlin
Verlag GmbH, Berlin
Karten Peter Palm, Berlin
Fotos Burkhard Müller
Satz Minion PostScript, InDesign
Gesamtherstellung CPI – Clausen & Bosse, Leck
Printed in Germany
ISBN 978 3 87134 663 7

Inhalt

Denen, die mich begleitet haben

Vorwort

Seit es das Netzwerk der Autobahnen gibt, nehmen wir das Land nicht mehr wahr. Deutschland ist geschrumpft auf die zwei Punkte, wo man startet und wo man in längstens einem halben Tag angekommen sein will; dazwischen liegt nichts als gleichmäßig durchrollte Ödnis. Vergeblich mühen sich die neuen Schilder am Pistenrand in einem wehmütigen Braun, auf das Vorhandensein des Rheingaus oder der Oberpfälzer Teichpfanne hinzuweisen. Der Raum rechts und links hat im System A aufgehört zu existieren.

Daneben aber besteht ein älteres Geflecht von Fernstraßen, die, als wären sie zu einer Art zweiter Liga abgesunken, sämtlich ein B vor ihrem Namen führen: die Bundesstraßen. Nur wo unbedingt nötig, auf den ersten und letzten Kilometern der Strecke, macht man von ihnen Gebrauch und ahnt gar nichts mehr vom langen Atem, den sie haben. Wer hätte je die B 8 in ihrer vollen Länge durchmessen! In Passau fängt sie an, führt die Donau hinauf, grüßt die Walhalla, berührt die alten Reichsstädte Regensburg, Nürnberg und Frankfurt, steigt über den Taunus auf ins hessische Bergland, kreuzt den Westerwald, trifft bei Köln auf den Rhein, streift rheinabwärts Düsseldorf und Duisburg und erreicht bei Emmerich die niederländische Grenze. Genau 800 Kilometer hat sie schließlich hinter sich. Die B 5 beginnt in Frankfurt an der Oder, bildet die Hauptachse Berlins, quert das weite Terrain zwischen Berlin und Hamburg, das Auto- und Eisenbahnreisende nur als Leere erleben, biegt um nach Norden und endet an der dänischen Grenze bei Süderlügum. Nicht weniger als 550 Kilometer legt sie dabei zurück. 524 Kilometer misst

7

die B 19 zwischen dem Kleinen Walsertal, das genau genommen schon zu Österreich gehört, und der Altstadt von Eisenach in Thüringen. Und 530 Kilometer die B 7 zwischen Rochlitz in Sachsen und Venlo in den Niederlanden.

Wer diesen Wegen folgt, hat die Chance, Deutschland seiner Tiefe nach kennenzulernen, seine großen Städte und das, was einmal das flache Land oder die Provinz hieß. Was geschieht mit den kleinen Dörfern, wenn die Bauern verschwinden, und mit den etwas größeren, die in kleinstädtische Strukturen hineinwachsen? Was haben die Denkmäler und Mahnmale, von denen es hierzulande so viele gibt, für uns zu bedeuten? Wie stellt sich heute, im Zeitalter der Gewerbeparks, aber auch des überall durchgesetzten Natur- und Umweltschutzes, die Ästhetik der Landschaft dar? Und sind die großen Windkrafträder jetzt eigentlich schön oder hässlich?

Wer vom Reisen spricht, meint heute fast immer: den Anmarsch rasch und besinnungslos hinter sich bringen, dann erst in Ruhe sich am erreichten Plätzchen umtun. Reisen war einmal etwas ganz anderes; es nahm seine Zeit in Anspruch und hatte sein Pathos, es gab Aufbruch, Verweilen und Ankunft. Und es gab Überraschungen. Die Sehnsucht nach solchem Reisen ist nicht tot; sie hat sich heute in die Phantasien der Quest-Literatur geflüchtet. Man fliegt nach Gran Canaria, aber liest, während man die Stunden auf dem Flughafen verwartet, von den Gefährten des Rings und wie sie ihr Lied anstimmen:

> *Die Straße gleitet fort und fort,*
> *Weg von der Tür, wo sie begann,*
> *Weit über Land, von Ort zu Ort.*
> *Ich folge ihr, so gut ich kann.*

Deutschland scheint von der Autobahn aus ein kleines und langweiliges Land. Dass es anders ist, groß, vielgestaltig, im Umbruch, aber mit einer tiefen Geschichte, die sich nur dem Augenschein vor Ort erschließt: Das wollte ich dartun im Buch von einer Reise, die den langen Trassen Kilometer für Kilometer nachgeht und sich der Führung des alten weitgespannten Systems B überlässt. Zehn Straßen sind es geworden und zehn Fahrten zwischen dem Dezember 2008 und dem November 2009.

Ich bin nicht alleine gereist; denn ich glaube daran, dass man nur wahrhaft sieht, wenn man noch während des Sehens darüber spricht. Am besten spricht es sich mit Frauen. Ihnen, die mich begleitet haben, möchte ich danken: Heike mit ihrem kleinen Sohn Jona; meiner Schwester Sabine; Jacqueline; Peggy; und Gisa. Danken möchte ich außerdem meinen beiden ersten Lesern, Georg Klein und Thomas Steinfeld; Gunnar Schmidt vom Verlag Rowohlt · Berlin, der sich meinen Plan einleuchten ließ; und meinem Lektor Jens Dehning.

Was für ein Tag, um eine Reise zu beginnen! Es ist der 26. Dezember, zweiter Weihnachtsfeiertag, sehr kalt, niemand verlässt heute früh ohne klare Absicht vor Augen das Haus. So haben wir die Straße fast für uns allein, als wir uns mit dem flotten kleinen Mietwagen, einem schwarzen Renault Clio, anschicken, die erste der Bundesstraßen zu befahren – einen Mietwagen brauchen wir, weil weder Heike, die mich begleitet, noch ich ein eigenes Auto besitzen. In der Antike hießen die letzten sieben Tage des Jahres die halkyonischen, nach Halkyone, dem Eisvogel, der, wie man glaubte, um diese Zeit brütete; damals wurde im Winter die Schifffahrt eingestellt. Während dieser sieben Tage trat oft Meeresstille ein, und man nutzte sie für Reisen außer der Reihe. Wir fühlen uns, als wir starten, zugleich verlassen und geborgen.

Die B 7 beginnt in Rochlitz, einer kleinen sächsischen Stadt etwa 30 Kilometer nördlich von Chemnitz an der Zwickauer Mulde. Es herrscht Sonnenschein, ein Geschenk zu dieser Jahreszeit und dennoch eine Helle, der man nicht recht traut, weiß

man doch, wie bald die Nacht kommen wird. Das Land ist ohne Schnee und unerwartet grün, überall erstrecken sich Wintergetreide und Wiesen, als wäre schon der erste Frühling angebrochen.

In Rochlitz baut man mit dem berühmten örtlichen Porphyrtuff, einem schönen blassrötlichen Stein, den wolkige Streifen durchziehen, schöner mit seinem groben Korn und seiner feinen Farbe als Marmor. Aber man hat damit nur die Akzente der Gebäude bestritten, im sicheren Gefühl, dass er die Flächen verwirren würde; die Türrahmen, Fensterstöcke, Säulen am Portal des Rathauses aber schmückt und erhöht er. Die Fensterstöcke vor allem begründen das Gleichmaß dieses Stadtbilds, pfeilerartige Gliederungselemente an den eher kleinen Häusern. So stark sind sie, dass sie fast für das entschädigen, was mit den Fenstern selbst geschieht.

Denn immer sind sie der empfindlichste Teil der Häuser, wie die Augen am menschlichen Körper. Teils hat man moderne Ganzscheibenfenster eingesetzt, teils versucht, die alte Anmutung der Fensterkreuze durch aufgeklebte oder ins Innere der Thermopane-Scheiben eingelegte Plastikholme nachzuahmen; «Aspiksprossen» nennt dies der Hohn der Denkmalschützer. Als diese Häuser gebaut wurden, wohl überwiegend im 19. Jahrhundert, war das Fensterkreuz die kostengünstigste Konstruktion, denn es war noch schwierig, große ebene Scheiben herzustellen. Heute verhält es sich umgekehrt, die hölzernen Teile bedeuten eine Komplikation, stören wohl auch beim Fensterputzen. Darum wird man des Aufwands nicht recht froh, den die wenigen teuer renovierten Häuser treiben, an welchen alles Hölzerne getreulich und ohne billige Abkürzungen nachgeschnitzt ist; es wirkt ein wenig steril und protzig, eben weil es nicht mehr die naheliegende, sondern die gesuchte Lösung darstellt. Und dann gibt es noch die paar erhaltenen alten Fenster; man sieht gleich, dass sie nicht recht dicht sind, innen muss es jämmerlich ziehen.

Es ist schwer, sich heute zur überlieferten Substanz angemessen zu verhalten; vielleicht ist es unmöglich.

Die Stadt wirkt ausgestorben, nur die vielen geparkten Autos am Straßenrand geben die Gewissheit, dass hier Leute leben. Sie wirken beruhigend. Rochlitz hat auch eine stattliche Burg, an der Biegung des Flusses gelegen, mit zwei Türmen wie eine trutzige Kirche. Ein Ort mit Fluss und Burg hat immer zwei mächtige Pluspunkte. Zwei Brücken führen über die Mulde, eine Straßenbrücke aus Porphyr und eine Eisenbahnbrücke aus dem Eisen des Industriezeitalters. Noch vor nicht allzu langer Zeit hätte man die erste als schön, die zweite als hässlich angesehen; heute ist der Blick frei auch für deren Schönheit. Aber warum erst heute? Wahrscheinlich musste das Einfachere, Stärkere der neuen Brücken kommen, damit man die liebliche Schwäche der alten Bauart erkannte.

Anders die Burgen: Sie stellen immer einen Verhau des Wehrhaften dar, ohne harmonische Anlage, geprägt von einer viel roheren Notdurft, die sich den Formen des Geländes anzuschmiegen hat; es sollte keiner hereinkommen können, dem muss sich alles fügen. Sie haben etwas Pflanzliches an sich, ja Pilzhaftes, die genaue Form, zu der sie schließlich gelangt sind, ist etwas Sekundäres, ganz der Umgebung geschuldet. Umso eindrucksvoller zeigt sich ihre vegetative Kraft, sie scheinen plastisch aus ihrem Felsgrund hervorgekommen, zu dem sie in engster sichtbarer Verbindung bleiben, zumal wenn sie, wie so oft, aus dem anstehenden Stein errichtet worden sind, mit dem sie alles teilen, wie der Schwamm mit dem Baum dessen Verholzung.

Selbst in einem kleinen Ort wie Rochlitz gibt es eine Menge in Schrift- und Monumentform geronnenes Gedenken. Auf dem weiten Hauptplatz steht ein obeliskenartiges Gebilde, mit einer steinernen Bank davor, die zum betrachtenden Verweilen lädt, und einer Plakette daran: «Den Opfern der Weltkriege 1914/18 und 1939/45». Den Opfern! Wenn das keine salomonische Lösung ist! Ein jeder denkt sich seinen Teil dabei, und keiner braucht zu murren. Es erinnert mich an ein Schild, das ich einmal über einem Stammtisch angebracht gesehen habe: «Jeder hat ja so recht.» Und an der Burg Rochlitz gemahnt eine Inschrift daran, dass sie in den Jahren unmittelbar nach dem Zweiten Weltkrieg von der sowjetischen Militärkommandantur als Gefängnis missbraucht wurde, dass hier «brutale Verhöre» stattfanden, viele Internierte weiter nach Sibirien verschickt wurden und ein Drittel davon nicht mehr heimkehrte. Hier hat der gegenläufige Impuls gegriffen, nicht Beschwichtigung, sondern unverjährter Zorn, im Jahr 1990 hervorbrechend wie aus einer angestochenen Blase, der, was er nicht hätte tun sollen, die quasiewige Form der gegossenen Bronze gesucht hat. So ergeht es ihm wie einem Stück Wäsche, bei dem man nicht abwarten wollte, bis es ganz getrocknet war, und das man noch halbnass in den Schrank gelegt hat: Es beginnt einen muffigen Geruch zu verbreiten.

Heute ist unser erster Tag, wir haben noch keine Routine entwickelt, wie es zweifellos schon in wenigen Tagen der Fall sein wird. Wir haben uns für eine bequeme Form des Reisens entschieden, im geheizten Automobil, und zu zweit. Zu zweit zu reisen ist eine Entscheidung, die Folgen hat. Wer es tut, sieht weniger als der Einzelne, weil er Ablenkungen unterliegt und sein Bedürfnis nach sozialen Kontakten weitgehend schon durch seine Begleitung gestillt wird; aber er sieht auch mehr, weil er über das, was er sieht, sofort sprechen kann, und neue und andere Einsicht geht aus diesem engen Bündnis von Auge und Sprache hervor. Wer auszieht, um Strapazen zu erleben, beschäftigt sich mit den Strapazen, die jedoch nur selten über sich selbst hinausweisen; ich glaube beim Reisen an den schauensund erkenntnisfördernden Wert der Bequemlichkeit.

Sehr bequem soll es dann übrigens doch nicht werden, denn wir merken, wie der allgegenwärtige Frost an uns zu nagen beginnt.

Stark und noch um einen eisigen Wind vermehrt bekommen wir ihn zu spüren in der Neuen Landschaft Ronneburg. «Neue Landschaft» – was für ein aufregender Name! Denn hat Landschaft nicht geradezu definitionsgemäß als alt zu gelten? Landschaft kann nur gewachsen sein, sonst ist es keine – oder? Der Vorsatz, der zu ihr geführt hat, sollte vielfach zersplittert sein und sich seines Endresultats keineswegs bewusst. Aber hier hat man die Flucht nach vorn angetreten: Es mussten die gigantischen Hinterlassenschaften der «Wismut» saniert werden. Die Firma hieß «Wismut» – aber was sie wirklich förderte, war Uran, der Rohstoff der östlichen Kernkraftwerke und sowjetischen Atombomben. Mit den Massen an radioaktivem Abraum ging sie sorglos um, er lieferte die größte einzelne Altlast, die die DDR bei ihrem Ableben zurückließ. Als man sich an die Aufgabe machte, die strahlenden Überreste sicher zu verwahren, modellierte man gleich den ganzen verwüsteten Himmelsstrich neu.

Und man tat dabei das Richtige, indem man sich keine Mühe gab, das, was herauskam, als natürlich erscheinen zu lassen, dies hätte nur zum unklar bedrückenden Gefühl führen können, dass hier etwas nicht stimmt; es wäre sinister gewesen. Vielmehr sind die beiden Hügel, die das Kernareal bilden, so weit geschwungen und zugleich so stark mit Ecken behaftet, dass auch der unbefangene Blick den Unterschied vermerkt. Mindestens wird er eine so ungeschiedene Weite blanken, sanft ansteigenden Graslands für ungewöhnlich im kleinteiligen Mitteleuropa halten und frühestens in Irland etwas Ähnliches erwarten. 1,6 Milliarden Euro hat die Veranstaltung gekostet, die erst im Jahr 2007 abgeschlossen war. Die Künstlichkeit beglaubigt sich mit einem riesigen Siegel: Durch Ansäen verschiedener niedriger Pflanzen ist blass, aber deutlich genug an der Hügelflanke das Wort «Wismut» zu lesen, das eine Breite von vielleicht 200 Metern einnimmt. Weit größer steht es da als der Name «Hollywood» in den trockenen Hügeln Kaliforniens; möglicherweise stellt es den größten Schriftzug auf

Erden dar. Es ist das Gegenteil eines Etikettenschwindels: Hier wird ein Vermächtnis übernommen und kenntlich gemacht, aber im Unterschied zur Rochlitzer Burg-Plakette der Denunziation kein Raum gegeben. Ein ungewöhnliches, ein überzeugendes Denkmal für die jüngste Vergangenheit.

Ein Teil dieser neuen Landschaft ist in die Bundesgartenschau des Jahres 2007 eingegangen. Was jetzt damit anstellen? Denn die Stadt Ronneburg ist zu klein und zu weit entfernt, um das Gelände künftig als Naherholungsanlage zu nutzen. Die Lösung besteht im Themenpark «Weltentor», der eine Fantasy- und Mittelalterwelt verspricht und 2009 öffnen soll. (Ein Jahr später schon wird er Insolvenz anmelden.) Plakate fragen, ob man nicht ein paar alte Sachen auf dem Dachboden hätte, die sich dort verwenden ließen – offenbar reicht dieses Mittelalter ziemlich dicht an die Gegenwart heran.

Als vorläufige Anzahlung findet erst mal ein Mittelaltermarkt statt, trotz des Wetters nicht schlecht besucht. «Mittelalter» heißt, dass die gängigen Speisen und Getränke der Weihnachtsmärkte burleske Namen bekommen (sicherheitshalber nochmal klein darunter in der Standardsprache) und in Talern abgerechnet werden. «Das macht 13 Taler 50.» – «Wie viel ist das in Euro?» – «13,50.» – «Aha.» Bedient wird der Kunde mit «Seid bedankt», verabschiedet mit «Gehabt Euch wohl», auf dem Pissoir grüßt eine Art Nachtwächter: «Seid Ihr auch pilgern, Herr?» Das übliche Piktogramm, das zur Benutzung der Müllkübel auffordert, zeigt eine Figur, die um einen Federhut wie aus dem Sherwood Forest bereichert ist. Die Kleidung besteht aus Selbstgestricktem, Selbstgenähtem, Selbstgefilztem.

Heike fährt gern und sicher, ich eher ungern. So sitzt zumeist sie am Steuer. Wir kommen nach Gera. In der Innenstadt treffen wir auf die Versuche der späten DDR zum angepassten Bauen, was praktisch bedeutet, dass man die üblichen Plattenbauten mit Waschbetonfassade um zwei Stockwerke heruntergestuft hat, ihnen ein Walmdach verpasste und ein paar Details wie Türfassungen aus Naturstein oder Fliesenkränze um die Fensteröffnungen anbrachte. Es sieht trauriger aus, als es die rohe, reine Grundform gewesen wäre. Wie eine trübe Verschleierung legt es sich um das rechtwinklige Muster. Zum Zeitpunkt, als diese Gebäude entstanden, hatte die DDR jedenfalls das gute Gewissen und den frohen Mut verloren; sie hatte da nur noch wenige Jahre zu leben.

Die Geraer Fußgängerzone hält eine besondere Überraschung bereit, ein serielles Kunstwerk, das in die Pflasterung des Bodens eingelassen ist. Es handelt sich um mehrere lustige Figuren, zum Beispiel eines versponnenen Professors oder einer Mutter mit Kinderwagen, beide in altertümlichem Habit (unbehilfliche Schuhe wie frühe Bügeleisen, umständliche Speichenräder), aber als eine Art Intarsie in Metall eingelegt, wahrscheinlich Aluminium, dazu Teile aus getöntem Stein. Die Thematik ist biedermeierartig, Spitzweg verpflichtet, doch die Ausführung bemüht sich ersichtlich um Modernität. Aber was heißt hier modern? Man will das Behagen des 19. Jahrhunderts zurückholen (dessen Ideal strebt die Institution der Fußgängerzone ja ganz allgemein nach), aber man hat ein schlechtes Gefühl dabei, welches sich von der Erfahrung des Kubismus und der Abstraktion herschreibt. Die darf man nicht mehr ignorieren. Doch was immer diese Strömungen vor hundert Jahren wollten, es ist hier ganz ins Formale zurückgenommmen, und es scheint wie ein kleines Spiel betrieben, das Konkrete, ja Detailverliebte aus möglichst wenigen geometrischen Grundfiguren zu ent-

17

wickeln. Ein wenig erinnert es an das Legespiel Tangram, das vor einigen Jahren beliebt war. Das Ergebnis ist jedenfalls erbärmlich, es verbindet das Schlechteste zweier Welten: die willkürliche Beschränkung dieser beiden läppischsten Richtungen der Klassischen Moderne (als welche ich den Kubismus und die Abstraktion betrachte) mit einer unter Luftabschluss wuchernden Nostalgie. Es resultiert eine Kunst, die sich absichtlich dumm stellt; und wer es nicht glaubt, der blicke auf die Plumpheit der Hände von Mutter und Kind.

Noch während wir Gera verlassen (und es ist nicht leicht, es zu verlassen, seine Wegweiser schicken uns im Kreis herum, als wollte uns die Stadt zwingen, noch einmal und freundlicher hinzuschauen), beginnt es Abend zu werden. Wir kommen an einem Haus vorbei, das sich gerundet an eine Straßenbiegung schmiegt, gehalten in Goldbraun und Altrosa. Kein Zweifel, es wäre am Tage scheußlich gewesen; jetzt aber überhöhen es plötzlich Wolken in genau denselben Farben, schließen es ein in die kosmische Natur, versöhnen. Das Licht, das himmlische Licht, das uns im Freien überströmt, ist das Einzige auf unserer kleinteilig lokalen Erde, was uns direkt aus dem Weltall erreicht. Doch bemerken wir es als solches meist nur, wenn es wächst oder schwindet, in den beiden Dämmerungen, die uns darum geheimnisvoll erscheinen.

Der weitere Weg führt westwärts über Eisenberg, und für einige Zeit herrscht jene Beleuchtung, die einem die Erlebnisweisen der Kindheit wieder nahebringt. Alles wird undeutlicher, aber eindringlicher, bereit, auf den geringsten Anstoß hin in Horror oder Heimat umzuschlagen. Wir fahren ein kleines Tal entlang, und in diesem Licht erst erschließt sich seine ganze Schönheit. Es ist die Stunde (die halbe, die viertel Stunde), die der belgische Surrealist Magritte als Paradox gemalt hat und die es doch täglich so gibt: wenn der Himmel noch ganz hell, das Land aber schon dunkel ist. Als wir in Jena ankommen, ist es fünf Uhr, Nacht.

Jena ist für mich die Stadt Ernst Haeckels, des wirkungsmächtigsten aller Evolutionstheoretiker auf dem europäischen Festland. Das Haeckel-Haus ist zwar geschlossen; dafür können wir das «Phyletische Museum» nur wenige Meter weiter besuchen.

Das Phyletische Museum («phyletisch» ist eine Kurzform zu «phylogenetisch», also stammesgeschichtlich) sollte die Krönung von Haeckels Lebenswerk werden. Dass dies zuletzt doch misslang, lag daran, dass Haeckel es für selbstverständlich nahm, dieses Gotteshaus des Monismus habe zugleich auch ihm die Huldigung zu erweisen; die Eingangshalle sah er im Geiste geschmückt von Porträts der vier bedeutendsten Vertreter der Abstammungslehre, nämlich Goethe, Lamarck, Darwin – und seiner selbst. Darin mochten ihm die Förderer des Projekts, bei allem Respekt, nicht folgen. Wenige Jahre zuvor hatte Haeckel sich im Kolosseum zu Rom, dem größten Gebäude dort nach der Peterskirche, von Tausenden Anhängern zum «Gegenpapst» ausrufen lassen. Dies schien seiner damaligen Geltung und der Begeisterung zu entsprechen, die er und seine Lehre einzuflößen vermochten. Er begriff sich als Darwinisten; aber Darwin, der noch Gelegenheit hatte, Haeckels frühe Werke zu lesen, soll bei jedem Satz gestöhnt haben: Dieser Überschwang lag ihm nicht.

Gerade aber feiert das Museum seinen Haeckel und widmet ihm eine Sonderausstellung. Manches ist in seinem Sinn erneuert worden, zum Beispiel die Deckenfresken mit den schönsten von ihm beschriebenen Quallen, auch die vielen kleinen Vignetten am Außenputz, die sich an den Bauplänen niederer Tiere orientieren und der Sehnsucht des gerade reifen Jugendstils nach der schönen Linie so sehr entgegenkamen.

Hingegen konnte man sich nicht entschließen, das einst die Eingangshalle beherrschende Goethe-Zitat wieder anzubringen: «Wer Wissenschaft und Kunst besitzt, hat auch Religion, wer jene beiden nicht besitzt, der habe Religion.» Dieser Satz lag Haeckel sehr am Herzen, er sah darin die genaue Entsprechung seiner eigenen Lehre vom Wahren, Guten und Schönen. «Das Wahre, das Gute und das Schöne», schrieb er, «das sind die drei hehren Gottheiten, vor denen wir anbetend unser Knie beugen. (…) Diesem drei-einigen Gottesideale, dieser naturwahren Trinität des Monismus wird das herannahende zwanzigste Jahrhundert seine Altäre bauen!»

Auch Goethes Reihenfolge fand seine Zustimmung: Zuerst kam die Wissenschaft, das Wahre, welche unmittelbar die Kunst, das Schöne, nach sich zog; darunter verstand Haeckel in erster Linie die in der Natur aufzufindende Symmetrie, die er, mit Geduld begnadeter Zeichner, auf ungezählte lithographische Platten bannte. Dinge, die vorher niemand so recht gesehen hatte, weil sie wesenhaft durchsichtig waren, Quallen besonders, *sah* er; er beschrieb Tausende Arten von ihnen und ähnlichen Tieren, deren Schönheit bislang verborgen geblieben war, gläsern wie das Wasser oder mikroskopisch klein in ihren winzigen kunstvollen Kalkgehäusen. Wenn die Natur, wie der damals triumphale Monismus behauptete, wirklich nach einem einzigen Prinzip strukturiert sei, dann konnte sie gar nicht anders als symmetrisch sein. «Kunstformen der Natur» betitelte er einen Bildband. Mit den Entwürfen für den Museumsbau war er erst zufrieden, als sie absolute Symmetrie angenommen hatten. Und das Gute, da war Haeckel sicher, würde sich aus dem Studium all dieser Wunder wie von selbst ergeben, das war die «Religion», die besser als Weihestimmung die beiden anderen begleiten sollte, als sich anzumaßen, selbst ein Inhalt, und gar der entscheidende, zu sein.

Haeckels bekanntestes, unglaublich erfolgreiches Buch trug den Titel «Die Welträtsel»; aber nie schien Natur rätselloser als damals, vor hundert Jahren. Seither hat sich der strahlende Mittagshimmel des Monismus doch etwas zugezogen, und es herrscht das graue Licht der Modellbildungen, die einander immer schneller abwechseln, bekämpfen und dem Laien immer unbegreiflicher werden – nicht zuletzt, weil sie in Haeckels emphatischem Sinn gar nicht mehr «wahr» sein wollen, sondern bloß so wenig unwahr wie möglich, sprich sich begnügen, den empirischen Befunden einstweilen nicht in die Quere zu kommen.

So präsentiert sich Haeckel dem heutigen wissenschaftlichen Blick als ein etwas merkwürdiger Heiliger. Noch wird sein Name genannt, seine Verdienste um die Morphologie der Organismen, trotz einiger Abstriche, werden gewürdigt; auch das von ihm so benannte «phylogenetische Gesetz», das besagt, die Embryonalentwicklung hole die Stammesgeschichte nach, gilt nach wie vor als wichtiger, wenngleich nicht ohne Einschränkung geltender Beitrag. Er hat es sich, da scheinen sich alle einig, zuletzt zu leicht gemacht; und doch in einer Herrlichkeit geschwelgt, die keinem Wissenschaftler je mehr so zufallen wird. Einstein, der schon der nächsten Generation angehört und durchdrang, kurz nachdem Haeckel 1919, 85-jährig, gestorben war, reicht wohl an Haeckels zeitgenössischen Ruhm heran; aber nicht an die Siegesgewissheit, an der Haeckel seine Anhänger teilhaben ließ. Wer Haeckel verehrte, tat dies im Bewusstsein, geistig seinem Idol bis auf gleiche Höhe zu folgen; die Verehrer Einsteins müssen sich in ihrer großen Zahl bereits mit der demütigenden Auskunft bescheiden, dass sie nie alles verstehen werden. Und nach Einstein kam keiner mehr. Stephen Hawking vielleicht? Ach, der wird doch bloß wegen seiner Tapferkeit im Rollstuhl bewundert: Das ist menschlich erhebend und szientifisch unbefriedigend.

Als wir Jena verlassen, begegnet uns ein Wegweiser, der uns auf das Schlachtfeld von 1806 aufmerksam macht. Hier also hat Napoleon Preußen den entscheidenden Schlag versetzt, von nun an gab es in Mitteleuropa niemanden mehr, der ihm entgegentreten konnte. Wir sind beide, wo sich solche Angebote auftun, ein bisschen langsam, brauchen zwei Kilometer, um zum Entschluss zu kommen, und zwei weitere, um eine Gelegenheit zum Wenden zu finden, denn wir fahren durch ein enges Tal. Die Nebenstraße steigt außerordentlich steil und windungsreich, schließen kommen wir in dem kleinen Ort Cospeda heraus. Das Schlachtenmuseum ist zum Jahreswechsel geschlossen; aber weitere Tafeln laden uns zu ausgedehnten Wanderungen ein. Zum «Napoleonstein» sind es 1,5 Kilometer, das klingt machbar. Heike bleibt im Auto zurück, denn sie ist im achten Monat schwanger und muss manchmal aussetzen.

Was erwarte ich zu finden? Ein Schlachtfeld, hat jemand gesagt, an dessen Namen ich mich leider nicht erinnere, sei eine ursprünglich harmlose Landschaft. Dazu wird sie wieder, vielleicht nicht gleich am Tag nach der Schlacht, wo noch die Toten und Sterbenden zuhauf herumliegen und die Krähen geschäftig sind, beiden die Augen auszuhacken, und wer nicht verblutet, verdurstet; aber doch in einer verhältnismäßig kurzen Zeit danach. Höchstens dass noch gelegentlich ein Knöchelchen oder ein Knopf heraufgeackert wird. Das waren die glücklichen Schlachtfelder vergangener Zeiten, wo man es mit einem Tag Hauen und Stechen und Kanonendonner genug sein ließ – den Schlachtfeldern der Westfront im Ersten Weltkrieg wird man es noch lange Zeit ansehen, dass hier das Schlachten auf Jahre nicht vom Fleck kam. Dieses Schlachtfeld hier ist also ein reines Phantom. Doch gibt es mir Gelegenheit zu einem Spaziergang in die Landschaft seitwärts hinein, auf einem Weg, wie ich ihn liebe: aus fester Erde, links und rechts von Hecken bestanden, unglaublich verworren in ihrem grau-oliven Geäste und doch als ein geschlossener Wall, mit den silbrigen Früchten der Waldrebe und tiefroten Hagebutten; leicht abfallend, dabei sich immer um eine Biegung verlierend, «durch ein Nichts von Neigung leise weiter gelockt», wie Rilke sagt.

Auf einmal bin ich am Napoleonstein vorbei, muss ihn umkehrend erst wiederfinden, steige auf die Kuppe hinauf, da steht er. Er ist nicht groß, vielleicht zweieinhalb Meter hoch, erstaunlich klein dafür, dass er das Herz einer so ausgedehnten Fläche ist, ein vierkantiges Monument. Auf der ersten Seite ist der Kilometerabstand zu allen wichtigen Punkten in Napoleons Biographie – Kairo, Moskau, St. Helena usw. – angebracht, auf der zweiten ein begütigend abwägender Spruch von Golo Mann über das gespaltene Verhältnis der Deutschen zu Napoleon, auf der dritten die Adresse des setzenden Vereins, auf der vierten ein goldenes «N» mit Krönlein – insgesamt doch wohl ein Denkmal der Verlegenheit, wen man denn jetzt eigentlich an Napoleon, nach zweihundert Jahren, zu haben glaubt. Ein gemächlicher Geschichtsfreund, der mich kommen sah und wartete, fängt eine Unterhaltung an, die genau dies zum Gegenstand macht. War Napoleon jetzt ein Aufklärer oder ein Tyrann? Oder beides nacheinander? Oder, schlage ich vor, beides zugleich?

Auf dem Rückweg entdecke ich noch, dass es sich bei dieser Fläche nicht nur um einen Ort des Denkmalschutzes handelt, sondern, ohne mit diesem Verbindung aufzunehmen, um das Naturschutzgebiet «Windknollen», wo besonders der Laubfrosch und der Drüsige Klappertopf, der sich sonst erst wieder auf dem Balkan findet, geschirmt werden sollen. Ein und dieselbe Fläche erweist sich in ihrem Schutzanspruch als doppelt codiert. Das Areal war seit den dreißiger Jahren und noch die ganze DDR hindurch ein Truppenübungsplatz, das ständige Herumfahren der Panzer sorgte dafür, dass es beim Magerrasen blieb und kein Wald aufkam; außerdem verdichtete es den Untergrund, sodass das Regenwasser stehenblieb und eine Anzahl ökologisch wertvoller Tümpel entstand. Dem Landschaftsschutz sind der Krieg und seine Vorübungen weitaus zuträglicher als der Frieden. Heute muss das Werk der Panzer hilfsweise von Schafen geleistet werden, die gegen Ansätze von Neubewaldung wohl erfolgreich kämpfen, aber von der Aufgabe der Bodenverdichtung überfordert sein dürften.

Von Weimar sehen wir heute nur das Goethehaus. Es macht den Eindruck einer gepflegten Ärmlichkeit, woran nicht zuletzt die groben Bretterfußböden Schuld haben, die bei jedem Schritt der Touristen – also immer – ächzen und quietschen. Man wird truppweise über ein Drehkreuz hereingelassen, denn Platz gibt es nicht viel. Das Haus ist groß, aber miserabel zugeschnitten, es zerfällt in so viele kleine Zimmer, treppauf und treppab, man weiß bald nicht mehr, wo vorn und hinten ist, und in jedem Zimmer empfängt uns ein neues Set von Exponaten; das meiste aus Gips, das ist die Art, wie Goethe an der Antike teilnahm. Das Ganze erinnert in Streckenführung und Präsentation doch sehr an eine Geisterbahn. Der Garten, der einzige Ort, an dem sich hier Luft schöpfen ließe, ist winters leider geschlossen.

Doch sehen wir Goethes Reisekutsche. Es ist ein rührendes Wesen. Ein solch feingliedriger Bau mag für ein Insekt angehen, das kurz lebt und geringe Gewichte zu bewältigen hat. Aber für ein Fahrzeug, von zwei Pferden gezogen, mit Kutscher und mehreren Fahrgästen? Man mag gar nicht glauben, dass es sich über die elenden deutschen Straßen vor zweihundert Jahren zu bewegen vermochte; jedes Schlagloch musste ihm, so hoch wie sein Schwerpunkt liegt, zur tödlichen Gefahr werden. Und die Straßen bestanden, wenn man zeitgenössischen Berichten glauben kann, damals überwiegend aus Schlaglöchern, teils mit Wasser gefüllt, sodass man sie beizeiten sah, und teils mit Schlamm, sodass man sie nicht sah und Gelegenheit hatte, mit voller Geschwindigkeit hineinzufahren und «umzuwerfen», wie der Fachausdruck lautete. Dann brach in der Regel ein Rad, und die Weiterfahrt verzögerte sich bis zur Ankunft und abgeschlossenen Arbeit eines Wagners, also um mehrere Stunden. Die Federung besteht, soweit es sich mit bloßem Auge erkennen lässt, aus mehreren Schichten gebogenen Holzes in doppeltem Schwung, gehüllt in Leder; es ist jene Schönheitslinie, die Goethe so liebte. Hier erscheint sie nicht zweckfrei; wie weit sie ihren Zweck erfüllte, darf man dennoch fragen. Vom bloßen Hingucken tun einem die Bandscheiben weh. Die beiden Laternen vorne am Bock können unmöglich mehr als sich selbst beleuchtet haben, gut höchstens, um Straßenräubern ein Licht über das Nahen der Beute aufzustecken. Die Fahrgastzelle gleicht einem Ei und scheint behaglich genug; aber sie ist zum guten Drittel offen und ohne Heizung. Und das war die *luxuriöse* Art zu reisen! Außer Goethe besaßen vielleicht noch ein Dutzend Personen in der Residenzstadt ein vergleichbares Gefährt, die anderen *behalfen* sich. Das war die goldene Zeit des Reisens, als sich Sprüche wie «Der Weg ist das Ziel» zur Gänze erübrigten. Diese Wege sorgten selbst dafür, dass niemand sie vergaß.

Der Tag heute ist verhangen, weich und dumpf, und es passt gut, dass wir ihn überwiegend in Gehäusen zubringen. Zum Schluss, bevor es Abend wird, suchen wir Buchenwald auf, wo noch keiner von uns beiden war. Wir sind zu spät dran, um vier Uhr nachmittags dämmert es bereits; das Dokumentationszentrum hat schon geschlossen. Und so müssen wir uns eben mit dem begnügen, was der Zufall uns übrig lässt. Viel ist es nicht. Wir haben eine lange Anfahrt bergauf, das Wetter wird merklich kühler, Schneehaufen liegen herum. Das letzte Stück nennt sich «Blutstraße». Wir parken vor dem Halbkreis der SS-Kasernen. Wie lächerlich sie sind. So also sah die Architektur der Herren des Universums aus! Sie unternahmen es, Grenzen zu überschreiten wie noch niemand vor ihnen, geographische und solche der sittlichen Konvention – aber wenn es ans Bauen ging, fiel ihnen nichts ein als die vergrößerte Version eines Häusleins in der Adolf-Hitler-Siedlung. Besonders sollte man das weit heruntergezogene Spitzdach beachten: Wie eine Zipfelmütze will es möglichst viel von der Welt draußen halten, die Ohren bedecken, womöglich sogar noch die Kniekehlen wärmen. Wir gehen noch ein bisschen herum, finden ein paar Gedenktafeln und das Schlussstück einer Eisenbahntrasse: die Reste des Bahnhofs von Buchenwald. Eine weitere Tafel spricht davon, unter welch furchtbaren Umständen die Trasse von Weimar hoch gebaut wurde, wie die Häftlinge in offenen Waggons ankamen. Erst vor kurzem sind von Volontären die Gleise freigelegt, die Schwellen erneuert worden. Man muss über all dies belehrt werden, denn man sieht es nicht, es nimmt sich aus wie irgendein anderes Stück aufgegebener Schienenstrecke auch.

Wir sprechen, während wir Erfurt und Gotha schon in der Dunkelheit passieren, über das Wünschen. Wie dumm doch werden die Wünsche in den Märchen immer genützt! Die gute Fee schenkt Kasper und Grete drei Wünsche, Grete wünscht sich ein Paar Bratwürste, Kasper ruft voll Wut über solche Verschwendung: Dass dir die Würste an der Nase baumeln sollen! Wusch – sie tun es; und es bleibt, da sie hartnäckig festsitzen, nichts übrig, als den dritten und letzten Wunsch an ihre Entfernung zu verwenden. Erwähnung findet auch Salomon, dem es Gott freistellte, welches Gut er haben wolle; und Salomon wünschte sich Weisheit. Liest man die Sprüche Salomons in der Bibel, erhält man den Eindruck, er habe sich damit vor allem Bitterkeit eingehandelt, zu trösten nicht einmal von seinen tausend Frauen. Dem trojanischen Prinzen Paris boten die drei Göttinnen ebenfalls wahlweise eins von drei Gütern an, Weisheit Minerva, Macht Juno, die Liebe der schönsten Frau der Welt Venus. Man darf getrost annehmen, dass Paris die Weisheit nicht einmal erwogen hat; diese zu wollen wäre der allein folgenlose Wunsch gewesen. Dass die schönste Frau der Welt bereits verheiratet war, erwähnte Venus leider nicht, mit den bekannten Folgen. Man denke sich aus, was erst herausgekommen wäre, wenn Paris sich für die Macht entschieden hätte! Denn die Umsetzung dieses Wunschs hätte noch in weit direkterer Weise das Gewebe der Wirklichkeit umkrempeln müssen.

Es ist sympathisch, dass er es unterließ. Welcher vernünftige Mensch wünscht sich schon Macht? Macht als solche ist ganz leer. Vergessen wir auch nicht, welche Wünsche *uns* erfüllt wurden, wie wenig wir ihrer Erfüllung froh oder auch nur noch innewerden und welchen Preis wir gleichwohl dafür zahlen. Zum Beispiel den Wunsch vom Siebenmeilenstiefel. Was ist das Auto auf der Autobahn, wenn nicht dieser? Ich spreche hier gar nicht von zerschnittenen Landschaften, der Abhängigkeit vom Öl oder der Klimaerwärmung, sondern einfach davon, dass das Vorankommen, gerade weil es so rasend geschieht, sich mit der ödesten Langeweile behaftet hat. Unser Projekt B stellt hier schon eine bewusste Verlangsamung dar – aber als welches Wunder der Geschwindigkeit wäre selbst diese noch dem Kutscher Goethes erschienen!

Wir nehmen Quartier in Eisenach. Meine Assoziationen zu diesem Ort laufen ins Düstere. Es kommt in «Hoffmanns Erzählungen» vor, Offenbachs einziger Oper, wo Hoffmanns Figur Klein-Zaches, dem verwachsenen Zwerg, ein seltsam flackerndes Lied gewidmet ist; als französischer Klein-Zack lebt und wirkt er als Narr am Hof von Eisenach, oder Eisenack, wie man hier sprechen muss – und plötzlich sitzt wenigstens dem deutschen Hörer das Eis im Nacken.

Wir sehen wenig, finden unter Mühen ein Hotel und gehen bald schlafen. Dies erachten wir, bei aller Härte, die die Saison uns auferlegt, doch als eine große Vereinfachung des Lebens: dass wir auf das Signal der Verdunklung hin den Kopf unter den Flügel stecken können wie ein Vogel und weg sind.

Am Morgen wenden wir uns der Wartburg zu. Man kann das größte Stück mit dem Auto fahren, aber die letzte und steilste Strecke müssen wir zu Fuß bewältigen – die «Eselstation» ist im Winter verwaist. Unser Führer präsentiert sich als Entertainer. «Die meisten von Ihnen kommen wohl von zu Hause, aber einige doch auch von daheim» – das setzt so den Ton. Er beklagt eine fettig verschmierte Linie auf einer bemalten Wand, ca. 80 Zentimeter über dem Boden: «Dies, meine Damen und Herren, markiert die Durchschnittshöhe des deutschen Gesäßes, es mordet die Farben, daher auch der Ausdruck: So ein Mordsarsch!» Das ist abwechselnd lustig und lästig, auf die Länge aber doch ermüdend. Aber er weiß seinem Publikum Vergangenes anschaulich zu machen: Auf diesem Steinfußboden, der in achthundert Jahren nie erneuert wurde, wandelten die heilige Elisabeth und Walther von der Vogelweide, Luther und Goethe und Heine, Gerhard Schröder und Angela Merkel … Er bietet einen in seiner Geschwindigkeit mitreißenden Durchzieher der Zeiten. Sosehr an der Wartburg herumgeändert wurde, besonders im 19. Jahrhundert, es kommt hier doch auf die Originalität einiger besonders kostbarer Bauteile an, der Säulen und Kapitelle vor allem, nicht zuletzt besagten Fußbodens. Geschichte erlangt hier die versteinerte Gegenwart der Reliquie.

In Vietnam, wohin ich im vorangegangenen Frühling eine Fernreise gemacht habe, würde man diesen Kultus des beharrenden Stoffs nicht verstehen. Die Heiligtümer dort sind auch alt; aber nicht dem Stoffwechsel entrückt; sie bestehen aus Holz, das bei dem dortigen Klima im Schnitt alle hundert Jahre ausgetauscht werden muss, und so lösen die Generationen der Balken einander ab wie die Geschlechter der Menschen in einer konservativen Gesellschaft, ohne einen Gedanken daran, dass sie darum nicht mehr «dieselbe» wäre. Es bleiben der Ort, die Form, die Bestimmung – was will man mehr? In Vietnam, wohlgemerkt. Bei uns ist es anders.

Voriges Jahr hatte es eine Ausstellung zum achthundertsten Geburtstag der heiligen Elisabeth gegeben, dieser Heiligen, die als Erbteil dem Protestantismus zugefallen war, welcher doch gar nichts mit ihr anfangen konnte, insofern sie wesentlich eine altkatholische Heilige ist; und es war eine Anzahl von Gegenständen zu besichtigen gewesen, die sie in ihrem persönlichen Gebrauch gehabt hatte, Kleidungsstücke vor allem. Sie waren nach ihrem Tod aufbewahrt worden als heilige Spuren; aber irgendwann im Lauf ihrer übermäßigen Dauer war mit diesen Dingen eine heimliche Veränderung der Substanz vorgegangen, die schauderweckende Präsenz trat von der Kategorie des Heiligen in die des Historischen über. Nicht dass es sich um das Untergewand der Heiligen handelte, lud nun zur Pilgerschaft ein, sondern der höchst seltene Fall, dass überhaupt noch so etwas Fragiles wie ein Untergewand vom hohen Mittelalter leibhaftig bis auf unsere Tage gekommen war.

Ausgerechnet Martin Luther, der hier vor der Reichsacht in Deckung ging und das Neue Testament übersetzte, musste zum postumen Nachbarn dieser Frau werden: Luther, der dem katholischen Heiligenwesen ein für alle Mal den Teppich unter den Füßen wegzog und den Hahn zudrehte, indem er die alles entscheidende Frage, ob die Heiligen durch ihre Fürbitte zu unseren Gunsten zu wirken vermögen, verneinte. Er durfte auf der Wartburg aus dem Krug der Elisabeth trinken – mit welchen Gefühlen er es wohl tat? Denn dass er es mit Hochachtung tat, genügt als Auskunft keineswegs: Man wüsste gern, mit was für einer. Um diese Zeit herum, und vielleicht gerade in diesem bezeichnenden Akt, muss sich der Übergang vom Heiligen zum Historischen vollzogen haben.

Luthers Stube ist selbstverständlich auch zu besichtigen; aber sie ist von der Pietät gänzlich neu möbliert worden, und das einzig originale Stück – man hätte es nicht erraten – besteht im Fußschemel, den er benützte: dem riesigen Wirbelknochen eines Wals. Hingegen weist ein Schild darauf hin, dass der berühmte Tintenfleck an der Wand, der entstanden sein soll, als Luther mit dem Tintenfass nach dem ihn beim frommen Werk störenden Teufel warf, schon seit dem Beginn des letzten Jahrhunderts nicht mehr «erneuert» werde. Es liegt etwas Schnödes in dieser Wortwahl, ein billiger kalter Triumph der Aufklärung über das, was so nur noch als verjährter Betrug erscheint. Vor dreihundert Jahren, als der Fleck offenbar noch regelmäßig erneuert wurde, war es in Maßen noch eine Kühnheit, dass der durchreisende große Zar daneben an die Wand schrieb: «Peter glaubt es nicht.» Ich glaube es eigentlich schon; wenn vielleicht auch nicht an das Pigment im Putz, so doch jedenfalls daran, dass Luther, wenn er die Heiligen nicht so rabiat um das Ihrige gebracht hätte, viele Balgereien mit dem Teufel erspart geblieben wären.

Die Wartburg ist ein Blätterteig der historischen Sehnsucht, ein Denkmal ihres unendlichen Regresses. Im großen Festsaal des Palas werden wir von unserem Führer, dessen Ton sich sacht gewandelt hat hin zum gerührt Nationalen, aufgefordert, des Wartburgfests von 1817 zu gedenken, dessen originale Fahne, leicht verblasst, noch an der Wand hängt. Zum 300. Jahrestag der Reformation kamen die deutschen Studenten zusammen, um aus deren Geist die Neugestaltung Deutschlands zu fordern. Damals war Goethe der Rückständige, der kalt nur die Gegenwart sah und von Geschichte nichts wissen wollte. Als für die Genehmigung zuständiger Minister schrieb er, man möge den «lieben Brauseköpfen» ruhig diesen «Heuboden» überlassen, da könnten sie keinen Schaden stiften. Sie taten es langfristig doch; aber das musste der Geheimrat nicht mehr erleben.

Ihnen galt die Wartburg als die «deutscheste aller deutschen Burgen», wobei das Adjektiv deutsch zuvor so wenig hatte gesteigert werden können wie tot oder dreieckig. Die folgenden Jahrzehnte bauten die Anlage im Geist der Romantik und des Historismus um und aus, wobei eine besondere Rolle den großen Fresken Moritz von Schwinds zufiel. Ins Zentrum rückte er das Rosenwunder der heiligen Elisabeth, diesen seltenen Fall einer heiligen Lüge: Elisabeth wollte den Armen Brot bringen, wird von ihrem Gatten, der dergleichen nicht schätzt, ertappt, sie soll Rechenschaft geben, was sie da in ihrem Korb trägt, sagt «Rosen», ihr Mann schlägt die Decke beiseite, und siehe: Aus dem Brot sind wirklich Rosen geworden. Diese Rosen quellen so reich, dass sie die ganze Burg in ein Dornröschenschloss verwandeln.

Wer es sieht, wird von Heimweh nicht nach dem 13., sondern dem 19. Jahrhundert erfasst, das so etwas vermochte. Und wovon sangen die Minnesänger, die sich vor achthundert Jahren hier zum Wettstreit trafen? Formelhaft kehrt im Nibelungenlied die Beteuerung wieder, so edle Taten, so rückhaltlose Großmut wie in dieser vergangenen Zeit, von der hier gesungen wird, gebe es heute nicht mehr – «heute» heißt: im Jahr 1200. Ob es je eine Zeit gegeben hat, die völlig in sich selbst ruhte, mit sich ganz zufrieden? Die Nazis versuchten, durch diesen Blätterteig durchzustechen, schlugen das christliche Kreuz vom Bergfried herunter und setzten stattdessen das Hakenkreuz auf. Nach vier Tagen schon mussten sie dem öffentlichen Druck nachgeben und den Austausch rückgängig machen.

Bald nach der Wartburg erreichen wir den Westen und damit für Heike unheimisches Land. Wir machen ein kleines Spiel: Ab wo und woran erkennen wir eindeutig, dass wir uns nicht mehr im Osten befinden? Das ist zwanzig Jahre nach der Wende gar nicht so leicht. Schließlich halten wir vor einem Haus, einem Neubau um 1970, und ich behaupte: Niemals könnte das im Osten stehen! Zu begründen ist das nicht so ohne weiteres, ich muss um überzeugende Worte ringen. Es repräsentiert eine historische Schicht des privaten Bauens, die im kollektivistischen Osten einfach fehlt. Ein Menschenalter hat es inzwischen auf dem Buckel, und seither wurde nichts mehr nachgebessert, eine ganz bestimmte klägliche Eintrübung des vormals wohl weißen Putzes ist eingetreten, westliches Gegenstück zum kaum erhebenderen graubraunen Standard-Zonen-Spritzputz. Die Proportionen stimmen nicht, man hat diesem Zweistöcker zu viel Masse unter das einfältige Zeltdach gepackt. Und er hat – das ist mein Trumpf – in reichem Maße das im Osten seltene Bauelement des abscheulichen Glasbausteins zu bieten. So also empfängt uns Oberhessen.

Wir staunen, wie ein und dieselbe Straße, der wir beharrlich folgen, ihren Charakter fortgesetzt so ändern kann. Eine Autobahn führt immer an Landschaft *vorbei*, das macht die Reise auf ihr zu einem tristen Kilometerzählen. Die Bundesstraße aber verhält sich uneinheitlich, teils gleicht auch sie in diesem Punkt dem System A und ist dann ähnlich tot, teils aber vermittelt sie ein intensives Gefühl, *drin* zu sein. Das liegt nicht einfach an Fahrbahnbreite und möglicher Reisegeschwindigkeit; eine viel größere Rolle scheint zu spielen, wie sie sich zum Profil der Oberfläche verhält, ob sie in Hügel einschneidet und Bodenwellen ausgleicht; ob sie, mit einem Wort, zu ihrem Verlauf eine Böschung nötig hat. Dann nämlich hat sie sich von der Landschaft rings losgemacht, tut ihr Gewalt an, kommt nur *gegen* sie vom Fleck statt mit ihr. Die Böschung ist die nekrotische Zone. Die Übergänge sind oft unmerklich; und vielleicht schärfen wir auf den weiteren Reisen noch unser Sensorium dafür. Schon jetzt verständigen wir uns auf Anhieb, ob wir es mit einer «Drin»- oder einer «Vorbei»-Straße zu tun haben.

Das oberhessische Bergland vor Kassel gefällt uns gut. Anmutig ist das Haupttal, dem wir folgen, voll Verheißung die abzweigenden Seitentäler; ja, man muss es wohl als eine Landschaft der Täler bezeichnen, die die Wege leiten. Wieder genießen wir den Sonnenschein im Gefühl seiner Flüchtigkeit, und dass er uns spätestens, wenn wir eine Unterkunft suchen, nicht mehr beistehen wird.

Und wir sehen die vielen Apfelbäume, die auch jetzt noch, Ende Dezember, voll von roten und gelben Äpfeln hängen, ein Anblick, der so schön wie der Tatbestand traurig ist. Denn heißt es nicht, dass niemand mehr alle die wunderbaren Früchte haben will? Sie scheinen zu schweben; ganz unglaubhaft, dass diese vollen Kugeln aus diesen dünnen Zweigen hervorgegangen sein sollen wie Seifenblasen aus einem Strohhalm, aber um so viel solider in Masse und Färbung. So warten sie geduldig, dass einer sie nimmt, und werden wohl eine Enttäuschung erleben. Dabei kostete es so wenig, sie zu pflücken! Es hat etwas Herzzerreißendes, wie ein kleiner Hund, der immer noch angeleint und hoffnungsvoll wedelnd vor dem Laden sitzt, während man genau weiß (der Hund weiß es noch nicht), dass sein Herrchen sich längst durch die Hintertür verdünnisiert hat und ihn im Stich lässt. Noch trägt die Landschaft das Gepräge des alten Bundes von Mensch und Natur, noch bietet sie sich ihm milde dar, er bräuchte nur zuzugreifen, und sie ließe ihm alles in den Schoß fallen. Er aber hat den Bund zerrissen, er will die schönen Äpfel nicht mehr.

Wir nähern uns Kassel. Die Stadt überrascht uns durch ihre Ausdehnung, die größer ist, als wir bei 200 000 Einwohnern erwartet haben. Jemand, der aus New York kam, hat einmal New Jersey mit der Rückseite eines alten Radios verglichen. So kommt man neuzeitlichen Städten nicht mehr bei. Kassel wirkt wie ein modernes, unaufgeräumtes Kinderzimmer, in dem Lego, Playmobil und Fischertechnik wild durcheinanderpurzeln; und ein paar historische Spielsachen auch noch, aber die fallen wirklich nicht ins Gewicht. Wir beschließen, uns vor dieser Stadt zu drücken, und fühlen uns durch diesen Entschluss sofort erleichtert. Aber wir steuern den Herkules an, den ich bislang nur aus großer Entfernung von der Autobahn kannte und auf den ich neugierig bin.

Der Herkules und alles, was dazugehört, ist ein absolutes Scheusal. Man merkt es erst, wenn man dort ist. Abweisend weit und hoch – 11 Kilometer Fahrstrecke und wohl deutlich mehr als 200 Meter Niveau-Unterschied – erhebt er sich über Kassel und macht so schon klar genug, dass sein Bezug zu dieser Stadt, als deren Wahrzeichen er firmiert, ein rein herrschaftlicher ist. Die namengebende Statue, ein auf seine Keule gestützt sinnierender Held, hat eine Höhe von über acht Metern und wirkt doch viel zu klein für die Struktur, die er bekrönt und fokussieren soll. Denn unter ihm befindet sich das «Oktogon», ein außerordentlich massiver Bau, dreißig Meter hoch, und auf diesem die «Pyramide», nochmals dreißig Meter, und darauf erst das Riesenzwerglein.

Von dieser zyklopischen Architektur ergießen sich, wie es scheint im freien Fall, die Kaskadenanlagen hinab zu Schloss Wilhelmshöhe, auch das noch hoch über Kassel, aber ganz klein von hier. Es handelt sich um ein System von kunstvollen Wasserläufen, immer wieder in Bassins ausladend, doch jetzt winterlich trockengelegt, in einer breiten Sichtschneise, die es unternimmt, die ganze Stadt zu dominieren. Begleitet werden sie abwärts von Treppen über Treppen, dem Einzigen hier, was Menschenmaß hat; aber es sollen 885 Einzelstufen sein, und das sprengt Menschenmaß eben doch wieder. Überhaupt wird man, wenn man den Herkules beschreiben will, immer bloß auf ein kolossales Zahlenwerk verwiesen. Alles ist aus einem schwarzen, ganz schlechten Stein gebaut, einem «Basalt-Tuff», wie es heißt, sehr grob und noch gröber gehandhabt. Zwei barocken Vorlieben auf einmal wird hier gefrönt: der Symmetrie und dem Grotesken; und zwar in der Form, dass man die Steine im Einzelnen als fast naturwüchsige Platten wie faule Drachenzähne gesetzt hat, das Ganze sich aber dann doch den Forderungen der

Mittelachse unterwirft; ein Gesamtkunstwerk der widrigsten Sorte.

Kassel liegt noch im Nachmittagssonnenschein; doch vom Gipfel des Herkules ausgehend hat sich über den ganzen Hang schon tiefer Schatten gesenkt. Alles ist dunkel, kalt, leer, eine reine riesige Geste der Macht. Die Gesamtanlage umfasst das einschüchternd Mehrfache der Wartburg. Wie lernt man diese, bei allem kleinen Spott, den man für das und jenes an ihr hegte, auf einmal lieben! So klein war sie, und doch inspirierte sie so viele Leute zu so vielen Dingen, die dann auf die unberechenbarste Weise in die nationale Breite wirkten! Schwer vorzustellen, dass der Herkules etwas anderes eingeben könnte als den Menschenhass eines wahnsinnigen römischen Kaisers. Was waren das für Fürsten, die sich darin ausdrückten? Hessen-Kassel war das ganze 18. Jahrhundert dafür berüchtigt, dass es seine Landeskinder als Soldaten verkaufte. Dies geschah *dafür*. Vielleicht ließe sich ja bei der nächsten Documenta, die so sicher kommen wird wie das Amen in der Kirche, ein großes Happening veranstalten: Wir sprengen die Zwingburg! Halb sprengt sie sich schon selber, denn wie alle wahrhaft despotischen Bauprojekte ist auch sie schlampig und überhastet errichtet, sie fließt den übersteilen Hang hinab, und der Frost beißt in den aus Bequemlichkeit gewählten miserablen Stein. Schnell weg aus diesem eiskalten Schattenloch.

Aus der Kassler Niederung klettern wir empor und finden uns im Sauerland. Wir haben noch keinen genauen Plan, wo wir die Nacht verbringen wollen. Im Sauerland scheint alles egal. Wie den Unterschied zu Oberhessen beschreiben? Das Land ist hoch, aber wellig-flach, ein wenig ziellos, wenn man eine Vorliebe für Täler hegt. Der Typ der Siedlungen ist es, der uns nervös macht; Dörfer sind es nicht, aber Städte auch nicht, so groß sie auch sein mögen. Wir schleichen in den Staus dahin, ohne je eines Grundes dafür ansichtig zu werden, warum sich hier etwas stauen sollte. Doch in dieser anscheinend verlassenen Gegend wohnen unglaublich viele Leute. Die Sonne scheint stehengeblieben wie eine Uhr; ewig steht sie am Horizont, hat schon alle Kraft zur Beleuchtung eingebüßt, aber will und will nicht sinken. Das hat vermutlich mit den niedrigen Kammlinien der Mittelgebirgszüge zu tun, die ihr, abfallend, immer noch einen letzten Aufschub gönnen. Schließlich landen wir in Meschede.

Ich möchte Meschede nicht missen. Es ist der Ort, um über die Wahrnehmung des Hässlichen nachzudenken. Nicht wie beim Kassler Herkules, der in seiner feindseligen, gigantischen Inhumanität den offenen Widerspruch herausfordert. Die Einwohner Meschedes fühlen sich offenbar heimisch.

Der Ort ist nicht gut angelegt; es geht plötzlich an Stellen nicht weiter, wo es für den Zusammenhang einer Stadt unbedingt erforderlich wäre. Heike anerkennt aus Prinzip keine Zäune; da sie es mir, trotz ihres Zustands, vormacht, wie wir über das Gleisgelände zu turnen haben, um voranzukommen, bleibt mir nichts übrig, als mich ihr anzuschließen. Vor allem aber haben wir, flüchtige Beobachter, die wir sind, die Fußgängerzone im Blick. Frost und Nacht und Müdigkeit, mit denen wir zu kämpfen haben, sind zugegeben gewaltige Hässlichkeitsbeschleuniger, so wie es für das Grillen Brandbeschleuniger gibt. Dennoch sehen wir ja bloß, was vorhanden ist. Zunächst zeichnet sich diese Fußgängerzone selbstverständlich durch alles aus, wodurch Fußgängerzonen im Allgemeinen so unschön zu sein pflegen. Dazu gehört der Betonverbundstein des Pflasters, die Gleichartigkeit der Läden, die Schwellenlosigkeit aller Zugänge – wie ein Fluss, der Hochwasser führt, schwappt diese Fußgängerbahn direkt an die Ladentüren, kein Bordstein, keine Erhöhung markiert einen Übergang, man soll gewissermaßen schlafwandlerisch hineintaumeln in diese Sportartikelgeschäfte und Schnellbäckereien, ohne sich je des geringsten Widerstands bewusst zu werden, ebenerdig, durch ein Glas, das ist, als wäre es nicht. Und man denke sich, was alle diese Schwellenangstvermeidungsstrategien für einen gewachsenen Bestand an Häusern bedeuten, die ihrer untersten Mauerzone beraubt werden, als schösse jemand sie ins Knie.

Aber in Meschede kommt noch mehr dazu. Die Fußgängerzone ist, ohne irgendetwas, das einem Eingang gliche, nach vorn und hinten schmerzlich aufgerissen, nichts hilft sie anbahnen. Die Gebäude nehmen aufeinander keine Rücksicht, jedes hat sich für sich aufgestellt. Fenster haben keine Rahmungen, sondern glotzen. Dächer missachten alles Abstandsgebot zu den Mauern unter ihnen. *Einen* halbwegs profilierten Balken finden wir an dieser Stelle, der Vermittlung leistet; er wirkt wie ein Balsam. Niemand hat ein Gefühl für Rhythmen, Zonierungen, Anschlüsse, Distanzen. Wollte man den Mangel dieses Häuserverhaus auf einen Namen taufen, so wäre er: Unhöflichkeit. Kann es denn sein, dass die Leute hier einander so behandeln, wie es ihre Häuser tun? Das ist schwer vorstellbar. Und doch sind sie nicht eingeschritten, als ihre Häuser es taten. Dazu passt das dichte Sekundärpflaster aus ausgespienen Kaugummis, von dem dieses Betonpflaster bedeckt ist. Sicherlich hatte kein einziger der hier Spuckenden das Gefühl oder den Wunsch, irgendwem oder irgendwas seine besondere Geringschätzung zu bezeigen; und doch ergibt sich im unerbittlichen Gedächtnis des Laufgrundes das völlig einhellige Bild einer Gemeinde, die ihren öffentlichen Raum total missachtet.

Meschede hat auch einen Fluss, die Ruhr an ihrem Oberlauf. Ein Fluss ist immer ein Glück für eine Stadt oder kann es sein. Meschede aber will nichts damit zu tun haben. Es ist eine Stadt, die ihrem Fluss die Kehrseite zeigt, aus ihm nichts weiter zu machen versteht als ein Hindernis, das sie in zwei Hälften zerschneidet.

Die Pension, worin wir übernachten, ist angefüllt mit Jagdtrophäen. Es gibt hier nicht nur kapitale Rothirsche, sondern auch einen Elchkopf, als solcher schon so groß wie ein kleinerer Mensch, und jede Menge afrikanisches Gehörn, samt einem gerahmten und illustrierten Gedicht: «Hart wie Kameldornholz ist unser Land …» und dem Refrain: «Wir lieben Südwest!» Aber das stammt nicht aus Deutschlands kurzer kolonialer Vergangenheit, sondern der Ehemann unserer Wirtin ist gern da unten unterwegs. Gegenwärtig ist er mal wieder auf Achse, aber, vertraut sie uns an, es würde mit dem Alter allmählich nun doch besser.

Als wir aufbrechen, früh um acht, herrschen elf Grad Minus; wir müssen erst mal alle Scheiben von Eis freikratzen. Das fördert Gespräche über die Plagen des Lebens. Ich werde mich nie ganz und gar mit dem abfinden, was mir das Aufstehen abverlangt, den vielfältigen Verrichtungen des Duschens, Rasierens, Kämmens, Deodorierens, Anziehens, es wird mir immer erscheinen, als würde es mir Minute um Minute vom Leben abgezogen, und besonders wenn es kalt und dunkel ist; einzig die Hornhaut der Gewohnheit bewirkt, dass ich es jeden Tag zu Ende bringe. Ich hasse alles, was bloß auf Reproduktion hinausläuft und nicht weiterführt. Es haben sich schon Leute deswegen umgebracht. Heike: Aber wenn man doch weiß, wofür! Wir wissen es heute; denn wir wollen nach Wuppertal.

Das scheint unsere bisher leichteste Übung zu werden, insofern wir keinen Zwischenstopp geplant haben und Wuppertal nicht allzu weit entfernt ist. Wir sollen uns schwer täuschen. Denn sobald wir auch nur vom Rande her dieses riesige Konglomerat berühren, das unter dem Namen des Rhein-Ruhr-Gebietes läuft, geschieht mit der Bundesstraße etwas, womit wir nicht gerechnet haben. Sie büßt ihren privilegierten Status ein, wird Straße unter Straßen, verliert ihre Nummer und ihre Fernanzeigen, und wer weiter fortstrebt als zehn Kilometer, sieht sich auf die Autobahnen verwiesen, die hier in unglaublicher

Dichte wuchern. Wir beharren darauf, das System gegen den Strich zu bürsten, und bekommen infolgedessen seinen Widerstand zu spüren. Das erste Mal verhauen wir uns in Arnsberg, das geht noch, das ist Peripherie; das zweite Mal bis zur völligen Verlorenheit in Hagen, einer Stadt, die uns zugleich wesenlos und unendlich erscheint; immer wieder landen wir in einem neuen Ortsteil, denn die Gegend lebt eindeutig in diesen und nicht in ihren Zentren, soweit sich solche überhaupt auffinden lassen. Auch Gevelsberg hält Überraschungen bereit. Unsere Karte – eine Zweikilometerkarte, das heißt, ein Zentimeter auf der Karte entspricht zwei Kilometern in der Wirklichkeit, überall sonst ein verlässlicher Führer – hilft nicht weiter, ist nicht für diesen Fall gemacht, sie respektiert zuletzt bloß die politischen Gemeinden und setzt die Ortsteile in kaum leserliche Haarschrift. Damit wird sie genau dort, wo sie uns mit Fingerspitzengefühl zu dirigieren hätte, unbrauchbar grob, ein höchst unglückliches Mittelding zwischen einem Stadtplan und unserer großen Deutschland-Generalkarte, die wir immer auch dabeihaben. Und nie hört das besiedelte Gebiet auf, höchstens einmal für ein Waldstück und einen Acker von einem Kilometer Seitenlänge, wo ein Bussard und ein Reiher einträchtig auf Mäusejagd gehen.

Wenn das Sauerland uns wegen seiner unentschlossenen Siedelei nervös gemacht hat, so werden wir jetzt gewiss noch nervöser. Diese Siedlungslandschaft weist kein Dichtegefälle auf, dem man sich nur anvertrauen bräuchte, um seinen Weg zu finden; und sie denkt an keinem Punkt weiter als 5 Kilometer.

Heike fasst diesen verfahrenen Tag zusammen: Man ist nicht mehr neugierig, was kommt. Das, scheint mir, ist ein hartes, aber neutrales Urteil, viel besser, als wenn wir erklärten: Wie hässlich ist das alles! Man sollte sehr aufpassen mit dem Urteil des Hässlichen; nicht in erster Linie weil man damit unrecht täte oder andere verletzt (was freilich auch geschehen kann), sondern weil sich dann der eigene Blick zu schließen droht. Hässlich ist, was man nicht sehen will; wir sind aber unterwegs, um zu sehen. Oder man gerät in die Sphäre der ironischen Überheblichkeit hinein, die nur noch in tautologischem Entzücken vor dem Unglaublichen ihrer Funde verharrt. Alles ist so grässlich, wie es ist. Und weiter?

Wir haben uns für heute Wuppertal als Quartier ausgesucht, aus zwei Gründen: Erstens weil Wuppertal für den Westen Deutschlands ungefähr die gleiche Rolle zu spielen scheint wie Chemnitz für den Osten – keiner kennt es, aber alle haben ihre unspezifisch hämische Meinung dazu. Wuppertal sei nur halb so groß wie der Friedhof von New York, aber doppelt so tot: *die* Art von Sprüchen. Selbst das Lob hält sich nicht frei von Herablassung. In einem Stadtmagazin lese ich das Interview mit einem örtlichen Kulturschaffenden, der – man denke! – aus Essen bis hierher gefunden hat: «Der Wuppertaler verharrt im Tal und erkennt gar nicht die Qualität seiner Stadt. Wenn ich ihm sage, wie schön es hier ist, dann fragt er sich: Was will der von mir?» An dieser Aussage ist vor allem der generische Singular bemerkenswert, *der* Wuppertaler, gesagt wie: *der* Asiat schmutzt nicht. Dabei ist Wuppertal recht lebendig, selbst bei dieser Kälte, was zu erheblichen Teilen an seiner beengten Geographie im Tal der Wupper liegt.

Wir suchen eine Unterkunft. Das ist gar nicht so einfach, denn Wuppertal ist zwar die siebzehntgrößte Stadt Deutschlands und auf alles Mögliche gefasst, bloß auf eins bestimmt nicht: Spontanreisende im Dezember. Wir frieren, wir irren herum, wir entfalten einen Stadtplan im überfüllten Café und kommen der gestressten Bedienung in die Quere, aber wir bewahren Ruhe und Vernunft! Diese sagt uns, dass keiner von uns an der Lage, in der wir stecken, schuld ist. Wir finden dann doch ein Hotel, im

Stadtteil Elberfeld, ganz nah am Grund Nummer zwei unserer Wahl: der Schwebebahn.

Die Schwebebahn versöhnt mit allem, was sich sonst irgend gegen diese Stadt sagen ließe, besonders mit ihrer Form, dieser überaus langgezogenen dünnen, die einen, der sucht, am Begriff des Zentrums verzweifeln lässt: Wo sitzt das Herz eines Regenwurms? Mit der Schwebebahn hat sich die Stadt ein Rückgrat, eine Verfassung, eine Façon gegeben. Die Schwebebahn führt direkt über die Wupper hin, aber nicht etwa einfach mittig, sondern bald dem linken, bald dem rechten Ufer näher, die langen grünen Tausendfüßlerbeine der Aufständerung kippen in entsprechend verändertem Winkel seitwärts, die Kabine fegt herum wie eine Jahrmarktsattraktion, das Rinnsal wird hochgewertet zum dramatischen Canyon, über den, durch den man – ja, was? – fährt, fliegt, schwimmt? Die Fortbewegung scheint von allem etwas an sich zu haben, und geradezu astronautisch mutet sie an, sooft eine der zahlreichen Ankunftsplattformen naht (man mag sie weder einen Bahnhof noch eine Haltestelle nennen). Die Kabinen hängen an ganz schmalen Führungsschienen und verkehren im Drei-Minuten-Rhythmus. So gondeln wir hin und her, erst von Elberfeld bis Oberbarmen, dann in die Gegenrichtung bis zur Endstation, dann nochmal bis zum Zoo und vom Zoo wieder zurück zu unserem Hotel. Es macht besonderen Spaß, weil wir diese Strecken teilweise vorhin schon mal mit dem Auto zurücklegen mussten, uns angestrengt orientierend, aber jetzt zum reinen Schauvergnügen ohne jedes eigene Zutun verkehren, und die Stadt gibt sich erhebliche Mühe, ihrer Bahn die Schokoladenseite zuzuwenden.

Die Erlebnisse, die in einer fremden neuen Stadt zuteil werden, richten sich gar nicht objektiv nach dem Grad der Sehenswürdigkeit, sondern nach der Differenz von Erwartung und Ausgang. So kann Venedig selbst dem Erstbesucher eine Kitsch-Enttäuschung bereiten. Aber Wuppertal, dem man so gar nichts zutraute, hält eine Überraschung parat, und damit klar mehr, als es Venedig je könnte. So geht es den Leuten in Chemnitz übrigens auch immer.

Oberbarmen (Endstation der Schwebebahn) hat eine hübsche proletarische Ladenmeile, lauter winzige Läden von Griechen und Türken. Und es dürfen Autos fahren. Merkwürdigerweise wirkt das entspannter und belebender als eine Fußgängerzone. In der reinen Fußgängerzone fühlt man die abwesenden Autos immer wie eine Druckdifferenz auf den Ohren, man möchte die Betonpoller beiseiteschieben und sagen: Na, kommt schon rein! Bei den Griechenläden sieht man genau, welche für Griechen sind, welche für Deutsche und welche für ein gemischtes Publikum, indem die rein griechischen natürlich griechisch beschriftet sind, die deutschen mit jenem unvermeidlich eckigen Scheingriechisch, das selbst aus dem O von Olympia eine Raute macht (obwohl es auch im Griechischen ein rundes O ist), dieser einstmalige und seither gründlich dehumorisierte Dauerscherz aus «Asterix bei den Olympischen Spielen»; und die Etablissements für beide schreiben den Namen des Ladens erst auf Scheingriechisch und dann auf Echtgriechisch hin.

Einen Zoo sollte man wahrscheinlich im Winter gar nicht aufsuchen, zumindest nicht nach Einbruch der Dämmerung. Die Elefanten werden schon auf die Nachtruhe vorbereitet; und auch wir rasten ein wenig auf einem Bänklein im Elefantenhaus. So bieten wir ein erkennbar weiches Ziel für die Reporterin, die uns plötzlich ein Mikrophon unter die Nase hält: Was wir denn darüber dächten, dass die Elefanten nach Silvester die abgeräumten Weihnachtsbäume der Wuppertaler zu fressen bekämen? Das scheint uns eigentlich ein rein phänomenaler Vorgang, es fällt uns schwer, dazu eine Meinung zu fassen außer «Wenn's ihnen schmeckt» oder so was. Schwerer verdaulich als eine afrikanische Dornakazie in der Trockenzeit dürfte der Kadaver eines deutschen Christbaums auch nicht sein. Ein unbedeutendes Thema, ungeschickt nachgefragt und ratlos beantwortet: kaum eine Sternstunde des investigativen Journalismus. Morgen um halb elf sollen wir als «Heike und Burkhard» auf WDR 2 kommen.

Ist die Erde ein bewohnbarer Planet? Es fällt uns täglich schwerer, dies zu glauben. Wer nachts betrunken in einen Straßengraben fällt, ist hierzulande in sieben von zwölf Monaten am nächsten Morgen tot, erfroren; in manchen Mittelgebirgslagen in zehn von zwölf. Wir sind froh, jetzt nur noch einen richtigen Reisetag vor uns zu haben. Ist es nicht unfair, dass Tiere, die einen Winterpelz haben, trotzdem auch noch Winterschlaf halten dürfen und der nackte Mensch die ganze Zeit auf dem Damm sein muss? Welch kolossale Erleichterung wenigstens, dass heutzutage das meiste beheizt werden kann, das Auto und das Badezimmer und alles Wasser, mit dem man in Berührung kommt. Der Großherzog von Sachsen-Weimar-Eisenach hatte zwar ein herrliches Schlafgemach auf der Wartburg, mit einem unvergleichbaren Panoramablick zwischen romanischen Säulenstellungen – aber es enthielt, soweit wir sahen, keinerlei Heizvorrichtung, und das Waschgeschirr, obwohl kunstgewerblich bemerkenswert, wies um diese Jahreszeit gewiss auch für ihn, wie für meinen jungen Großvater, früh beim Aufstehen noch eine dünne Eisschicht auf, welche er durchbrechen musste, bevor er sich waschen konnte.

Ich begreife kaum, wie die Leute früher durch den Winter kamen, wo es mir selbst jetzt so schwerfällt, mich inmitten dieser allbelagernden Feindschaft auf den Beinen zu halten. So verbissen tut man es, dass man der Kältegrade recht erst innewird, wenn man sie hinter sich lässt und von der Straße stapfend ein beheiztes Haus betritt; erst jetzt spürt man den Kältefilm ganz, der immer noch die Haut behaftet, jetzt erst schaudert man von Herzen und bringt ein Geräusch hervor wie ein alter Kühlschrank, wenn er sich vorübergehend ausschaltet und rüttelnd zur Ruhe kommt. Und dann der Zwillingsbruder des Frosts, die

Nacht, die so barbarisch früh einsetzt und bis morgens acht Uhr nicht weichen will. Über den «Lichtsmog» wird geklagt, der das heilige Dunkel entweihe. Ein leicht schleierndes Spurenelement gibt er ab, höchstens. Die Lichtquellen der Nacht haben ihren eigenen Geiz, sie scheinen all ihre Helligkeit für sich behalten zu wollen, ja statt sie zu spenden, noch die schwächlichen Reste davon in ihrer Umgebung aufzusaugen, insofern sie blenden und im Bannkreis dieser Blendung auch nicht das Kleinste mehr erkennen lassen. Das Licht all dieser Laternen, Autolichter, Leuchtschriften scheint wie die Nässe des Wassers, ängstlich gefangen in der eigenen geringen Tropfenform, außerstande, über seine gespannte Oberfläche hinauszuwirken. Niemals, so scheint es mir, werde ich im Winter wahrhaft glauben können, dass dereinst wieder Sommer werden soll, und niemals im Sommer wirklich darauf gefasst sein, dass danach der Winter kommt. Und solang mir dieses doppelte Nichtbegreifen erhalten bleibt, weiß ich, werde ich vom Alter noch ein Stück entfernt sein, welches in seiner beschleunigten Zeitwahrnehmung die Jahreszeiten nuschelnd verschleift wie ein zahnloser Mund die Laute eines Worts. Dies also ist mir noch beruhigend fremd.

Wir sind, als wir am 30. starten, schon darauf vorbereitet, dass wir uns wohl wieder verfransen werden, und tun es prompt. Aber wir haben dafür inzwischen unsere eigene Formel gefunden: Was klappt, klappt; aber was nicht klappt, wird zum Erlebnis. Dass wir die B 7 hielten, wäre nicht der Rede wert; dass wir sie jedoch schon wieder verloren haben, lässt tief blicken in Wesen und Verhältnisse der modernen Fernstraßennetze. Uns lädt eine überraschende kleine Abschweifung ein: das Neandertal. Wieder zwei Kilometer Bedenk-, zwei Kilometer Wendezeit, aber wir kommen doch hin. Zwar ist das Museum noch zu, und mehr als eine Stunde warten wollen wir nicht. Aber wir listen ihm doch Entscheidendes ab, einen Blick durch die Eingangstür auf ein Diorama, das den Urmenschen in seiner imaginierten natürlichen Umgebung zeigt.

Neandertal! Welche Verschiebungen sich mit diesem Namen in dreihundert Jahren begeben haben, ehe er seinen heutigen Ort fand. Es hieß einer Joachim Neumann, ein barocker Dichter von Kirchenliedern («Lobe den Herren, den mächtigen König der Ehren»), er nannte sich, um der antiken Anmut willen, Neander, was griechisch war, aber dem Deutschen durch die Endung seine Reverenz erwies, indem es klang wie einander. (Auch einen Leander und einen Dryander gab es damals.) Ihm wurde ein besonders schönes Tal geweiht. Dann stieß man auf die ungewöhnlichen Gebeine; die Leichtigkeit des Namens übertrug sich auf den Schwerknochigen, und auf einmal wurde alles daran schwer und zottig. So ist es seither geblieben. Ich werfe einen Brief ein und bedauere, dass es nur noch diese neuen Stempel mit «Briefzentrum Nr. Soundso» gibt statt der wahren Kennmarke eines Orts. Einen Brief aus dem Neandertal kriegen, das wär's doch!

Düsseldorf genoss für mich bislang den Vorzug, die größte deutsche Stadt zu sein, die ich überhaupt nicht kannte. Es zeigt sich uns nicht von seiner besten Seite, was zum einen wohl mit dem ewigen verdammten Frost zusammenhängt, der uns das Herumlaufen verleidet, zum anderen mit seiner Größe. Diese erschließt sich kaum dem Zwischenstopp, den wir einlegen. Es ist eine Stadt, die wenig aus ihrem Fluss macht, obwohl sie den größten deutschen Fluss an seiner schönsten Stelle ihr Eigen nennt, weit schwingt er sich an der Stadt entlang. Sie mag sich ihm nicht öffnen, sie hat offenbar bloß Angst, dass er sie mit Hochwasser bedrohen könnte, und baut entsprechend vor. Immerhin gibt es eine hohe Uferpromenade, die heute leer ist und von der aus wir die Schönheit der beiden schlichten modernen Brücken bewundern können, der Oberkassler Brücke vor allem, die einen einzigen riesigen Pylon in den Himmel sendet und daran mit parallelen Schrägseilen die Fahrbahn aufhängt. Der Himmel ist noch von morgendlich sanften Farben überhaucht, die schwarzen Kabel der Brücke rahmen und gliedern ihn wie die Bleistege ein Kirchenfenster und machen aus seiner Unermesslichkeit ein Bild.

Die Königsallee, die berühmte Düsseldorfer Kö, wollen wir jedenfalls gesehen haben. Eine Woche früher, dabei acht Stunden später wäre günstiger gewesen. Sie scheint uns heute Morgen ein bisschen verkatert, wenig Publikum, und dies in Umtausch-, nicht in Kauflaune.

Danach wirkt Mönchengladbach angenehm, mit seiner langen Fußgängerzone, wo ein 1-Euro-Shop nach dem anderen folgt. Ich erstehe mir zu diesem Preis einen Schal, und er erfüllt seinen Zweck so gut wie etwas zwanzigmal so Teures. Wir haben es auf das Abteibergmuseum abgesehen. Zuvor aber statten wir noch der gotischen Abteikirche gleich daneben einen Besuch ab. Sie, oder besser die zugehörige Gemeinde, hat in einem Grade resigniert, der noch ungewöhnlich ist, aber allgemein kommen wird: die Bestuhlung des großen Raums hat sich ganz auf das vordere linke Viertel oder Sechstel zusammengezogen; jede Prätention, dass der Raum noch einmal seinem ganzen Ausmaß nach liturgisch wird bespielt werden können, ist preisgegeben. Die Krippe steht noch; aber es sind Wunschtücher über sie geworfen, weiße Laken, auf die alle ihre Wünsche fürs alte Weihnachten oder das neue Jahr haben schreiben dürfen. Ach, diese Wünsche! Frieden und Gesundheit, wie immer, aber in Pietät vor dem Ort auch Gerechtigkeit und Toleranz. Nur eine hat geschrieben: Ich wünsche mir viele Bücher von Lotta. Lotta ist für die ganz Kleinen. Und ein weiterer hat sich getraut, einen bestimmten Namen zu nennen, mit dem Zusatz: In die Arktis! Recht hat er; denn wo wäre kodifiziert, dass Wünsche sittlich gut zu sein haben?

Das Museum stellt eine der bedeutenden Sammlungen zeitgenössischer Kunst in Deutschland dar. Hier lässt es sich beobachten, wie die Künstler sich von selbst in zwei große Gruppen sortieren, einerseits die Konzeptualisten, die Bastler und Sammler andererseits. Ein typischer Konzeptualist macht etwa Folgendes: Er findet im Magazin des Museums eine Bronzebüste aus der ersten Hälfte des 20. Jahrhunderts, eine handwerklich achtbare Angelegenheit, stellt sie auf ein Podest, schraubt ein Messingschild an, «This could be a masterpiece», und präsentiert das Ganze als *sein* Werk. Mit welcher Frechheit und Leichtigkeit hier dem Früheren sein unter echten Mühen und mit echtem Sachverstand erzeugtes Werk enteignet wird! Was soll man diesem Schnösel wünschen? Am besten eine Analogiestrafe, die haben sich allezeit als die moralisch am tiefsten befriedigenden erwiesen. Er soll eines Tages zu seinem Haus zurückkehren (bestimmt hat er eine Villa), vergebens mit dem Schlüssel im Schloss herumstochern, endlich erkennen, dass dieses ausgetauscht wurde, und dann das kleine Messingschild entdecken: «This could be your home.»

Im Vergleich zu diesem besitzergreifenden Minimalismus haben die Bastler und Sammler etwas geradezu Rührendes an sich. Mit Hingabe sind sie bei der Sache, aber eigentlich, so ungern man es einräumt, doch als ziemliche Pfuscher; fast alles von ihnen, was man genauer anschaut, hat im Halbmillimeterbereich so seine Mängel, durch die Fugen, die sie legen, zieht's. Dieses Heimwerkerische ließe sich leicht als Humor missverstehen, und man muss sich auf den Anblick der Werke einlassen, um zu begreifen, wie völlig humorlos sie in Wahrheit sind: so humorlos wie eine Märklin-Eisenbahn oder eine Briefmarkensammlung. Es gibt ein großes Becken, gefüllt mit einer schwarzen Flüssigkeit, die so still steht, dass man sie für eine Schicht aus Kunstharz halten möchte; an ihren Enden reichen zwei paddelartige Gebilde hinein; auf einmal tut es einen erschreckenden Schlag, die Paddel rühren sich kurz, und zwei Wellen laufen aufeinander zu, küssen sich, interferieren, versetzen die Oberfläche in immer schwächere und komplexere Muster der Unruhe, bis alles wieder völlig ruhig ist. «Two Waves gently touching each other», heißt das Ganze denn auch. Eigentlich ein schönes, meditatives Arrangement. Aber leider sind die Toleranzen der Verarbeitung so großzügig, der Blechrand des Beckens so krumm, dass die Zen-Effekte des Ganzen, die nur an der völligen Exaktheit erwachsen könnten, entscheidende Einbuße erleiden.

Und dann gibt es hier natürlich Joseph Beuys. An ihn allein konnte ich mich erinnern, denn ich habe dieses Museum vor einem Vierteljahrhundert schon einmal aufgesucht, als mein Bruder in Köln studierte und wir von dort einen sonntäglichen Ausflug unternahmen. Damals gab es noch, wenn ich mich recht entsinne, einen Block aus Talg, groß und weiß wie ein Eisberg, über den eine eigens eingesetzte Arbeitskraft zu wachen hatte, beschäftigt ausschließlich damit, die Besucher von Berührungen abzuhalten, zu denen es sie süchtig hinzog: Jeder wollte, da es anderen vor ihm offenbar auch schon gelungen war, dessen feste und zugleich nachgiebige Materialität ritzend erproben; es juckte einen förmlich in den Fingernägeln, es zu tun. Dieses Ding jedenfalls ist fort, vielleicht inzwischen verfault, womit der Urheber zuletzt doch noch einen Sieg über den von ihm bespöttelten konservatorischen Betrieb davongetragen hätte; einen denkbar fruchtlosen Sieg, wie man sagen muss. Wer zum Talg greift, wird mit dem Talg umkommen. Aber es gibt noch eine Menge anderes hier von Beuys.

Beuys ist es ergangen wie anderen Koryphäen der Bundesrepublik: Nachdem sie gegen Ende ihres Lebens ganz durchgesetzt schienen, bricht ihr Ruhm bei ihrem Tod vorerst mit einiger Plötzlichkeit ab, als hätte er, nicht anders als sein Inhaber, eine große Ruhepause nötig. So war es bei Heinrich Böll, Beuys' rheinischem Bruder. Ungewiss, in welcher Verwandlung und in welchem Umfang sein Ruhm dereinst wiedererstehen wird.

«Jeder ist ein Künstler» und «Das ist für mich keine Kunst!», diese beiden stark standardisierten Haltungen traten im Fall von Beuys miteinander in die Schranken des Turniers wie der Karneval und das Fasten auf Brueghels berühmtem Bild. Beuys tat aber nur so, als würde er seinen Deutschen die Härten der Avantgarde zumuten, in Wahrheit hatte er für sie schon immer eine große Erleichterung und Versöhnung in der Hinterhand. Sie langten hin an Fett und Filz, und siehe da, es war warm und weich, es schenkte, sobald man über das ein wenig Eklige daran hinwegkam, ein Behagen und eine Beruhigung wie nichts anderes, was man je berührte. Beuys selbst durfte diese Stoffe, so seine Ursprungsanekdote, als lebensrettend erfahren, als sein Flugzeug während des Krieges über der Krim abstürzte und die Krimtartaren ihn darin einhüllten. Geniert euch nicht, scheint der Künstler zu sagen, mich hat es gerettet, euch wird es auch retten. Ihr habt lang genug gefroren an eurer Geschichte, ihr Armen, jetzt dürft ihr euch dran wärmen; sie ist in Schmach getaucht und riecht ein bisschen streng, und aussehen tut es wirklich auch nicht so gut, nichts was man den anderen zeigt, um anzugeben; aber dafür gehört sie ganz euch. Und die Deutschen vergruben sich in diesen Filz wie in die Falten des mütterlichen Rocks und wollten gar nicht mehr fort. Ein Stück solchen Filzes, darauf in blasser, gänzlich aufgesogener Sütterlin-Schrift der Name «Joseph», dieses einzelne Kunstwerk in seiner Mönchengladbacher Vitrine, scheint wie ein Emblem all dessen, was Beuys je am Herzen lag.

Von Mönchengladbach ist es nicht mehr weit bis zur niederländischen Grenze und damit dem Ende unserer Bundesstraße; wir erreichen beides in Kaldenkirchen, einem Ortsteil von Nettetal. Damit wäre unsere Absicht so weit erfüllt. Aber wir wollen ein Winziges mehr, gewissermaßen mit den Fingerspitzen noch ein Stückchen über die Zielgerade langen und uns ein Quartier gleich auf der anderen Seite suchen. Wir bereuen es. Erst kommen wir nicht in die Stadt Venlo hinein, die ihr Zentrum unerwartet gut abriegelt, dann stellt sich heraus, dass von den vier Hotels am Ort drei über den Jahreswechsel geschlossen haben, das vierte aber belegt ist. Es ist spät und dunkel und kalt, und wir wissen nicht, was wir machen sollen. Die fremdartige Schönheit dieser Stadt, auf die wir uns gefreut hatten, der unverhüllte Blick in die holländischen Wohnzimmer mit den prachtvoll geschmückten Weihnachtsbäumen ist für uns ganz verloren. Schließlich, als wir es schon aufgegeben haben und in der schlechtesten Laune, die wir bislang hatten, unterwegs zurück auf die deutsche Seite sind, kommt uns an einem Kreisverkehr plötzlich ein winziges und, wie sich herausstellt, auch reichlich schäbiges Hotel in den Wurf, das uns rettet. Heike merkt zu Recht an, dass die Hotels sich uns in einer von Ost nach West absteigenden Reihe dargeboten hätten: Von Mal zu Mal waren sie, bei ungefähr gleichbleibendem Preis, schlechter gewesen und dabei immer schwerer aufzutreiben. Was will uns das über das Verhältnis von West und Ost sagen? Heike, Ostdeutsche, die sie ist, hält mit ihrer Deutung nicht hinterm Berg.

Am 31. legen wir die ganze lange Strecke, für die wir hinwärts fünf Tage gebraucht hatten, herwärts an einem einzigen zurück, im System A nämlich. Um sieben Uhr früh starten wir, schon am frühen Nachmittag sind wir zu Hause, ohne das Gefühl gehabt zu haben, überhaupt vom Fleck gekommen zu sein. Eine Wandelkulisse war es, wie früher im Theater: Der Hintergrund wird wie eine Tapetenrolle vorübergespult, und vorn markiert ein Schauspieler Schreitbewegungen, während er in Wahrheit an Ort und Stelle bleibt. Dass alles so kurz und glatt abgeht, ist ein wenig desillusionierend, als wäre die Langwierigkeit unseres vorangegangenen Unternehmens etwas gänzlich Wesenlos-Willkürliches gewesen; als wäre Deutschland doch ein kleines Land und nicht jener große, vielfältige Raum, den wir erlebt und an dem wir uns jedenfalls tüchtig verausgabt haben. Jeden Tag waren wir im Schnitt zwölf Stunden in Bewegung, dem Frost zum Trotz. Von Silvester bekomme ich nichts mit, ich liege um neun im Bett und schlafe. Und werde in der Nacht, was mir sonst nie passiert: krank, vier Tage lang. Das ist für mich der Preis dieser Reise.

Diesmal begleitet mich meine Schwester Sabine, und unser Wagen ist ihr alter Mitsubishi, ein wahres Maultier unter den Autos, ruhmlos und unverwüstlich. Wir fahren zum Beginn des Frühjahrs, in der Zeit der Tag-und-Nacht-Gleiche. Die B 41 ist mit 140 Kilometern eine mittellange Straße. Sie beginnt in Ingelheim, am linken Ufer des Rheins unterhalb von Mainz, wo

das Tal noch recht weit ist; der romantische Engpass wird erst hinter der nächsten großen Biegung kommen. Es sind die ersten schönen Tage des Jahres.

Ingelheim ist bekannt für seine pharmazeutische Industrie und berühmt für seine karolingische Kaiserpfalz. Die Kaiserpfalz suchen wir sozusagen aus Treue auch zu den dünneren Lagen der Geschichte auf; dass wir nicht viel sehen würden, ist uns klar. So verzweifelt geringfügige Spuren hat das 9. Jahrhundert hinterlassen, dass jeder eindeutig zuweisbare Ziegelstein schon eine kleine Sensation bedeutet.

Eines der größten noch vorhandenen Einzelstücke jener Zeit ist der Mauerrest der Apsis, die die Thronhalle abschließt, an der höchsten Stelle vielleicht fünf Meter hoch und mit Sorgfalt aus der umliegenden jüngeren Bebauung herausgeholt; eine Spur, kaum ein Zeugnis. Karl der Große starb 814; nach ihm kamen andere Karle, Karl der Dicke, Karl der Kahle, Karl der Einfältige. Sein direkter Nachfolger war Ludwig der Fromme, der aus Ingelheim seine Lieblingsresidenz machte. Fromm heißt hier so viel wie schwach und weltfremd; er galt als milde und skrupulös, der Größe seiner schwierigen Aufgabe nicht gewachsen. Dann sah er sich unvermutet genötigt, einen aufsässigen Neffen blenden zu lassen, alle erschraken. Der Neffe starb an den Wunden, es reute Ludwig, und er tat öffentlich Buße. Seine Söhne zwangen ihn zur Abdankung und entzweiten sich. Schwer behält man den Überblick bei allen diesen Empörungen und Reichsteilungen. Und während Boso den Westen, Odo den Norden und Wido Italien regierten, fielen von Süden her die Sarazenen ein, von Osten die Bulgaren, von Norden die Wikinger und von Westen die spanischen Mauren.

Eine dunkle, eine verschüttete Zeit, in der es irgendwie weiterging. Wie empfanden die sie, die drinsaßen? Es ist anzunehmen, dass sie keine historischen Vergleiche anstellten; das hat sie vielleicht bei allem, was sie mitzumachen hatten, vor der Traurigkeit bewahrt. In einer Vitrine sehen wir die Funde einer Grabung vom Anfang des letzten Jahrhunderts, Keramikscherben zumeist; man hat sie, weil es praktisch und billig war, in Zigarrenkisten aus Sperrholz geborgen und sich nicht die Mühe gemacht, deren bunte Etiketten abzulösen. Diese Etiketten und Schriftzüge der Marken «Fuchshatz» (mit einem schönen Reineke dabei) oder «Vorstenlanden» haben sich unmerklich im Lauf der Zeit in die Hauptsache verwandelt, sie sind es nunmehr, was man von den Exponaten wirklich mit Neugier betrachtet.

Weit größer als die Kaiserpfalz ist das Hochregallager der Firma Boehringer Ingelheim; aber rühmen will sich dessen keiner. Es gibt heute ungezählte Konstruktionsaufgaben, von denen man nicht sieht, wie sie mit Glück zu lösen wären. Das Hochregal stellt sicher eine der prekärsten dar, denn schon mit seinem Namen bekennt es die Ungröße ein, als gigantisches Möbelstück, das mehr zusammengeschraubt als errichtet scheint, grundfremd aller Architektur. Ähnlich verhält es sich mit den Öltanks, die wie Eimer abgestellt werden (nur der Henkel fehlt), und den Plattenbauten, die unordentlich aufgestellten Schränken gleichen. Das Auge reagiert beirrt, wenn ihm zugemutet wird, solche Dinge, die vom Interieur herstammen, plötzlich maßstabslos geworden im Freien vorzufinden.

Wie aber sollte man ohne Öltanks und Hochregale auskommen? Das wäre heute unmöglich; und jenes Morgen, das für sie keine Verwendung mehr haben wird, stellt man sich nicht ohne schlimme Ahnungen vor. So sollten es wenigstens stolze Hochregale sein. Ein Farbatelier, das in der Nähe sein Hauptquartier hat, unterzieht sich der wahrlich nicht dankbaren Aufgabe, durch Farbdesign den Unterschied am schon fertigen Gebilde zu machen. Die Vorgabe für das Ingelheimer Hochregal bestand in einem Kasten aus Beton, der sich verschämt oder trotzig als der allerschlichteste graue Klotz beschied. Ihm wurde ein neues Kleid verliehen, eins in warmen und gedämpften Tönen, die langsam ein Gelb aus dem Grün heraus entwickelten – und zwar nicht in waagrechten Streifen, wie man wohl vermutet hätte, sondern in senkrechten: So bejaht es seine Höhe als Notwendigkeit wie eine Kathedrale.

Das Farbatelier gehört Friedrich Ernst von Garnier; ein Wochenende lang dürfen wir seine Gäste und die seiner Familie sein. Eingerichtet haben sie sich in Hof Iben, einem winzigen Weiler nahe Bad Kreuznach inmitten der rheinhessischen Weinberge, die, anders als ich sie kenne, gar keine Berge sind, sondern weit hinaus ins flachwellige Land gehen. Dort haben sie einen alten gutsähnlichen Bauernhof zum Zentrum ihres Lebens und ihrer Arbeit ausgebaut. Alle arbeiten und essen hier zusammen, einige wohnen auch hier. Es gibt Katzen und große Hunde, ungezählte Vogelfutterhäuschen jeglichen Patents und einen Koben mit Oskar, dem großen Schwein einer alten Rasse. Er mag fünf Jahre alt sein, kam als kleines verwachsenes Ferkel her und wurde riesig. Wie lange er noch leben mag? Keiner weiß es; es scheint, dass hierzulande noch nie ein Schwein eines natürlichen Todes gestorben ist.

Sieht man die Gesamtanlage von Hof Iben, versteht man schon viel von dem, was Garnier will: Der schöne alte Sandstein ist geschont und erhalten, wo es ging, dazu gibt es moderne Erweiterungen mit viel Glas, viel Licht, aber nirgends Helligkeit im eigentlichen Sinn. Unsere Landschaften, sagt der Hausherr, sind allesamt viel dunkler, als wir es wahrhaben wollen. Drei Gruppen von Tönen sind es, die die Erscheinung des Landes bestimmen, das Braun von Erde und Stein, das Grün der Vegetation und, flüchtiger, das Blau von Gewässern und Himmel. Bauten, die mit ihrer Umgebung in Frieden leben wollen, müssen sich in diesen Dreiklang fügen, ihn abwandeln, in verschiedene Muster brechen. Zum Beispiel darf Blau niemals die untere Zone besetzen. «Blau trägt nicht», sagt Garnier. Er will es nicht hinnehmen, dass das neuere Gebaute sich überall so rücksichtslos gegen die anderen Häuser und das Land verhält und dass alle bereit scheinen, im Namen der Ökonomie riesenhafte Flächen als nur noch hässlich abzuschreiben. Er ist kein Feind der Wirtschaft, im Gegenteil, die wichtigsten Aufträge erhält er von Großfirmen, allen voran Thyssen-Krupp, für die er inzwischen die gesamte Farbgestaltung entwirft. (Und Hochöfen dürfen da auch richtig flammrot werden, das ist ihr Stolz und Zweck.)

Wir lernen viel, wir lernen anders zu schauen in den paar Tagen, die wir da sind und uns herumführen lassen. Warum sind Gewerbegebiete so abscheulich? Weil, so erkennen wir, in ihnen die helle Waagerechte dominiert, die Großhalle. Nichts zwingt sie zu der gnaden- und gedankenlosen Konvention von Weiß und Silber. Silber sei ehrlicher als Farbe, weil es sich ja um metallene Oberflächen handele? Ein Märchen! Kein Außenmetall in unserem Klima kann ohne Schutzanstrich bestehen, nie sieht man das Metall und immer die Farbe, die es zu sein vortäuscht. Eine Funktionalitätsattrappe. Silber, das in kleinen Mengen so geheimnisvoll kostbar erscheinen kann, wird auf großen Flächen zu einem feindseligen kalten Gleißen. Warum also nicht gleich eine richtige Farbe nehmen, von der man ehrlicherweise auch sieht, dass es Farbe ist? Und teurer kommt sie auch nicht, denn lackiert werden muss ohnehin. Das scheint mehr und mehr Leuten und Firmen einzuleuchten; aber immer noch bleiben es Einzelne, obwohl es schon viele Einzelne sind. Es steht noch der Augenblick aus, wo alle diese Einzelnen zum Ganzen zusammenschießen.

Ginge es mit rechten Dingen zu, meint Garnier, es bräuchte ihn und seinen Beruf gar nicht zu geben. Was er tut, müsste in einem erweiterten Begriff des Architekten aufgehen. Reiner Hochmut ist es, dass die Stararchitekten die Frage der Farbigkeit als etwas Unzugehöriges von sich weisen, als etwas, das sich zur Form ihrer Bauten kontingent verhalte wie ein Geschenkpapier zum Geschenk. Sie haben es, obwohl ja eigentlich Zeit genug war, noch nicht bemerkt, dass die modernen Baumaterialien, Glas, Metall, Beton, ihre Farbigkeit nicht aus sich selbst hervorbringen, wie es einst Stein, Ziegel, Holz taten; dass man diese elementare Nichtfarbigkeit keineswegs auf sich beruhen lassen darf, sondern ihr durch bewusste Entscheidungen nachhelfen muss, um humane Verhältnisse zu schaffen; dass aber diese Farbgebung zugleich nichts weniger als willkürlich ist. Garnier kämpft seinen Kampf nach zwei Seiten hin: gegen die abweisenden Unfarben der Serie Weiß-Schwarz-Silber; und gegen die Knalligkeit, die der Landschaft sozusagen eine Faschingsnase ins Gesicht setzt. Farbig, sagt er, ist nicht gleich bunt; Farbe hat, auch wo sie aus der Wahl erwächst, ihre Aufgabe und Verantwortung. Er hat riesige Plattenbaukomplexe im Osten Deutschlands farblich gestaltet; und wenn er jedem Block in einer langen Reihe seinen eigenen Grundton ersann, dann dachte er an die Kinder, die die richtige Haustür finden müssen. Zu den drei modernen Hauptbaustoffen vertritt er drei Hauptsätze: Beton ist im Herzen ein Sandstein, man darf ihn warm handhaben; Glas, speziell das gardinenlose, abends und nachts verwaiste Glas der großen Bürobauten, ist immer viel finsterer, als die Computer-Animationen es glauben machen wollen; und Metall lässt sich, wie gesagt, niemals als solches blicken. Diese drei Sätze würde Garnier gern seinen Architektenkollegen einprägen. Und einen vierten deren Kunden: Lasst euch nicht von den Edelfotos und Simulationen blenden! Sie gehen immer aus vom seltenen idealen Abendsonnenschein. Schaut euch an, wie ein Bau bei schlechtem Wetter im Winterhalbjahr wirkt, denn das ist der Regelfall in unseren Breiten.

Gern lassen wir uns etliches zeigen, was unser Gastgeber in der näheren und weiteren Umgebung getan hat. Er ist über siebzig, steckt aber voller Energie und Stolz. Er hat ein Gefängnis inmitten der Weinberge gestaltet, ein weit angenehmerer

Anblick als die große Lagerhalle von Lidl gleich daneben, die dem Weinberg ins Gesicht schlägt. Um diese Zeit des Jahres tritt der Kontrast besonders schmerzlich hervor, denn die Krume ist braun und feucht und noch ohne Bewuchs. Anders als sie es im Herbst täte, wirkt sie knospenhaft weich: Schon bald werden aus ihr die neuen Pflanzen hervorkommen. Schade nur, dass die Umfassungsmauer des Gefängnisses, die die braunen Töne des eigentlichen Gebäudetrakts zu großen Teilen verdeckt, auf ein helles Grau verpflichtet bleibt – eine amtliche Vorgabe, die sich nicht umgehen ließ, denn nur vor solchem Hintergrund zeichnen sich Ausbrecher deutlich genug ab.

Nicht weit ist ein Werk des Reifenherstellers Michelin; zwei turmartige Strukturen dieses Werks hat Garnier mit dem großspurigen Faksimile von Reifenabdrücken gezeichnet. Man stritt darum, denn es sah so «schmutzig» aus. Dabei bietet der Schmutz, durch den ein guter profilierter Reifen fährt, eine überaus fröhliche Erscheinung. Wenn die Aufträge aus der näheren Umgebung kommen, dürfen es auch kleine sein, wir bekommen ein Vereinsheim, eine Feuerwehr, ein einzelnes Privathaus zu Gesicht; manchmal hat das Atelier den Klienten das Gestaltungskonzept gratis überlassen, um dem Farbbewusstsein breitere Popularität zu verschaffen.

Als sie auf einer öffentlichen Veranstaltung zusammentrafen, machte Garnier dem Landrat des Kreises Kreuznach einen Vorschlag: Er würde das Konzept zur Farbgestaltung des neuen Landratsamts umsonst bekommen, wenn er persönlich Pinsel und Farbeimer in die Hand nähme. Der schlug ein, weil er voraussah, wie das in den Medien ankommen würde. Da hatten sich zwei Füchse getroffen.

Wir machen mit den Garniers einen kleinen Abstecher von unserer Trasse, die Bingen noch berührt, nach Rüdesheim am anderen Ufer des Rheins und setzen mit der Fähre über. Fähren stimmen auch den routinierten Reisenden heiter, Fähren liefern innerhalb der größeren noch einmal eine kleine besondere Reise. Auf dem Wasser sein! Und gibt es zu ihm von der Straße einen noch so glatten Übergang, man muss sich doch dem fremden Element anvertrauen. Während der paar Minuten, die die Querung dauert, mag man nicht im Wagen bleiben, man will Licht, Wind und Wellen. Wir wundern uns, wie dunkel das Rheintal ist, trotz der Sonne und des spiegelnden Stroms.

Garnier missbilligt die Weißheit der Orte am Ufer, die sich blendend aufsässig gegen die natürliche Farbe der Landschaft verhalten. Aber sie sind so klein, und sie haben so schwer gegen die Last der sie bedrängenden Hänge zu kämpfen, dass man es gut versteht, wenn sie mittels dieser strahlenden Unfarbe die Tatsache ihrer Existenz betonen. Wären die Orte nicht weiß, man müsste zweimal hinschauen, um festzustellen, dass hier Leute leben. Nahezu unsichtbar ragen die zahlreichen Burgen. Sie sind erbaut aus dem dunkelwarmen Stein ihrer unmittelbaren Umgebung; darum verschmelzen sie mit dem Untergrund wie ein Rebhuhn mit dem Acker. Wie Sandburgen scheinen sie, transitorisch aus dem Material ihrer nächsten Umgebung zusammengehäuft, im Begriff, vom nächsten Regen in den Fluss gewaschen zu werden. Sahen sie immer so aus? Ich kann mir nicht vorstellen, dass ein Burgbesitzer solche steinsichtige Tarnfarbe gewählt hat, während er doch die Formen so stolz in die Höhe führte. Diese Burgen müssen verputzt gewesen sein, dass sie ins Auge fielen!

Das Mittlere Rheintal insgesamt ist UNESCO-Weltkulturerbe. Erben klingt leichter, als es ist. So eine siebenhundert Jahre alte Burg muss in dieser Zeit mindestens zwanzigmal eine Grundüberholung ihrer Außenhaut erfahren haben, mal so und mal so. Welchen dieser Zustände will man privilegieren? «Erbe» – das Wort tut, als wäre das Überkommene ein Insekt in Bernstein, ein einstmals Lebendiges eingekapselt auf ewig. Man glaubt, so dem

Vergangenen seine Ehrfurcht zu bezeigen. In Wirklichkeit aber ergeht sich der Erbende, der das Ererbte vor Wandel schützen will, in einer naiven Anmaßung: Als gäbe es hier ein «Jetzt» und dort ein «Früher» wie zwei gleichgewichtige Dinge – wo jede vernünftige melancholische Überlegung klarmachen sollte, dass das Jetzt nur die zufällig oberste Tapete einer langen, in die Tiefe führenden Reihe anderer und ähnlicher Tapeten ist, mit denen man das immer selbe Zimmer beklebt hat. Schon bald wird auch sie unter einer neuen Tapete verschwinden. Wir werden demnächst auch «früher» sein. Die erbende Menschheit bleibt darauf angewiesen, sich im nicht erweiterbaren Raum stets von neuem ihr gegenwärtiges Auskommen zu verschaffen. Von diesem Stoffwechsel gewisse Bereiche auszunehmen, die dann sozusagen nicht mehr atmen dürften, kann sie sich gar nicht leisten.

Natürlich gibt es einen Grund dafür, dass das «Weltkulturerbe» allerorten so ins Kraut schießt. Frühere Zeiten haben es mangels effizienterer Mittel vielleicht geschafft, pro Generation 10 bis höchstens 20 Prozent der überkommenen Substanz auszuwechseln; so blieben ohne Regulierung, ganz von sich aus, immer 80 bis 90 Prozent vom Älteren übrig. Heute reichen die technischen Kräfte, in fünfzig, vielleicht zwanzig Jahren alles neu zu machen. Hier muss sich die Menschheit sozusagen selbst in den Arm fallen und Schutzzonen ausweisen, sich zur Verlangsamung zwingen.

Am wenigsten vielleicht noch im Mittleren Rheintal. Hier bräuchte man sich gar nicht so furchtbar vielen konservatorischen Sorgen hinzugeben. Die entschiedenen Naturverhältnisse hemmen den umgestaltenden Ehrgeiz; und dazu erscheint es mir als ein Raum, der, ohne dass irgendwer abrupt gebremst hätte, in einer gewissen Zeit von allein stehengeblieben ist. Nur dass es sich dabei nicht um das Mittelalter handelt, wie man meinen könnte, sondern um jene sehr viel spätere Epoche, die das Mittelalter träumend erst erschuf. Das Mittelalter selbst hätte sich nie als solches begreifen können; und im 17. und 18. Jahrhundert war es fast in Vergessenheit geraten. Es ist ein Werk der Sehnsucht nach ihm, die vor etwas mehr als zweihundert Jahren anhebt. Diese Zeit schien sich selbst so spät und hätte nicht verstanden, dass es so bald noch später werden und dass man sich nach *ihr* sehnen würde.

Im Wesentlichen erhielt das Tal sein Gesicht von jenem schief abgeschnittenen Jahrhundert, das grob gerechnet von 1870 bis 1960 dauert, von der Reichsgründung bis einschließlich Adenauer. «In der Drosselgasse zu Rüdesheim – Wenn ich so etwas lese, bin ich immer ganz erschlagen», so spricht noch Gottfried Benn, der 1955 stirbt. Lange schon hat die Drosselgasse den Zauber, für jenes Glück zu stehen, das immer dort ist, wo ich nicht bin, eingebüßt.

Rüdesheim ist die Heimat der Weinbrandmarke Asbach Uralt. Es gibt sie noch. «Ur-» ist die jüngste aller deutschen Vorsilben, und «uralt» vergleichsweise blutjung. Und doch hat sich auf diesem Wort seit der Zeit meiner Kindheit, als man für Asbach noch Reklame im Fernsehen machte, eine Staubschicht abgesetzt; Asbach hat, anders als der in vielem verwandte Jägermeister, jene Kurve nicht gekriegt, die den Kräuterlikör über die Biegung der Ironie auf die Bahn der Gegenwart gebracht hat. «Wenn einem so viel Schönes wird beschert – das ist schon einen Asbach Uralt wert.» Dieses Schöne, das einem beschert wird, ist gründlich aus der Mode gekommen. Es schwang auch in der Frage des Liedes, warum es am Rhein so schön sei, die noch nie eine Antwort wollte; heute aber ist selbst die Frage verschollen.

Wer sich umsieht, stellt fest: Malerisch ist es hier, aber gar so schön eigentlich nicht. Nur dem eiligsten Durchreisenden kann die Enge des Tals entgehen, das zu beiden Seiten je eine Bahntrasse und eine Bundesstraße aufzunehmen hat. Es gibt nur einen Punkt oder genauer gesagt eine Linie, von wo aus das Beklemmende der Lage im Genuss aufgehoben wäre: den oberen Abschluss des Steilhangs, den Rand den angrenzenden Hochfläche, von wo aus man das Schmale und Steile überblicken kann, ohne ihnen unterworfen zu sein. Nur an ganz wenigen Orten ist es den Allerfrechsten gelungen, diese Stelle des absoluten Vorzugs in Architektur zu verwandeln. Dann schiebt sich irgendein flaches weißes Etwas, ein Hotel oder Sanatorium, weit oberhalb der stolzen Burgen an die Kante, zum intensiven und berechtigten Ärger Garniers. Es sprengt das Maß. Man begreift die Zeitgenossen ja so gut, die es unternahmen, sich hier eine Heimstatt zu schaffen, oberhalb, aber in Sichtweite von aller geographischen Mühsal und historischer Qual, wie die erlösten Seelen, die bei Dante vom Paradies aus den Verdammten in der Hölle zusehen dürfen. Aber dulden sollte man es nicht.

Wir steigen auf zum Niederwald-Denkmal, der «Germania». Das heißt, Garniers Siebener-BMW erledigt diese leidige Arbeit für uns, dessen Luxus wir bei dieser Gelegenheit zu schätzen lernen; den sirrenden Mopeds, die wir überholen, hören wir die Bemühung auf der kurvenreichen Steilpiste an. Garnier knipst viel, immer aus dem fahrenden Auto (es fährt seine Frau Kati); immer sind es die Farben, die es ihm angetan haben. Die Schönheit dieses Waldes, den wir in Serpentinen durchmessen, ist in seine wartende vorfrühlingshafte Dunkelheit eingesenkt.

Von Denkmälern pflegt die Gegenwart ja nicht mehr allzu viel zu halten, sie tendiert mehr zu Mahnmalen. Doch wer bei dieser Germania anlangt, kann sich schwer dem Eindruck des unbedingt Gekonnten entziehen. Sie schlägt in den Bann, auch wo man den Zweck missbilligen möchte. Der Standpunkt hoch über dem Rhein ist mit völliger Wirkungssicherheit gewählt, die Bronzearbeiten überzeugen in jeder Hinsicht; ihre Größe lässt

staunen, ihre virtuose Durchführung bis ins letzte Detail weckt Respekt, ihr kaskadenhaft von der emporgereckten Kaiserkrone bis zum letzten Infanteristen der Massenszenen durchgezogenes Programm gibt zu denken. Man braucht das Denkmal nicht als Kunstwerk zu lieben, um seine technische Leistung und konzeptionelle Stringenz anzuerkennen. Wie herrlich die massigen Erzhaare der Germania im Wind fliegen! Das Ding ist weit lebendiger, weit besser, im Einzelnen wie im Ganzen, als beispielsweise die im Vergleich dazu fade Freiheitsstatue in New York. Man schaue nur, wie jeder von diesen beiden Riesinnen Kleider und Frisur geraten. Das pyramidische Ensemble ist zurückhaltender und klüger durchgeführt, als es der Widerwille gegen den Wilhelminismus wahrhaben mag. Zwar ist der Text der «Wacht am Rhein» mit mehreren Strophen an der Schauseite in Erz gegraben; weglassen aber wurde die eine Strophe, die als den Erzfeind Frankreich benannte. Vater Rhein übergibt das Signalhorn der Wacht an seine Tochter Mosel: Territoriale Erweiterungen lassen sich gewiss auch weniger feinsinnig ausdrücken. Flankiert werden die beiden vom Krieg, der Adler-, und vom Frieden, der Schwanenfittiche trägt. Bismarck wollte dieses Denkmal nicht, er fühlte darin einen republikanischen Geist. Man muss ihm recht geben. Die Germania ist das deutsche Volk, dieses hat gesiegt, sie hält die Reichskrone in der Hand und setzt sie niemandem auf, sondern schwenkt sie wie eine Fackel der Freiheit. Die Bundesfürsten einschließlich des Kaisers und Bismarcks tummeln sich weit abgeschlagen als Basrelief zu Füßen dieser bewegten Gigantin.

Man kann mit diesem kalkuliert triumphierenden Monument einer volkstümlichen Realpolitik heute ganz gut leben und in seinem Schatten Kännchenkaffee zu sich nehmen, ohne von Schuldgefühlen im halb unbewussten Gewand der Ironie geplagt zu werden.

Die B 41 ist eine sehr ungleichmäßige Straße. Auf einigen Abschnitten ist sie vierspurig ausgebaut, fast wie eine Autobahn. Andernorts wieder bietet sie sich dar wie eine recht altertümliche Landstraße. Die Wechsel finden manchmal sehr kurztaktig statt und verlangen dem Fahrer erhebliche Änderungen im Rhythmus ab. Das ist nicht gut für die Verkehrssicherheit. Schneller und unaufmerksamer wird der Fahrer rasch und ohne adaptive Mühe, da er ja so sehr an die Vorgaben der Autobahn gewöhnt ist. Wird er aber nach fünf Kilometern vierspurig wieder ins Zweispurige gezwängt, reagiert er mit Nervosität, Unwillen und hinhaltendem Widerstand gegen die fällige Drosselung des Tempos. Es muss hier viele Unfälle geben.

Leidtragende solcher Taktschwankungen sind besonders die Ortschaften, die die Straße durchquert. Es bedürfte hier außerordentlicher Selbstdisziplin, um die vorgeschriebenen 50 Stundenkilometer einzuhalten. Die wenigsten Autofahrer werden sie aufbringen. Martinstein, durch das die B 41 pfeilgerade hindurchführt, hat gelbe Schilder mit roter und schwarzer Schrift aufgestellt, die wirken wie die Stationen eines Kreuzwegs. Ein wenig droht man mit Radarkontrollen, vor allem aber ist der Ton aufs Flehentliche gestimmt: «18 000 Pkw/Lkw täglich!!! Tempo 50, bitte!!!» oder «Krach und Gestank/Machen uns krank!» ist da zu lesen. Ob es hilft? Wahrscheinlich nicht viel.

Irgendwann wird Martinstein seine Umgehung kriegen. Dann wird eine weitere großzügig bemessene Straßenspange durch die Felder schneiden, eine Lösung, deren Kosten sich um einen Kilometer seitwärts verlagern. Je mehr der Gedanke des schonenden Umgangs mit den natürlichen Ressourcen an Wirkung gewinnt, desto offensichtlicher wird es, dass seine Ziele miteinander in Konflikt geraten können. Welches Gut hat das grüne Gewissen zu schützen? Das Recht der Anwohner auf ein ruhiges und ungefährdetes Leben? Oder die unzerschnittene Integrität der alten Kulturlandschaft? Denn beides zusammen geht nicht – wenigstens nicht, solang die Dominanz jenes Verkehrsmittels, mit dem auch wir uns fast nostalgisch bewegen, ungebrochen bleibt. Niemand kann sich heute vorstellen, wie für das flache Land (denn von diesem reden wir hier) die Alternative zum Auto aussehen könnte.

Da das Erscheinungsbild gerade dieser Bundesstraße so stark wechselt, achte ich diesmal besonders darauf, was genau an einer Straße es ist, das sie langweilig oder unterhaltsam macht, was zu einer Straße, die wahrhaft *durch* führt, und was zu einer, auf der man das Gefühl hat, man rolle nur *vorbei*. Es hängt, stelle ich fest, oft an Kleinigkeiten. Die Straße, auf der man sich in der Landschaft drin fühlt, enthält sich der Leitplanke; sie weist keinen befestigten Seitenstreifen neben der Fahrbahn auf, sondern es kriecht in Form des krautigen Banketts das Land selbst auf die Asphaltdecke zu, über den Straßengraben hinweg, und kommt dem Reisenden von der Seite entgegen; und sie folgt dem vorgegebenen Profil, ohne gewaltsam einzugreifen. Das ist wichtiger, als ob sie gerade ist oder Kurven hat.

Wir befinden uns im Westen des westlichen Deutschland, wo die Kreisverkehre, wohl wegen der Nähe zu Frankreich, ihrem Mutterland, in besonderer Weise erblüht sind. Der Kreisverkehr hat eine bestechende Logik: Er spart die Kosten einer verampelten Kreuzung, die immer sehr hoch liegen. Er nötigt nicht, wie Ampeln es eben tun, zu nutzlosem Warten auch dann, wenn keine anderen Fahrzeuge auftauchen – diese Art von Warten bedeutet für den wahren Autofahrer einen echten Stressfaktor. Er hat eine Vorfahrtsregelung, die unmittelbar selbst dem einleuchtet, der mit rechts vor links bei drei beteiligten Parteien an einer Kreuzung in der theoretischen Fahrprüfung durchgefallen ist und es bei der praktischen noch heute täte.

Aber ich kann mich trotzdem des Eindrucks nicht erwehren, dass es, wie mit allen prinzipiell begrüßenswerten Reformen, auch mit dem Kreisverkehr übertrieben worden ist. So viele Kreisverkehre führen aufgebläht nur sich selber vor. Da gibt es etwa einen Ring mit nur drei Pforten, durch die erste betritt man, durch die dritte verlässt man ihn; die zweite aber ist ein besserer Waldweg, Zufahrt verboten. Dieses Kreisverkehrs hätte es nicht bedurft, man hat ihn bloß angelegt, weil man gerade so schön im Zug war. Es sollte schon genau darauf geachtet werden, wo er wirklich hilft. Denn der Kreisverkehr hat auch zwei Nachteile: Er braucht viel Platz; und er desorientiert. Inzwischen kann man erleben, dass drei oder vier Kreisverkehre direkt hintereinandergeschaltet sind. Kumulativ erzeugen sie ein Schwindelgefühl; man verliert die Kontrolle über die Richtung und fühlt sich wie eine Marionette, an Fäden geführt von einer übergeordneten Hand, deren Absichten man nicht durchschaut und nicht voraussehen kann. Viele Leute vertragen es schlecht, wenn sie öfter als einmal um die eigene Achse gedreht werden. Sie tun dann dumme Sachen.

Der Kreisverkehr hat ein völlig neues topographisches Phänomen hervorgebracht. In der Mitte eines jeden dieser Kreisel befindet sich ein rundes Areal von circa sieben bis zehn Meter Durchmesser, das dem Menschenfuß unzugänglich bleibt und sich jeder praktischen Nutzung verweigert, dabei aber die Aufmerksamkeit der Umrundenden für die Dauer des Vorgangs unwiderstehlich auf sich lenkt, etliche Sekunden lang, und bei Tausenden jeden Tag. Diese Mitte ist die Nabe eines Rades, die ruht, wenn Felge und Speichen sich drehen. Sie ist nah und fern zugleich.

Ihre Verwendbarkeit wird noch erprobt, mit so viel Freiheit, wie es sie nur in einer relativ frühen Phase geben kann. Manche Gemeinden behandeln diesen Ort als ihre Visitenkarte, sie stellen darauf einen Rundbogen aus Sandstein, der naturgemäß von nirgends nach nirgends führt, und schmücken ihn am Scheitel mit ihrem Wappen. Die Gemeinde Ockenheim symbolisiert sich selbst auf diese Weise durch eine riesige Weintraube; die Gemeinde Bretzenheim durch eine Brezen; andere durch anderes. Manche pflanzen Stiefmütterchen; manche packt der Ehrgeiz, und sie richten einen exotischen Steingarten ein. Es ist der ideale Ort für robuste lokale Kunst mit hohen Anteilen rostenden Eisens. Aber man kann auch die mögliche Einnahme wittern und das Ganze an eine Firma verpachten, die mit Sonnenenergie arbeitet; dann prangt in der leeren Mitte ein riesenhafter Solarkollektor.

Seit es den Kreisverkehr gibt, haben wir eine neue Quelle für alles, was das Auge erstaunt und quält. Er scheint jetzt kurz vor seinem Zenit zu stehen. Ich gebe ihm noch fünf Jahre, dann werden, wie immer bei den teuren Moden, die aufs Prinzip zielen, neue Studien erscheinen, welche nachweisen, dass er nicht leistet, was man ihm zutraute, ja sogar Schaden stiftet, indem … Was das sein wird, kann heute noch keiner wissen. Dann werden weitere fünf Jahre des intensiven Rückbaus anheben, während sich schon ein anderes Verkehrskonzept massenweise durchsetzt, dessen Torheit wir erst in fünfzehn Jahren anfangen werden zu begreifen.

Sehr gespannt sind wir auf Idar-Oberstein. Der Ort hat 30 000 Einwohner und erstreckt sich über rund 20 Kilometer. In diesen Zahlen deutet sich das Problem an. Die Nahe, deren Tal wir die ganze Zeit hindurch mehr oder weniger gefolgt waren, verläuft hier in einer wahrhaften Schlucht. Schon lange bevor man sich zu entscheiden hatte, wie dieser absoluten Enge Herr zu werden wäre, erbaute man die «Felsenkirche». Das ist die vom Prinzip gotische, von den Umständen gestauchte Stadtpfarrkirche, mit der, unter überkragendem Felsendach, die Idar-Obersteiner sich zu bescheiden hatten. Sie bringt das Bedrängte der Lage zu einem starken Ausdruck. In der ganzen Stadt gibt es nur eine einzige waagrechte Fläche, und das waren Spiegel und Bett des Flusses.

Alle räumlichen Lösungen musste man von dorther nehmen. So kam es zum Verzweiflungsakt der Naheüberbauung.

Der Fluss ist der zentrale Besitz dieser Stadt. Indem sie ihn nutzbar machte, musste sie ihn zerstören und einen furchtbaren Raub an sich selbst verüben. Vorher ging der gesamte Verkehr durch die einzige Längsstraße, in quälender Enge. Für die Anwohner muss es unzumutbar gewesen sein, die Auspuffgase, der Lärm, noch mehr aber, dass die Straße nicht ihnen gehörte, sondern dem Durchgangsverkehr, und sie, sooft sie vor ihre Haustür traten, den Bauch einziehen mussten, um nicht von einem Lastwagen gestreift zu werden.

Auf den fremden Besucher wirkt alles, was er erstmals an einem neuen Ort sieht, mit einer Kraft, die es bei den Einheimischen nicht mehr haben kann. Aber er sieht nur, was da ist, nicht, was es gab und jetzt fehlt. Wer den Fluss nicht noch gekannt hat, vermisst ihn nicht, und er nimmt die vierspurige Stadtautobahn, für die Idar-Oberstein alles geopfert hat, hin wie so viele andere normal-abscheuliche verkehrstechnische Lösungen auch, die es in unserem Land gibt.

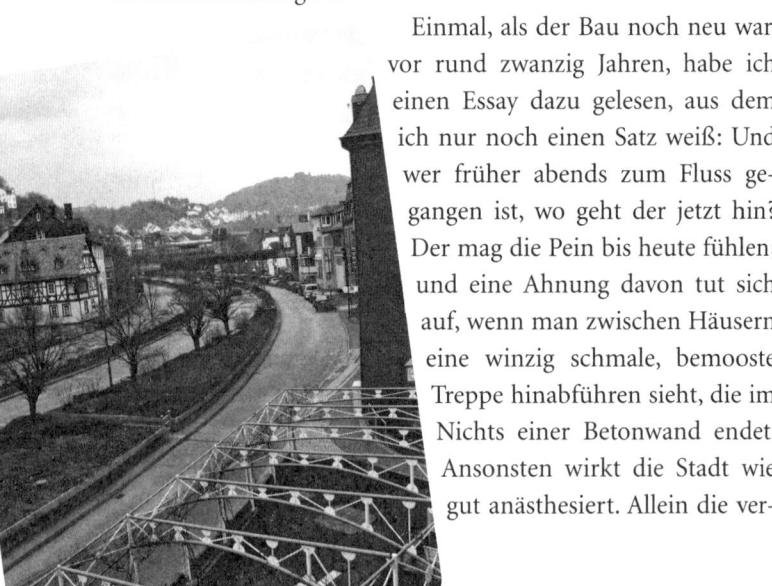

Einmal, als der Bau noch neu war, vor rund zwanzig Jahren, habe ich einen Essay dazu gelesen, aus dem ich nur noch einen Satz weiß: Und wer früher abends zum Fluss gegangen ist, wo geht der jetzt hin? Der mag die Pein bis heute fühlen; und eine Ahnung davon tut sich auf, wenn man zwischen Häusern eine winzig schmale, bemooste Treppe hinabführen sieht, die im Nichts einer Betonwand endet. Ansonsten wirkt die Stadt wie gut anästhesiert. Allein die vergleichsweise tief liegende Fahrbahndecke und die dadurch erforderlichen Übergänge in großer Höhe weisen auf etwas Besonderes auf dem Grund dieses Baus hin. Damit die Fußgänger ans andere Ufer gelangen (denn darin, dass man hier von einem Ufer sprechen kann, bleibt die Straße doch Erbin des Flusses), müssen gewaltige Anbahnungsrampen und Treppentürme zu den stegartigen Brücken errichtet werden; so kamen Betonkliffs heraus.

Die Homepage der Stadt feiert die Naheüberbauung als ein «Jahrhundertprojekt», einen «Glücksfall für die Stadt». Gegen welche Widerstände er durchgedrückt wurde, davon verrät noch der Ton der Festrede etwas, wenn sie vorschlägt, dem damals federführenden Oberbürgermeister den «Märtyrerorden des Straßenbaus», gäbe es so etwas, zu verleihen. Schade nur, dass die eigentliche bedeutende Ingenieursleistung zusammen mit dem Fluss im Untergrund verschwinden musste, in einem ungeheuren Tunnel. Aber der Stolz spricht sich noch in den langen zusammengesetzten Substantiven aus, die hier Erwähnung finden, den «Elastomeren-Einzellagern», der «Pfahlbockkonstruktion», der «Baugrubenverbauwand». Selbst die «Naheüberbauungsgegner» haben in diesem Umfeld der langen zusammengesetzten Substantive nachträglich ihren Platz gefunden. Versöhnlich heißt es aus dem Abstand der Jahrzehnte, sie hätten sich Verdienste erworben, indem ihr Protest für eine optisch bessere Einbindung gesorgt habe. So sind auch sie erkannt als ein Teil von jener Kraft, die stets das Böse will und stets das Gute schafft. Wie die ursprünglichen Pläne ausgesehen haben, fragt man besser gar nicht. Das Projekt wird als alternativlos empfunden.

Aber es gibt die Alternative. Wuppertal, an der B 7 gelegen, hat sie ergriffen. Wuppertal ist zwar rund zehnmal so groß, aber seine Lage durchaus vergleichbar: von wurmartiger Länge und ins steile Bett eines kleinen Flusses gezwängt. Auch Wuppertal hat sich dafür entschieden, den Fluss als Verkehrsachse zu nutzen – doch es verschrieb sich die Schwebebahn. So blieb der Fluss nicht nur erhalten, er wurde als die Mitte der Stadt sogar noch aufgewertet. Warum ging das in Idar-Oberstein nicht? War es zu teuer? Auch die Naheüberbauung kann nicht billig gewesen sein. Hielt man es für aussichtslos, dem Durchgangsverkehr mit einem öffentlichen Transportmittel zu begegnen? Man hätte eine Umgehung auf die Anhöhe legen können. Oder wollte man auch den Einheimischen nicht zumuten, aufs Auto zu verzichten? Das wäre meine Vermutung.

Die Dame, die ich im Fremdenverkehrsamt auf die Fluss-überbauung anspreche, reagiert freundlich, aber defensiv; sie verspricht, mir Info-Material per Post zu schicken, doch was ich nach einigen Tagen im Briefkasten finde, ist ein lapidares Schreiben des Inhalts, ich möge mich bitte mit dem Bauamt der Stadt in Verbindung setzen, das Fremdenverkehrsamt sei nicht zuständig. Die Dame geht nicht so weit wie die Festredner, sie begnügt sich mit der Ansicht, es sei hier ein fairer Tausch erfolgt: Durch Preisgabe des Flusses an die Autos hat Idar-Oberstein etwas bekommen, was es nie zuvor hatte, Raum für Menschen nämlich. Und wirklich gibt es eine Fußgängerzone, die sich von anderen ihrer Art nur dadurch unterscheidet, dass die Häuser zu beiden Seiten noch immer den Bauch einzuziehen scheinen. Es gibt sogar einen kleinen Platz, um den sich ein halbes Dutzend Cafés und Läden drängen, mit einem Brunnen in der Mitte, ringsherum mit gestutzten Platanen (für entfaltete Baumkronen reicht der Raum dann doch nicht); ebene Fläche wird hier als höchster Luxus zelebriert. Alles bleibt putzig klein und schmal, es lassen sich fast nur Hochformate fotografieren. Ein Ziegelhaus, ein Fachwerkhaus, der weiße Anstrich eines neueren Gebäudes, aber mit einem achteckigen Erkerchen versehen – wie die Bühne für eine Komödie erscheint es, durch deren viele Türen die Akteure überstürzt kommen und gehen, einander unablässig verfehlend und für lustige Verwirrung sorgend.

Idar-Oberstein ist das deutsche, ja das europäische Zentrum der Edelsteine. Man fing an mit den Vorkommen der unmittelbaren Umgebung; heute lässt sich der Ort aus der ganzen Welt beliefern. Genau genommen sind es Halbedelsteine, um die es geht, Mineralien wie Aventurin, Amethyst, Rauchquarz, Turmalin, Karneol – Diamanten, Smaragde, Rubine glänzen durch ihre Abwesenheit. Man verarbeitet die Mineralien teils zu gröberen Klunkern, die in der Fußgängerzone die Tagestouristen locken sollen, manchmal auch bloß zu Scheiben, die aussehen wie farbenprächtige Steaks und schon für 2 oder 3 Euro zu haben sind; teils zu feinerem Schmuck in den Schleifereien höher am Hang. Man kann sehr schöne Dinge daraus machen.

Und doch bleibt der Halbedelstein etwas unglücklich Halbes, als Sache wie Begriff. In ihm fängt sich pro Kubikzentimeter nicht genug substanzieller Wert, dass man daraus ein echtes Juwel gewänne, das Collier, das funkelnd durch Schliff und Preis überwältigt. Bei den echten Edelsteinen verschiebt sich unser Sinn für Proportionen, wie bei den Insekten: Riesig sind drei Zentimeter und fünf Karat.

Am schönsten sind die Eier, knapp so groß wie die eines Huhns, die man aus den vielen Steinen mit den alchemistischen Namen hergestellt hat, aus Schneeflockenonyx und Pfauenfederjaspis; das Schwerbunte tritt aus diesen polierten Oberflächen, welche glaubwürdig ein tief Massives vertreten, mit fast schmerzlicher Deutlichkeit hervor. Aber diese Eier haben zugleich etwas eminent Unbefriedigendes, sie schmücken niemanden, sie bleiben von allein noch nicht einmal stehen, sondern liegen bloß irgendwo herum; sie meinen ausschließlich sich selbst und sind trotzdem noch keine Kunst im engeren Sinn. Die Steine selbst scheinen auf Verwendung zu drängen. Ein Achat will Siegelring werden oder doch mindestens Aschenbecher. Wir sehen viele bildhauerische Anstrengungen, ein trauriger Irrweg. Wir sehen einen spannenlangen Leoparden, der aus Leopardenjaspis geschnitten ist. Die Form des Leoparden geht in der allzu lebhaften Fleckung unter, das wunderbare Muster solcher Fleckung wird durch die verliehenen Umrisse und Vertiefungen nachhaltig gestört. Wer ein Kunstwerk aus Edelstein herstellen will, weil beides so herrlich ist, Stein und Kunst, der hat am Schluss keins von beiden in der Hand, sondern eine Karambolage. Wir sehen eine Schweinefamilie, die Sau aus Eosin, die Ferkel aus Rhodochrosit gefertigt: ein Gag, der Stein und Schwein je um das Ihre bringt. Eos, Göttin der Morgenröte, zurecht wurde dieses seltene und ganz besonders gefärbte Mineral ihr zu Ehren benannt; nun aber ist es bloß noch schweinchenrosa. Wir sehen eine Galerie der menschlichen Rassen, den Chinesenkopf aus Citrin, den Negerkopf aus Onyx und so weiter; wie Bonbons muten sie an, die sich lutschen lassen. Wir sehen einen amethystenen Mops, geboren aus einer gespaltenen amethystenen Eierschale – und auf einmal verpufft alle Verstimmung über die missgehandhabten Mineralien, man lacht über den Einfall, und das quälende Unverhältnis von Form und Stoff löst sich auf in einem Humor der Kristalle, den man nicht für möglich gehalten hätte.

Es ist eine Fahrt zur Farbe und zur Dunkelheit. Wir erreichen das Saarland. Das einzige deutsche Bundesland, das ich noch nie betreten habe. Und nicht nur mir geht es so; das Saarland kommt, außer was seine Politiker betrifft, irgendwie gar nicht in Betracht. Nach Bremen ist es nur das zweitkleinste Bundesland; und doch waren viel mehr Leute schon mal in Bremen. Erscheint schon Rheinland-Pfalz als eine Gegend, in der noch die Luft eines älteren Nachkriegsdeutschlands weht, so reicht das Saarland noch dahinter zurück, als Zuflucht jenseits der Zuflucht des Verjährten, so wie man früher, als sie beide noch nicht in der EU waren, von Spanien nach Portugal kam. Gerechnet habe ich mit einer Art kleinerem Ruhrgebiet (das ich allerdings auch nicht gut kenne), einem Konglomerat mittelgroßer Städte, die an den alten Industrien von Eisen und Kohle erwachsen sind und jetzt ein bisschen ratlos daliegen, weil es mit diesen Industrien zu Ende geht; also ein dichtbesiedeltes, wenngleich eher zentrumsloses Areal. Es kommt aber etwas anderes.

Das Saarland präsentiert sich dem, der von Norden hineinfährt, als ein unerwartet bergiges, waldiges, dunkles Land. Dunkelheit haben wir ja auf dieser Tour im frühen Frühjahr schon reichlich gesehen; nicht nur die Nacht, auch der Winter ist am dunkelsten unmittelbar vor dem Ende. Das hat seinen Grund darin, dass die Helle des Schnees, die so sehr und so lang das Bild des Landes bestimmt (wenigstens dort, wo ich wohne, in Chemnitz), nunmehr entfällt, und was darunter ans Licht kommt, sich verbraucht hat; und es mag ferner damit zusammenhängen, dass man des Winters nun wirklich müde geworden ist und seine letzten Spuren schlechter erträgt als zuvor seine volle Macht. Ich habe dieses Jahr von mehreren Leuten gehört, der Winter komme ihnen länger vor als je. Das ist merkwürdig, denn sonst lautet die allgemeine Klage ja, die Zeit verfliege immer schneller.

Vor allem aber dürfte diese Empfindung, der tiefste Punkt des Jahres sei erreicht, wenn doch schon wieder die Tag-und-Nacht-Gleiche eingetreten ist, darin begründet sein, dass die Sonne die Landschaft weniger erhellt, als dass sie vielmehr ihr Licht darüber wie ein Kontrastmittel ausgießt. Sie hat, obwohl man es kaum glauben mag, schon wieder so viel Zeit und Kraft wie im September. Aber ihre Anstrengungen reichen gerade hin, die Beschaffenheit der bestrahlten Fläche deutlich zu machen; und die ist finster vor Nässe, mürb und alt. Es ist, als würde das Dunkle des Landes erst im verstärkten Licht ganz sichtbar, als träte die Bräune von Äckern, Wäldern, Weinbergen nur so ganz hervor.

Ein Schild am Straßenrand: «Saarland – schön, dass du da bist», dazu eine kleine «50». Offenbar feiert dieses Bundesland das Jubiläum seines Eintritts in die BRD im Jahr 1957; das Schild wäre demnach auch schon wieder zwei Jahre alt, alles wirkt hier wie um einen halben Takt im Verzug gegenüber der nationalen Hauptmelodie. Dass es den Eintritt feiert, ist vielleicht ein bisschen zu viel gesagt; offenbar waltet einige Verlegenheit, wie man den Anlass begehen soll. Diese Freude druckst herum, weil sie weder pathetisch werden noch kalt scheinen will; der offizielle Festakt wird ganz in den Tönen des Privaten gehalten, wie in einer Familie, die ihre unbefangene Vertrautheit verloren hat und nicht weiß, wie sie dem Jubilar recht gratulieren soll. Dabei sind Gratulant und Adressat doch wohl identisch; das «Du» ist ein «Ich», was die Sache nun fast schon lustig macht. Und natürlich ist das Schild in Orange gehalten, dieser verjährten Farbe einer halben Fröhlichkeit. Man schämt sich fast mit über das ungelenke Arrangement. Aber freilich, es ist besser als der Spruch, der galt, als das Saarland das vorletzte Mal heim ins Reich kehrte, nach der Volksabstimmung 1935, einem von Hitlers ersten großen äußeren Erfolgen. «Deutsch ist die Saar, Deutsch immerdar!», hieß es damals. So soll es nicht mehr klingen; und wenn man zu wählen hätte zwischen dem schnarrenden und dem nuschelnden Ton und ein Drittes nicht möglich wäre, zöge man letzteren dann doch vor.

Erste Begegnungen sind entscheidend. Zu mehr reicht es bei dieser Art des Reisens sowieso selten. Es steckt viel Ungerechtigkeit und Zufall drin und doch auch eine tiefere Notwendigkeit, wie bei jenen Vögeln, die auf das erste Wesen, das ihnen nach dem Schlüpfen aus dem Ei begegnet, dauerhaft geprägt werden.

Die Prägung, die uns in Saarbrücken widerfährt, ist eine unglückliche. Die Verkehrsführung in die Stadt ist verwirrend, der Trassenverband hässlich noch über das gewöhnliche Maß westdeutscher Ausfallstraßen hinaus. Die angezeigten Parkhäuser wollen einfach nicht erscheinen, mehrfach fahren wir an derselben Stelle vorbei. Beim Bahnhof finden wir endlich eins. Die Straße, die vom Bahnhof in die Innenstadt führt, ist ja in vielen Städten ein urbaner Problemfall. Doch glaube ich nicht, je etwas gesehen zu haben, was sich mit Saarbrücken vergleichen lässt. Eine geschlossene Front feindseliger waagrechter Gebäude-Riegel, ein Parkhaus, C&A, Landesbank Saar, Deutsche Bank, sie alle bis glatt an die Kante der Straße vorgeschoben, sodass von einem Bürgersteig nicht die Rede sein kann. An dessen Stelle tritt eine Lösung, die in den großen Kommunen Norditaliens ihren Reiz hat: der Arkadengang, das vom Gebäude überdachte und überschattete Trottoir. Hier aber wird er mit Betonpfeilern gehandhabt, bedrückend, als ob man die faulige Unterseite einer hölzernen Mole entlangschwämme. Und über den Köpfen ergibt sich ein überwältigendes Gefühl von Last.

Doch das ist nur der Anfang. Die ganze Stadt ist voll von schwarzen, richtig asozial schwarzen Gebäuden. Das geht weit über das Dunkle dieses Landes hinaus, in dem doch auch Wärme und ein schlummerndes Versprechen mitschwingen. Da steht ein mehrstöckiges Wohnhaus, ganz schwarz, im Erdgeschoss die Kneipe «Nachtschatten». Ist das Galgenhumor? Zynismus? Wahrscheinlich so wenig wie das Nebeneinander zweier Plakate an der Glastür eines Maniküre-Geschäfts: «Orang-Utans am Abgrund» und «Paris Hilton in Ihrer Filiale», beide Bilder mit erheblichen Frisur-Anteilen in den Porträts. Hilton wirbt für Hair-Extensions, der Orang hat sie bereits.

Zufälle einer ungünstigen Erstbegegnung: wenn man aufs Klo muss und findet keine Kneipe, sondern nur diese weißen, grauen und schwarzen Großfunktionsbauten. Schließlich treffen wir in der Fußgängerzone (quer zur Bahnhofstraße, Fortführung derselben mit geringfügiger Abmilderung, gestutzten Platanen etc.) auf ein Starbucks. Sabine geht hinein, um unverrichteter Dinge zurückzukehren: Es ist ihr nicht etwa boshafter-, sondern prinzipiellerweise verwehrt worden, indem nämlich für die Benutzung der Toilette eine Code-Nummer erforderlich ist, die man nur durch Kauf eines Getränks erwirbt. Das ist vermutlich überall auf der Welt bei Starbucks so. Aber hier in Saarbrücken geschieht es uns zum ersten Mal; und unter dem Zeichen dieser verstimmenden Dringlichkeit bietet sich die ganze Stadt in gesteigerter Ungastlichkeit dar.

Wir finden dann doch noch eine «Brasserie», und die Sache kann geregelt werden. Damit beginnt die zweite Halbzeit entspannter. Obwohl sie doch gerade das Opfer dieses Arrangements geworden ist, kann Sabine das Gastgewerbe sogar verstehen, wenn es Hindernisse auf dem Weg zum Klo errichtet. Stell dir vor, sagt sie, in irgendeinen Ort mit überwiegendem Tagestourismus fällt ein ganzer Bus mit «Schafslocken» ein (dies ihre Vokabel für den rüstigen weißhaarigen Rentner männlichen wie weiblichen Geschlechts). Sie sind alle zu geizig, einen Latte macchiato oder gar ein kleines Gericht zu sich zu nehmen und zu bezahlen, wo sie doch ihre Thermoskannen dabeihaben und es im Bus eine Brotzeit mit weißem und rotem Presssack für nur 2 Euro 90 gibt. Aber pinkeln müssen sie alle. Da strömen sie denn vierzig Mann hoch ins nächste Wirtshaus, stehen kompakt Schlange und lassen die zahlende Kundschaft, die doch ein viel besser begründetes Recht auf Erleichterung hat, nicht ran!

Dazu ließe sich vielerlei sagen. Der Bustourist ist ja zunächst kein Hauptproblem der Stadt Saarbrücken, die generell ziemlich tourismusfrei sein dürfte; warum, ist nicht schwer zu erraten. Aber es geht ums Prinzipielle. Wo er auftritt, ist der Bustourist der Verdruss des Gewerbes, denn er gibt für die Intensität seiner Anwesenheit eindeutig nicht genug Geld aus. Es ist wahrscheinlich im Einzelfall verkehrt, ihn dafür des Geizes zu bezichtigen, denn für viele Leute bedeutet eine Bus-Tagesreise das Maximum der ihnen finanziell möglichen Reisemobilität. Sie halten das ihrige beieinander und schädigen damit die Erwerbstätigen vor Ort, denen es auch nicht besser geht. Gleichwohl kommen Aktionen wie Klobenutzungsgebühren bzw. die Koppelung der Klobenutzung an den Verzehr eines Getränks über den symbolischen Stellenwert nicht hinaus. Bedeutende zusätzliche Summen werden so schwerlich erwirtschaftet. Sozusagen selbstlos wird darauf hingewiesen, dass der Mensch dem Menschen ein Wolf bleiben muss. Beide Parteien können einander nur als räuberisch erkennen: Lumpen, die die teuer bezahlte sanitäre Infrastruktur umsonst nutzen wollen – Wegelagerer, die den elementaren Blasendruck verwenden, um ihren Groschen herauszupressen. Wer will, dass ein anderer fürs Pinkeln zu zahlen hat, und sonst darf er es nicht, spricht ihm im Grunde das Lebensrecht ab; leben darf er nach Maßgabe seiner Zahlungsbereitschaft. Es geht um Beträge im zweistelligen Cent-Bereich. Gänzlich mittellose Zeitgenossen sollen platzen. Aber man versteht auch das zähneknirschende Kleingewerbe. Es ist ein Nullsummenspiel der aussichtslosen Art.

Wie eng die Welt geworden ist, oder – was dasselbe ist – wie wenig man auf diesem Planeten auch nur die geringste Regung vollführen kann, ohne dafür zahlen zu sollen, merkt man besonders intensiv an dieser Blasensteuer. Früher gab es die Bahnhofsklos, die infernalisch stanken; mit angehaltenem Atem erleichterte man sich an der Rinne und schaute, dass man weiterkam. Das kostete keinen Pfennig. Jetzt warten Bahnhöfe und Raststätten mit säuselnden Wellness-Oasen auf, die manchmal 50 Cent, oft aber auch einen ganzen Euro kosten. Alles ist sauber und duftet nach den Zedern des Libanon, und man muss eine Schleuse durchschreiten, dass man sich an der Sicherheitskontrolle eines Flughafens wähnt. Das Ding heißt dann «SaniFair», leuchtet in grüner und blauer Farbe wie die Verpackung eines rezeptfreien Arzneimittels und hat sogar Raum für eine besonders abscheulich kleinliche Form von Großmut: In die Trennbarriere, die man durch Münzeinwurf zum Wegschwenken bewegen muss, ist der Umriss eines Kleinkinds eingestanzt wie der eines ausgestochenen Plätzchens; passt das Kind noch durch, darf es umsonst mit, andernfalls nicht. Spätestens ein Sechsjähriger wird voll zahlen müssen. Hier sind zusätzliche Lebenshaltungskosten aufgetreten, von denen keine Inflationsstatistik weiß.

Immer interessant ist die Frage, was eine Stadt aus ihrem Fluss macht. In Rüdesheim oder Bingen war es noch eher umgekehrt gewesen, indem der übermächtige Rhein die Stadt in die Schranken wies. Dann sahen wir Kreuznach, das der Nahe den gebührenden Respekt erweist, indem es mitten in der Stadt Raum für zu erwartendes Hochwasser lässt. Der Fluss war hier eine wildschöne Präsenz inmitten kleinstädtischer Gemütlichkeit, eine echte Überraschung. Dann kamen wir nach Idar-Oberstein, das sich in seufzendem Pragmatismus selbst kastriert hat, denn anders kann man das, was es sich angetan hat, wohl kaum nennen. Ein Ochse ist in mancher Hinsicht praktischer als ein Stier, zum Beispiel kann man mit ihm pflügen, was ein Stier zu verweigern pflegt; darum eben ist er ein Ochse. Und jetzt also Saarbrücken.

Saarbrücken heißt: Brücke über die Saar. Die Konstellation Saarbrückens ist eine in den alten Residenzstädten Deutschlands gar nicht ungewöhnliche: Auf dem flachen Ufer liegt die Stadt, auf dem steilen der Sitz des Herrschers. So kenne ich es aus Würzburg, wo ich studiert und promoviert und dreizehn Jahre meines Lebens verbracht habe. Würzburg schließt sich, obwohl sein Festungsberg sehr hoch und steil ist, zu einer eindrucksvollen urbanen Doppellandschaft zusammen. In Saarbrücken sind die Verhältnisse eigentlich viel entspannter, die Saar ist schmaler als der Main, es gibt mehr Platz, die herrschaftliche Anhöhe prangt nicht in gar so gotisch senkrechten Proportionen. Trotzdem hat Saarbrücken das Kunststück hingekriegt, mittels des Flusses die Stadt nicht öffnend zu einen (was hier so leicht gewesen wäre!), sondern zu spalten. Flüssen soll man kein bedingungsloses Vertrauen darbringen, das ist richtig, sie sind unberechenbar, und man hat sich vor ihnen zu sichern. Kreuznach hat dies durch scheue hohe Ufer getan, die ungenutzte Flecken lassen und sogar eine kleine, völlig wilde Insel, die unzugänglich gerade gegenüber der besten Geschäftslage ihr verschilftes, kaskadenhaftes Wesen treibt. Auch hier kommt keiner heran, aber wie schön und wie nah! Saarbrücken entscheidet sich fürs Korsett, mit gerade abgestochenen Rändern und einer langweiligen schmalen Rasenpromenade. Man kann hier promenieren; aber es lohnt sich nicht.

So also das Bild auf der einen Seite. Auf der anderen aber verläuft eine Stadtautobahn mit allen Schikanen; hier blieb kein Extrawunsch der Stadtplaner in den Sechzigern unerfüllt. Wahrscheinlich verlief hier schon immer eine Straße, und es ist weiter nichts geschehen, als dass die jeweils anstehende Ausbaustufe als unumgänglich genehmigt wurde. Ein alter Saarbrücker, der die Straße von jeher gekannt und ihre Biographie über die Jahrzehnte verfolgt hat, sieht vielleicht gar nicht, was hier im Lauf der Zeit für ein grauenhaftes Unding entstanden ist, das den Fluss schändet und die Stadt wie mit einem Axthieb auseinanderhaut. Wir, die überraschten und bestürzten Fremden, sehen es.

Und wir sehen noch anderes. Auf der gegenüberliegenden Seite befindet sich das barocke Schloss der Fürsten von Pfalz-Saarbrücken. Man muss diesen deutschen Kleinfürsten nicht nachtrauern. Doch waren viele ihrer letzten Vertreter keine Tyrannen mehr, sondern Humanisten, und sie kamen eben noch rechtzeitig, um uns ihr Bestes zu hinterlassen, ihre Architektur. Das 18. Jahrhundert ist voll von Souveränen, die so gerade noch eben ihr Klein-Versailles zu Ende brachten, ehe sie der Flurbereinigung im Zeitalter von Revolution und Napoleon zum Opfer fielen. Gut so. Wundern muss man sich trotzdem, wie es diesen Fürsten mit vergleichsweise geringen Mitteln gelang, die Stadt viel nachhaltiger zu gestalten, als es die heutigen republikanischen Verwaltungen vermögen, welche bestimmt das Zehn- oder Zwanzigfache an Geld dafür zur Verfügung haben.

Aber warum ehren die Saarbrücker dieses ihr fürstliches Vermächtnis nicht in höherem Grade? Sie müssten doch heute keine Angst mehr vor feudalen Rückfällen haben! Warum müssen sie dieses ganze Ensemble in Weiß und Hellgrau anstreichen, wo der Barock doch die Varianten des warmen Gelb liebt und braucht? Sieht denn keiner, dass solche Farben den Luxus der Residenz zum Kasernen- oder Krankenhaushaften degradieren? Freilich müsste es die Landesbank und den Karstadt am anderen Ufer herausfordern, wenn man durch einen bloßen Anstrich der Schönheit wie einem selbständigen Wesen die Huldigung erweisen wollte. Das barocke Saarbrücken jenseits der Saar erweist dem diesseitigen Saarbrücken seine demütige Reverenz, indem es sich gewaltsam seiner Schönheit enthält.

Man hat auf dem schönen, aber durch seine schmallippige Ergrauung abgewerteten Schlossplatz eine barocke Sandsteinfigur des Johannes Nepomuk aufgestellt und ringsherum einen Brunnen gestaltet. Ein graziöser Einfall. Dann aber wird man der Stele gewahr (man muss sie wirklich als eine solche bezeichnen), die auf vier identischen Seiten verkündet:

– Rutschgefahr!
– Kein Trinkwasser!
– Betreten verboten!
– Eltern haften für ihre Kinder!

Wie bitte «betritt» man einen Brunnen? Und wie kann man in Gefahr des Rutschens geraten, wenn Betreten ohnehin untersagt ist? Wäre es nicht einfacher, wenn man schriebe: «Alles verboten!»? Und wenn dann wirklich ein Kleinkind, indem es ausrutscht, sich mit Salmonellen infiziert, wäre man jedenfalls auf der sicheren Seite.

Das Schloss selbst ist angelegt wie alle ehrgeizigen Projekte der Zeit, nämlich indem es zwischen seinen Seitenflügeln zurücktritt, um im Zentrum einen «Ehrenhof» zu bilden. Als Mittelpunkt pflegt sich daran ein großer Hauptpavillon zu schließen, der das Treppenhaus aufnimmt. Dieser scheint zur Gänze ein Opfer der Bombenangriffe im letzten Krieg geworden zu sein.

Man hat interessanten Ersatz geschaffen, ganz aus Stahl und Glas und nur das Dach aus dem alten Schiefer. In manchen Fällen war es eben doch ein Glück, dass in Saarbrücken alles schon so frühzeitig entschieden und gestaltet wurde. Denn stünde die Entscheidung erst heute an, so würde man zweifellos eine Frauenkirche oder ein Berliner Königsschloss draus machen und tun, als hätte der letzte Krieg mit allen seinen Weiterungen sozusagen nicht stattgefunden. Das Neue sticht stark vom Alten ab, ist ganz modern und liefert dennoch das fehlende Stück, das zusammenhält, was zusammengehört. So, wünscht man sich, sollte es immer glücken. Man trauere um das Verlorene, suche es auszugleichen, aber täusche nicht vor, es habe den Verlust nie gegeben. Hier hat man den Mut zur Prothese gehabt. Eine Prothese soll nicht aussehen, als wäre sie das eingebüßte Bein; sie muss *gehen*, mehr nicht.

Wie man mit dem umzugehen hat, was Faschismus und Krieg hinterlassen haben, bleibt das immerwährende Problem aller Kommunen in Deutschland, und wir werden ihm auf unseren Fahrten noch oft begegnen. Ersetzen und Gedenken sind die beiden Hauptaufgaben. Ersetzen dürfte das Leichtere sein, denn hier geht es um konkrete Bedürfnisse und bauliche Aufgaben. Schwieriger wird es mit dem Gedenken. Es steht nahezu vollständig unter dem Verbot des künstlerischen Bildes, sodass eigentlich nur die Namen von Verschwundenem bleiben. Namen sind ein dürres Material und sollen doch eine schwere moralische Last stemmen; und man muss es den Planern nachsehen, wenn sie, da das Offensichtliche erschöpft ist, bei immer verdrehteren Einfällen landen. Der Ehrenhof des Saarbrücker Schlosses ist zum «Platz des unsichtbaren Mahnmals» umgewidmet worden. Zugrunde liegt dem Folgendes: Es wurden die Namen von 2146 jüdischen Friedhöfen auf die Unterseite der hier verlegten Pflastersteine gemeißelt, diese dann in den Platz eingelassen, aber eben so, dass man nichts, gar nichts sehen kann.

Warum nicht wenigstens auf der Oberseite? Damit wir die Namen nicht mit Füßen treten? Um der Spurlosigkeit vergangenen Lebens die Ehre zu erweisen, indem man ihr die paradoxe Spur abzwingt? Um den ethischen Vorrang des Wissens vor dem Sehen zu betonen und des Glaubens vor dem Wissen? Denn zuletzt muss man es *glauben*, dass diese Schriftzüge wirklich dort im Boden mit dem Gesicht nach unten liegen wie die Toten, von denen sie sprechen, in ihren Gräbern. Herausgekommen ist jedenfalls ein unsinniges Versteckspiel, wie es die Konzeptkunst liebt. Wie, wenn ein Schelm den Betrag für 2146 Namen kassiert, aber nur 1279 auch wirklich mit dem Meißel ausgeführt hätte? Wir würden es nie erfahren. Das Ganze hat einen Hauch von des Kaisers neuen Kleidern.

Eines der letzten Dinge, die wir von Saarbrücken sehen, ist der einsame Teilnehmer eines Mittelalterfests; mit gelocktem Haar, im chemisch roten, löwengeschmückten Waffenmantel geht er über das Betonverbundpflaster, hält sein langes Schwert am Heft gefasst vor sich, tritt durch die Tür eines mehrstöckigen grauen Wohnbaus aus den Sechzigern, und ist zu Hause.

Die B 41 endet an der Staatsgrenze zu Frankreich und setzt sich fort in einer Nationalstraße nach Forbach. Da wollen wir zum Abschluss der Reise eigentlich hin, aber wie so manches in Saarbrücken geht auch das schief. Auf einmal sind wir stattdessen unterwegs nach Sarreguemines, dem alten Saargemünd. Das ist uns auch recht. Eigentlich ist es noch besser, denn statt derselben Straße begleitet uns derselbe Fluss. Die Grenze ist keine mehr, man braucht keinen Pass, kaum erkennt man an den Straßenschildern, ob man schon drüben ist. «Kleinblittersdorf», schwarz auf gelbem Grund, das ist offenbar noch hiesig; aber gleich darauf sieht man «Grossbliederstroff», hier haben sich erkennbar schon die Nachbarn an einem fremden Erbe abgemüht.

Wie kann, was barrierefrei nur zwanzig Autominuten von

Saarbrücken abliegt, so ganz anders sein? Dabei spricht man hier noch Deutsch; und nach unserem bemühten französischen Sätzchen, mit dem wir um Herberge nachsuchen, gibt man uns zu verstehen, wir möchten es gut sein lassen, Deutsch wäre in Ordnung. Es sei hier auch erwähnt, dass wir in der Auberge zum Goldenen Hirschen zwar kein Glück haben, sich unter den Gästen aber einer findet, der sich sogleich ins Auto setzt und uns voranfährt, um uns zum einzigen Hotel am Ort zu bringen, das sonntags offen hat. Hier ist der Sonntag der kritische Tag des Gastgewerbes wie in Deutschland der Montag.

Ich sollte nur von repräsentativen Dingen sprechen und nicht von Zufallsfunden. Aber im Zimmer dieses Hotels finde ich einen Gegenstand, der auf den ersten Blick absurd scheint und auf den zweiten eminent durchdacht: eine Fernbedienung fürs TV-Gerät, in die oben ein Flaschenöffner eingelassen ist; eine Lowtech- und eine Hightech-Vorrichtung in der trauten Eintracht der Praxis. Ich stelle mir vor, wie ein geplagter Arbeitnehmer heimkehrt, sich in den Sessel wirft, diesen universalen Freizeit-Stick zur Hand nimmt, und auf einmal wird alles so einfach, und es überkommt ihn das Gefühl einer unendlichen Entspannung.

Entspannt wirkt der ganze Ort. Er war nicht völlig das kleine Städtchen, das von der Notierung auf der Karte her zu erwarten gewesen wäre; immerhin ist er Sitz einer Unterpräfektur, also so etwas wie eine Kreisstadt, in einer Liga mit Kreuznach und Idar-Oberstein. Die Saar hat aufgehört, der korsettierte Pfeil von Saarbrücken zu sein; sie ist zu einer träumerischen Nebensache geworden, noch mit angerosteten Kähnen am Ufer zum Zeichen einer prinzipiellen Schiffbarkeit.

Worin besteht der Unterschied Sarreguemines zu einer deutschen Stadt, den man auf Anhieb spürt und so schwer benennen kann? Wahrscheinlich gibt es bloß pro Jahrzehnt etwas weniger Bauanstrengungen, das Alte ist gut genug; keine Fußgängerzone, die sich über die Komplettheit des Ausschlusses von Autos definiert, sondern einfach ein paar weniger Autos; auch nicht alles gleich frisch angestrichen, wenn es Miene macht zu blättern; ein paar andere Farben an den Häusern, ein erdhaftes blasses Rosa, ein bestimmtes Grün, die so auch in Italien, aber irgendwie nie bei uns vorkommen; eine, bei aller sonstigen maßvollen Nachlässigkeit, besondere Fürsorge für die Fenster, die nie so entsetzlich glotzen, als hätte man ihnen die Lider abgeschnitten, sondern ganze Straßenzüge lang schöne große Fensterläden haben, dann Simse, Rahmen. «Unser Dorf soll schöner werden» bekäme hier keinen Fuß auf den Boden, dazu fehlt es am reformerischen Eifer. Ja, eine gewisse Trägheit gegen Reformen, das dürfte am ehesten sein, was, bei allen sonstigen Verschiedenheiten, unsere Nachbarn uns insgesamt voraushaben. Bei uns kommt immer alles genauso, wie es oben konzipiert war, unten an. Bei den anderen hat es auf dem Weg dorthin schon so viel Kraft verbraucht, dass die Resultate eine beträchtliche lässige Anmut besitzen.

Zurück geht es auf der Autobahn. Es ist nützlich um des Kontrastes willen. Schallschutzmauern! Auch so eine prinzipielle Sache. Kilometerlang laufen sie waagrecht in Schattierungen von Aqua, dann wieder wechseln sich Milchschokolade und Zartbitter ab. Man fühlt sich von diesen dicken Farben wie zwangsgenudelt. Pro Kilometer braucht man 30 Sekunden. Das ist in Anbetracht dessen, was es hier zu sehen gibt, entsetzlich lang.

B 105 – Von Stralsund bis Selmsdorf

Diesmal ist einiges anders als bei den zwei vorherigen Reisen. Wir starten im Mai, in jener schönsten Zeit des Jahres, die eigentlich schon ein vorgezogener Sommer ist, alles Grün ist schon da und entfaltet, selbst das der Eschen und Akazien, aber noch frisch und hell und ohne dass sich das Gefühl der Erfüllung einstellt, das den Sommer zu etwas so Bedrückendem machen kann; die Tage sind sommerlich lang und werden immer noch länger. Die Wärme trägt noch nicht; sie steckt überwiegend noch in der Sonne und nicht in der Luft, sodass die Temperatur an einem gemischt wolkigen Tag jähen Schwankungen unterliegt; ja es ließe sich sagen, dass der Wechsel von Sonnenschein und Bewölkung zu keiner anderen Zeit einen so dramatischen Unterschied macht wie gerade jetzt.

Wir fahren mit einem VW Touran, einem deutlich größeren Auto als das letzte Mal. Denn diesmal sind wir zu dritt; uns begleitet Jona, drei Monate alt, den es im Dezember noch nicht gab, Heikes kleiner Sohn. Er gibt unserer Reise den Takt vor. Für mich, der den Umgang mit sehr kleinen Kindern nicht gewohnt ist, bedeutet er eine Schule der Geduld.

Die B 105 beginnt in Stralsund. Jede Stadt hält für den, der ankommt, den besonderen Augenblick der ersten Begegnung bereit. Er ist kurz und blitzschnell verschwendet, wenn man ihn, wie es so oft passiert, mit dem Stress des Suchens und Navigierens zubringen muss; wenn man endlich aussteigen kann, ist er schon zur Hälfte verbraucht und erloschen.

Stralsund aber bietet sich auf besondere Weise dar. Nachdem wir während der Anfahrt über die Autobahn lang durch flaches und ziemlich monotones Land gefahren sind, hebt sich das Gelände nun ein wenig, eben genug, dass wir die Stadt ganz sehen, und auf einmal, fast von einer Sekunde zur anderen, ist alles da: der Meeressund; die filigrane Silhouette der Stadt; und die beiden großen blauen Wunder, die sie begleiten, die Volkswerft und die neue Brücke zur Insel Rügen. Keine Farbe reagiert auf Wechsel der Lichtverhältnisse so empfindlich wie Blau; und diese Verhältnisse sind heute sehr günstig. Der Himmel im Hintergrund ist schieferfarben, es braut sich was zusammen; doch im Vordergrund scheint vorerst noch die Sonne, und in dieser Mischung wird das Blau der beiden Riesen zart und strahlend.

Brücken – sie sind eine Bauaufgabe, die eigentlich nie ganz schiefgehen kann: weil das, was sie tun, so sehr einleuchtet. Die Architektur insgesamt leidet ja stark darunter, dass sie im Zeichen der gewachsenen technischen Kräfte so abgemagert ist: So überirdisch leicht ist ihr durch den Stahl das Tragen der eigenen Last geworden, dass sie fast gar kein Volumen mehr benötigt und, was an ihr dennoch umbauter Raum ist, wie aufgeblasen wirkt. Allein die Brücke, als der große Bau ohne Innen, darf sich ganz dem nackten, dünnen Tragen hingeben. Und so steht da in der Mitte der einzelne hohe Doppel-Pylon in lichtestem Bleu, eine Himmelsleiter mit lediglich drei Sprossen, als bräuchte ein Engel nicht mehr, um heimzukommen. An parallelen schrägen Seilen hängt die geschwungene Fahrbahn, mit einem Geländer, das sich ebenfalls in einem hellen Blau hält, welches allenfalls ein bisschen zu sehr ins Violette sticht.

Auch die Volkswerft unterhält Beziehungen vor allem zum Himmel. Das versteht sich nicht von selbst bei einem Kasten von 300 Meter Länge, 100 Meter Breite und 75 Meter Höhe, einem Quader also von reichlich zwei Millionen Kubikmeter umbautem Raum. Alle zehn Tage wird hier ein neues Schiff fertig. Und es ist wirklich ein nahezu perfekter Quader, mit der allerflachsten Andeutung einer Dachschrägung und sonst so gut wie völlig gliederungsfrei – ein proportionales Unding in der unmittelbaren Nachbarschaft der kleinteiligen mittelalterlichen Altstadt, sollte man meinen. Ihn in seiner Umgebung zu sehen, war ich besonders neugierig; denn seine farbliche Gestaltung stellt eins der stolzesten Werke von Ernst Friedrich von Garnier dar. Der Farbdesigner hat es geschafft, diesen schiffegebärenden Wal zum Schweben zu bringen. Dass ein Gebilde, welches deutlich breiter als hoch ist, dennoch die meisten der Stralsunder Kirchtürme mit ihrem ausschließlich vertikalen Ehrgeiz an Höhe übertrifft, drohte diese zu einer zipfelnden Lächerlichkeit zu verdammen; daher galt es, Höhe wie Breite umzudeuten.

Also wurde das Gebilde (ein Gebäude mag man es kaum nennen) mit einer Haut aus schmalen senkrechten Streifen in den verschiedensten hellen Blaus überzogen; sie hüten sich einerseits, Architektur zu heucheln, wo keine ist, andererseits setzen sie die Fläche aber doch in Bewegung, stauen sich zu einem dunklen Maximum unfern der Ränder und entwickeln einen Rhythmus wie ein Akkordeon: in der Mitte der Balg, links und rechts die

Griffe mit der Tastatur. Damit aber dieser Effekt nicht zu aufdringlich wird, läuft oben riesig und blass quer die Inschrift «Volkswerft Stralsund». Die eigentliche Überraschung stellen die Grüntöne dar, die man manchmal (wir fahren mehrfach und bei verschiedenem Wetter vorbei) zu sehen meint und die doch, wenn die Stimmung wechselt, plötzlich wieder fort sind, wie das Grün in einer menschlichen Iris.

Stralsund war lange die wichtigste Festung der Ostsee. Als der Dreißigjährige Krieg von seiner zweiten in die dritte Phase trat, vom dänisch-niedersächsischen zum schwedischen Krieg, wurde dem Feldherrn Wallenstein, der weithin auf eigene Faust operierte, vom tief binnenländischen Kaiser der Titel eines Generalissimus der Meere verliehen. Diese Meere aber musste er sich selbst erobern; und er gedachte dies zu tun, indem er Pommern besetzte und Stralsund nahm. Die Stadt setzte sich zur Wehr. Ein Jahr lang dauerte die Belagerung. Stralsund, erklärte Wallenstein, müsse fallen, und wäre es mit Ketten an den Himmel geschmiedet. Merkwürdig, dass schon er statt des Meeres den Himmel und dessen Beziehung zum Metall betonte. Stralsund jedoch fiel nicht, und schließlich ging es an die zur Hilfe eilenden Schweden über, die es fast zwei Jahrhunderte lang als ihren überseeischen Brückenkopf in Deutschland hielten.

Da war Stralsunds große Zeit als Hansestadt aber schon lang vorbei. Aus dieser Zeit, dem 13. bis 15. Jahrhundert, stammen die repräsentativen Bauten, die Kirchen und das Rathaus; die einfacheren Häuser aber zumeist aus der Zeit nach 1700, als die nach einer brandenburgischen Kanonade und einer Feuersbrunst weitgehend zerstörte Stadt wiederaufgebaut wurde. Die dritte stadtprägende Phase ist die Gegenwart seit 1990.

Man sieht die ungeheuren Mengen Geld, die in die Sanierung gesteckt worden sind. Am besten sieht man es wie immer an den Fenstern: Dort herrschen Holz und echte Kleinteiligkeit der Scheiben, das Ganze ausgeführt in einer handwerklichen

Qualität wie wahrscheinlich selbst im Original nicht. Das «Time Magazine» brachte vor kurzem eine Titelgeschichte zum Thema Aufbau Ost in Deutschland: «What did two trillion dollars buy?» Das lässt sich hier ziemlich gut erkennen. Die Bausubstanz ist großzügig hergerichtet, aber darum stehen viele Geschäfte im Erdgeschoss doch leer. In einem Haus ist die Tür mit Kalksandsteinen zugesetzt, bei einem anderen sind die Schaufenster durch Spanplatten gesichert, an denen abblätternde Plakate hängen. So zeigen sich Geldstrom und Verwahrlosung an ein und demselben Gebäude.

Auch Stralsund ist UNESCO-Weltkulturerbe. Das Wort ist etwas undurchsichtig zusammengesetzt. Handelt es sich um ein Stück Weltkultur, das zufällig gerade wir geerbt haben? Oder um ein hiesiges Kulturerbe, das aber der ganzen Welt gehört? Beide Behauptungen wären reichlich dubios. Jedenfalls scheint, wohin man auch reist, kein Ausweichen mehr davor möglich, man stolpert vom einen zum anderen, die Altstadt von Angra auf den Azoren zählt dazu so gut wie das mittlere Rheintal und irgendwelche christlichen Römergräber in Ungarn. So verschieden sonst auch sein mag, was sich da dem Besucher empfiehlt, es wird durch die identische Geste des Erbenwollens und Geerbthabens zu einer Gleichförmigkeit gebracht wie die alten Stadtkerne zur Einheits-Tristesse der Fußgängerzone.

Der total gewordene Denkmalschutz verwickelt sich in einen Widerspruch. So etwas wie die Wahrung oder Wiederherstellung eines historischen Zustands kann es bei einem über lange Zeit lebendigen Wesen wie einer kompletten Stadt gar nicht geben. Am selben Ort sind nacheinander so viele verschiedene Dinge ins Dasein getreten – aber nur einem einzigen bevorzugten davon kann das Recht zuerkannt werden, sich jetzt zu zeigen. Ein Haus, das etwa dreihundert Jahre alt sein mag, ist mustergültig wiederhergestellt und hat einen schönen mattroten Anstrich bekommen – aber erhaltenswert schien auch die auf den graubraunen Putz des frühen 20. Jahrhunderts aufgetragene Inschrift eines Ladens; es wäre schade gewesen, sie zu überpinseln und in die Unsichtbarkeit zu verbannen. So öffnet sich also im neugemachten Barock ein Fensterlein zum älteren Zustand darunter, so um 1930, und man liest: «Mehl – Futtermittel – Fritz Wasow», in einer mehr gemalten als geschriebenen Zeile. Man steht verblüfft vor dieser geplatzten Stelle im hergerichteten Gewand der Geschichte und dem Einblick auf die altersmürbe Haut darunter.

Wie schön ist der alte Backstein! Er lebt, weil er verletzt werden kann. Das passiert dem neuzeitlichen Klinker nicht, der gebrannt wurde, bis er wie ein echter Stein und fast zum Metall geworden ist. Er heißt, erfährt man aus dem etymologischen Wörterbuch, nach dem Geräusch, das sich ergibt, wenn man dagegenschlägt: klink. Anders als dessen düstere, glänzende Oberfläche bietet sich der Backstein stumpf, warm und hell dar, und wo er sich doch verdunkelt hat, da nach und nach, gemäß seinem Alter. Hart ist er bloß wie die Kruste eines Brotes; entfernt man sie, gelangt man an die ungeschützte Krume. Alle diese Kirchen- und Klostergebäude haben unter dem Phänomen des Windschliffs zu leiden. Die steilen gotischen Formen können sich vor dem Wind nicht in Sicherheit bringen, in den ungezählten Winkeln und Kehlen fängt er sich und beginnt sein kreisendes Schmirgeln. Da ist die Kruste bald durch – und untendrunter ist alles weich, ein mohnfarbenes Pulver stäubt die Fingerkuppe ein, die hinlangt, rührend fein. Hohl wird der Quader, und je mehr er sich höhlt, desto auswegloser gefangen wirbeln die Körnchen herum und fräsen sich immer weiter ins Innere. Einmal aufgebrochen, beginnt der Ziegel zu sterben.

Stralsund hat Schwierigkeiten mit der Unterhaltung und angemessenen Verwendung seiner Kirchen. Eine große Backsteinkirche ist zur Kunstgalerie umgewandelt, zu sehen gibt es eine Ausstellung von Werken Friedensreich Hundertwassers – eine rechte Unternutzung muss man das nennen. Auch bei der Hauptkirche St. Nikolai erhebt man Eintritt, wenngleich mit fühlbar schlechtem Gewissen. Das signalrote Schild verlangt zwei Euro – es sei denn, man wünscht zu beten; dann ist der Eintritt frei. Auch wer die Summe nicht aufbringen kann, soll sich bitte an der Kasse melden. Ob gerade diese beiden Personenkreise geneigt sind, sich zu erkennen zu geben? Die einen werden verlegen abziehen, die anderen verschämt zahlen. Nicht die Bedürftigkeit und nicht die Frömmigkeit wird hier kostenlosen Einlass erheischen, sondern allein die Frechheit, die blitzschnell begreift, dass hier die bloße Behauptung schon legitimiert.

Ich hatte nicht mit einem solchen Reichtum gerechnet. Die Kirche ist riesengroß, aus einem Guss und mit Schätzen beladen wie ein Piratenschiff. Sie ist einer der bedeutenden Sakralbauten Europas. Kein Kunstreiseführer könnte hinlänglich darauf vorbereiten. Er wird die Information St. Nikolai – Gotik – Backstein hergeben, die auf ungezählte Kirchen des nördlichen Mitteleuropa zutrifft. Unter diesem allgemeinen Mantel hat sehr vieles Platz, eben auch die gründliche Überraschung. Dabei liegt hinter dieser Kirche der Bildersturm, den der junge Protestantismus gegen die Kunst des Mittelalters entfesselte. Wir haben es also bei der spätgotischen Ausstattung mit einem Restbestand zu tun, mit etwas, das zufällig übrig blieb, als man vor fünfhundert Jahren so zerstörerisch umdachte.

Mir fällt eine Ballade von Detlev von Liliencron ein, die beginnt: «Heut bin ich über Rungholt gefahren. / Die Stadt ging unter vor fünfhundert Jahren.» Rungholt, das war eine sagenhafte deutsche Seestadt, die es zu großem Reichtum brachte, bis sie endlich in einer furchtbaren Sturmnacht versank. Was auf merkwürdige Weise berührt, über den balladesken Stoff und seine Versifizierung hinaus, das ist die genannte Frist. Fünfhundert Jahre, und nicht etwa das rein arithmetische Jahrtausend, das scheint so etwas wie die große kosmische Stunde der Menschheit, nach deren Ablauf selbst der größte Zeiger wieder in seine Ausgangsstellung zurückkehrt und der Gang der Dinge von vorn anhebt. Was vor vierhundert Jahren war, können wir mit einer erheblichen geistigen Anstrengung noch als das unsrige erkennen; fünf Jahrhunderte aber, das markiert die Schwelle zur uneinbringlichen Vorzeit.

Ich begreife immer noch nicht, weshalb es gerade die Epoche um 1500 war, in der die Kunst hierzulande auf einmal in solche Höhen gestiegen ist, und nicht nur das: auf solche breiten Höhen wie sonst allenfalls noch die Volkswerft; an so vielen Orten zur selben Zeit. Es war gewiss eine wohlhabende Zeit – aber für Stralsund zum Beispiel war die eindeutig beste Zeit damals schon vorbei. Der absolute Kulminationspunkt dieser Stadt lag mindestens hundert Jahre früher, um 1370, als sie den dänischen König schlug. Aber von damals sind bloß ein paar Figuren übrig, die im Vergleich mit dem um drei bis vier Generationen Jüngeren ungelenk wirken. Und warum stieß diese aufs äußerste verfeinerte und durchseelte, durch und durch katholische Bilderkunst, die offenbar noch um 1520 der allgemeinen Mentalität entsprach (sonst wären nicht an zentraler Stelle so viele aufwendige Werke entstanden), unmittelbar danach auf solchen ebenfalls zentralen Hass, der alles kurz und klein schlug und von Bildern nichts mehr wissen wollte? Was ist hier in maximal zehn Jahren mit den Geistern passiert? Kann es sein, dass so schnell vom Bild aufs Wort umgeschaltet wurde? Haben alle diesen Umschaltprozess harmonisch mitvollzogen? Oder lag schon im vorherigen Zustand ein Element der Gewalt? Oder erst in dem, der ihn ablöste? Oder in beiden? In Pakistan zerstören gegenwärtig die Taliban im Namen des reinen Korans die Gräber von Heiligen, die seit Jahrhunderten dort verehrt werden. Ist damals in Deutschland bei dem binnenchristlichen Ereignis der Reformation etwas Ähnliches geschehen, wie es heute innerhalb des Islam passiert?

Man sollte die Parallele nicht zu weit treiben; Luther hat niemals einen Bildersturm autorisiert, sich im Gegenteil von seinem alten Weggefährten Andreas Karlstadt abgewandt, als dieser einen Hammer nahm und der Muttergottes ins Gesicht schlug.

Vom Protestantismus, der aufs Wort setzte und das Bild verwarf, bleibt so wenig, was sich anzuschauen lohnt. Gerechterweise muss man hinzufügen, dass auch der Katholizismus nach dem großen Zerwürfnis von 1517 nicht mehr viel Bedeutendes hervorgebracht hat. Wahrscheinlich war doch die Spaltung als solche das hässliche Ereignis, das beide geschiedene Partner zur trockenen Giftigkeit verdammte. Lang ist es her; mit desto größerer Ergriffenheit betrachtet man, was noch länger her ist, die große unbedacht fruchtbare Einheit des Mittelalters, des spätesten Mittelalters, das sich auf einmal noch, unmittelbar ehe es enden sollte und in einer Art Angstblüte, als ahnte es die Knappheit der Zeit, solcher Werke als fähig erwies.

Gleich im Eingangsbereich der St.-Nikolai-Kirche stoße ich auf den Bürgermeister-Altar. Wäre es eine Kreuzigung gewesen, wäre ich einfach vorbeigegangen; aber es handelt sich um eine Kreuzabnahme. Kreuzigungen erlauben nicht allzu viel Spielraum, der Heiland ist angenagelt. Die Künstler, sofern sie expressionistisches Bedürfnis fühlen, halten sich an die zwei Schächer, die sich nach Herzenslust winden dürfen wie ein Regenwurm am Angelhaken. Aber die Kreuzabnahme verlangt Takt. Der bereits tote Körper muss vom Kreuz abgelöst werden, ohne weiteren Schaden zu nehmen. Wie dies ins Bild übersetzen? Hier auf einmal öffnet sich die ikonographische Tradition und schafft Raum für die zärtlich-praktische Improvisation. Manche italienischen Darstellungen führen eine Art Lasso unter den Achseln durch. Das ist mehr praktisch als zärtlich.

Wie ein Lebender, der Schmerz empfindet, wird der tote Leib Jesu hier geschont. Keiner der Akteure kann ihn mehr als Gott erkennen; die trauernde Liebe handhab ihn wie einen Menschen ihresgleichen, mehr ist im Augenblick nicht möglich. Diese Trauer bedeutet Treue im Hoffnungslosen. Sofern das durch und durch gläubige Mittelalter den Moment des Atheismus zu gestalten vermochte: hier ist er. Es ist ein Augenblick der reinen, der ums Göttliche bereinigten Humanität. Freilich nur transitorisch, wie ein langes Pausenzeichen in der Musik. In dieser Pause wird der spätmittelalterliche Bildhauer zu einem Griechen des Lindenholzes. Wie genau ist der tote Leib skulptiert! Eigentlich erfüllt er alles, was die gleichzeitige italienische Renaissance verlangt, die ja auch vom Leichnam ausgeht, vom freigelegten Muskelspiel unter einer Haut, die nicht mehr als das Schauspiel gilt, sondern als der Vorhang des anatomischen Theaters. Das Neue ist da, komplett, aber es wird noch einmal dem Alten dienstbar gemacht. Vielleicht liegt hier die Antwort, weshalb die höchste je erreichte Bildkultur mit solcher Plötzlichkeit in ihre absolute Negation stürzt: wie der Traum ins Erwachen. Sigmund Freud hat vom Traum als vom Hüter des Schlafs gesprochen, der seine deutlichsten und erinnerlichsten Bilder just dann produziere, wenn schon der Wecker rasselt. Der Traum bezieht dann den Wecker mit ein. Und so, wie ein Träumender, der schon den Wecker hört und dennoch alles daransetzt, weiter zu träumen, präsentieren sich diese spätestgotischen Schnitzaltäre, die eigentlich wissen, dass sie ihre Gotik schon verwachsen haben wie einen Kinderanzug. Die letzte Minute Schlaf ist so süß.

Wenn es je eine metaphysische Kunst gab, eine Kunst also, die für sich in Anspruch nehmen darf, dass sie über die notwendige sinnliche Schranke aller Darstellung hinausgelangt, dann ist es diese. Zu Recht bedient sie sich statt des Steins des Holzes. Der Stein in der Kunst hat ein einfaches Dasein; das Holz ein doppeltes. Ihm wohnte schon einmal ein anderer Zweck inne, nämlich der des Baums; um dessentwillen ist es entstanden und in seine bestimmte Form gewachsen. Doch erweist sich, dass es von diesem Zweck, ohne ihn zu verleugnen, abgehoben werden kann, um etwas anderes zu werden. Das Mittelalter selbst neigt ja (in seinen Schriften, die sein schwächster Teil sind) zu einer schroffen Entgegensetzung von Diesseits und Jenseits. Seine bildende Kunst weiß es besser: Die Engelsstimme der anderen Welt wird nur aus den Körpern hiesiger Instrumente erklingen, aus Instrumenten von Holz. (Die Blechbläser werden, mit Ausnahme der apokalyptischen Fanfaren, vom Mittelalter der Sphäre der Hölle zugeordnet.) Holz, der bewusstlos lebende Stoff, der ergriffen und verwandelt werden kann, um zu bekunden, dass der erlöste Zustand nicht als das ganz und gar Verschiedene hereinbrechen wird, sondern bloß als der entscheidende Ruck, der auf einmal durch das schon Vorhandene geht und es anders deutet: Er begünstigt die Hoffnung, dass es mit dem Paradies und seiner Verheißung – auch wo das Bildwerk selbst von traurigen Dingen spricht und singt – am Ende doch etwas auf sich haben könnte. Es war das bislang letzte Mal, dass diese Hoffnung sinnliche Gestalt gewann.

Eine so noble Trauer ist es, die die Gruppe durchzieht, auch die Pferde trauern mit, und die edlen vergoldeten Gewänder, von denen die Trauernden umschlossen werden. Warum kann es diese feine, diese menschliche Kunst heute nicht mehr geben? Warum wird jeder, der solchen Trost empfangen möchte, auf diese unbetretbare Vorzeit verwiesen? Heut bin ich über Rungholt gefahren; die Stadt ging unter vor fünfhundert Jahren.

Wir folgen der 105 nach Westen. Es ist eine ungute Straße. Die lange umstrittene Ostseeautobahn, die A 20, ist schließlich und endlich doch gekommen; aber sie verläuft so weit südlich im Landesinnern, dass sie die Verbindung der Ostseestädte Stralsund, Rostock, Wismar, Lübeck nicht übernommen hat, sondern die Bundesstraße weiterhin die alte Rolle der Fernstraße spielen muss. Man könnte sie als eine Para-Autobahn bezeichnen, was bedeuten soll, dass die Autofahrer, die nunmehr ein Recht auf rasches, hindernisfreies Vorwärtskommen zu haben meinen, mit Ungeduld und Ärger reagieren, wenn sie sich dabei auf eine bloße Landstraße zurückgeworfen finden. Einerseits ist sie wirklich teilweise kerzengerade und fast wie eine Autobahn ausgebaut, andererseits aber verläuft sie überwiegend zweispurig und nicht ohne Ortsdurchfahrten. Die Mischung beider Merkmale, der beschleunigenden und solcher, die aufhalten, macht sie zu einer unangenehmen und wohl auch gefährlichen Trasse.

Die Anwesenheit eines kleinen Kindes verändert den Blick auf die Straße. Sie drängt eine Frage auf, an die man unter anderen Umständen nicht gedacht hätte: Wie lange würde es, wenn wir jetzt gleich halten müssten, dauern, bis wir es tatsächlich könnten? Besonders wirkt sie auf die Optik der Leitplanke ein. Sonst achtet man auf diese ja nicht besonders, man nimmt mit halbem Auge das Unschöne der Metallleiste wahr, aber wegen ihrer geringen Höhe erkennt man nicht, dass sie in Wirklichkeit eine hocheffiziente Blockade darstellt, einen durchgehenden waagrechten Gitterstab sozusagen. Sie macht es ganz und gar unmöglich, stehen zu bleiben, ein Ausstieg auf halbem Weg wird so undenkbar, als wenn man im Flugzeug säße. Wen schützt sie wovor? Fahrer und Insassen vor dem Abdriften in den Straßengraben? Die anderen Verkehrsteilnehmer vor dummen spontanen Einfällen von ihresgleichen? Oder die Bäume vor der Rücksichtslosigkeit der Raser? Auf Teilstrecken dient die Leitplanke offenbar vorwiegend diesem Zweck: Denn hier zerlegt sie sich in getrennte Abschnitte, die jeweils in behütender Krümmung den Einzelstamm begleiten.

Die Allee findet sich fast überall, sie zieht sich an dieser überstrapazierten Fernstraße entlang wie ein bedrohliches Geschenk und gibt eine bedenklich geringe Breite vor, Eichen, Linden, Eschen, Kastanien, Pappeln. Wenn die Sonne scheint, überzieht die scharfe Fleckung aus Licht und Schatten den Asphalt und schießt blitzhaft durch das Wageninnere. Selbst wenn man die

Augen schließt, erreicht das Wechselspiel wie von lichterem und dunklerem Milchkaffee durch die geschlossenen Lider die Netzhaut: ein schönes Gefühl der Ankunft tief in einem Inneren, die Ahnung eines Daseins als Wasserwesen. Am Straßenrand steht ein Plakat im Hochformat, gleichfalls eine Allee darstellend und in solcher Mimikry fast nicht wahrzunehmen, und verkündet: Kein Ort zum Sterben. Eine sehr bündig unterkühlte Art, einen Ratschlag zu erteilen.

Wir halten in dem Dorf Löbnitz, wo ich mir, da das Kind gestillt wird, irgendwie eine halbe Stunde die Zeit vertreiben muss. Hier quert eine zweite, ähnlich ausgebaute Straße die kerzengerade 105, es entsteht eine riesige Kreuzung, die den kleinen Ort wie mit einem Hammerschlag in vier Quadranten zersprengt. Wer sie diagonal überqueren will, muss vier Fußgängerampeln überwinden; acht sind es insgesamt. Im Quadranten Nr. 1 befindet sich ein Gasthaus, im zweiten ein Fremdenverkehrsbüro (ausgerechnet), im dritten eine große rot-weiß-grüne Reklametafel für das Einrichtungshaus «Greif zu»; der vierte beherbergt einen etwas verwahrlosten, aber gerade darum lieblich anzuschauenden Park. Anzuschauen: denn zu hören ist natürlich vor allem der viel zu schnelle Durchgangsverkehr. Wer Zuspitzungen liebt, könnte sagen: Nur im Schlagschatten dieser furchtbaren Kreuzung konnte eine solch anmutige Verwilderung, eine solche Vergessenheit aus Linden und Flieder entstehen, denn wer mag schon inmitten des Krachs spazieren gehen und seine Freizeit genießen?

Außer mir nur noch ein nicht mehr junger Mann, der morgens um elf seinen Hund ausführt. Als wir uns das zweite Mal begegnen (denn außer der Kreuzung gibt es hier wirklich nicht viel), geraten wir ins Gespräch. Er sagt, er überlege es sich genau, ob er zum Beispiel abends nochmal Zigaretten hole; denn der Weg nach schräg gegenüber und zurück koste ihn eine Viertelstunde. Er tadelt heftig die Trassenführung der A 20, die der Küstenstraße nichts erspart habe, und berichtet davon, wie schädlich sie speziell für den Tourismus gewesen sei: Die Westdeutschen, die gehört hatten, was für eine wunderbare unverdorbene Natur es in Mecklenburg-Vorpommern gibt, seien alle genau einmal gekommen, dann hätten sie es sattgehabt, sich von der Autobahn auf buckligen Stichstraßen in die Ostseebäder zu quälen. Und schlimme Unfälle gebe es hier, wenn die durchschießenden Autofahrer zu spät merken, dass sie auf der Kreuzung hätten abbiegen müssen, und dann wenden. Ob er sich eine Umgehung wünsche? Ach nein, das auch nicht; denn wenn jetzt hier das Falsche los sei, dann garantiert überhaupt nichts mehr, wenn nicht einmal mehr die Straße durchgeht; dann gingen auch die letzten Läden ein. Es scheint, als müsste die B 105 die Leute hier unter allen Umständen unglücklich machen, sei es, dass sie den Ort berührt, sei es, dass sie ihn meidet.

In Ribnitz legen wir eine Mittagspause ein. Es gibt eine Promenade, die am Meer entlangführt. Aber man mag die Ostsee, wie sie sich hier darbietet, gar nicht als ein Meer bezeichnen; eher verhält es sich so, dass sie das Beste beider Wasserwelten, der süßen und der salzigen, miteinander verbindet. Die Luft ist frisch, das Wasser lebhaft bewegt von olivgrünen und ganz hellblauen Tönen, wie es bei starkem Algengehalt und rasch ziehendem bewölktem Himmel zu sein pflegt, im schönen Wechsel von neuem Stahl und alter Bronze, der Blick geht weit über die Fläche – aber eben nicht zu weit, nur an einer Stelle stößt sie bis an den Horizont vor, sonst schwingen sich im Abstand bewaldete flache Küsten um sie herum, mit einem vorgelagerten fahlgelben Band, das man erst für Sandstrand hält, ehe man sich sagen muss, dass es sich offenbar um Schilffelder handelt, was die karibische Anmutung wieder etwas relativiert. Heimelig geschlossen und abenteuerlich offen zugleich ist dieser Wasserraum, wie es sonst vielleicht nur bei den allergrößten Strömen der Welt vorkommt, den wilden, breiten, inselreichen, die ins Endlose ziehen, aber langsam, und keine genaue Rechenschaft über ihre Ufer ablegen; hier würde es Huckleberry Finn gefallen. Man wünscht es einem Kind, hier aufwachsen zu dürfen.

Auf der Uferterrasse eines Fischrestaurants essen wir. Die Speisekarte ist zweisprachig Plattdeutsch und Hochdeutsch. «Leiwe Gäst», fängt sie an, in einer schnörkeligen Schönschrift, «In unsen Landstrich un in unse Stadt, / dor schnacken vele Lüd uk hüt noch platt. / Ut dissen Grund is unsre Koort, / lütt betten anners in ehr Oort. / (…) / Un nu man ran an dat studieren, / vel giwt dat hier jetzt tau probieren! / Guten Appetit, gauden Hunger».

Ich traue diesem Plattdeutsch nicht, und ich stelle ihm keine günstige Prognose. Dialekte, die deutschen Dialekte wenigstens, kriegen immer etwas zugleich Rechthaberisches und Totes, wenn sie die Schriftform suchen; auszunehmen wären höchstens einige Manifestationen des Mitteldeutschen, Sächsisch und Hessisch etwa, kraft ihres Humors. Das Wesentliche an den deutschen Dialekten, Melodie und Lautung, fängt sich nicht in der schriftlichen Form, weil es dazu keine Konvention gibt und diese durch eine hilflos stochernde Spontantranskribierung ersetzt wird; sie wirkt immer so peinlich bemüht und falsch wie das Münchnerisch des Zugereisten. Dialekte soll man nicht lernen wollen, sie dulden niemanden als den bewusstlos hineinwachsenden native speaker und weisen den absichtsvollen Schüler zurück, indem sie ihn der Lächerlichkeit preisgeben.

In der Schriftlichkeit aber nimmt es sich immer aus, als sei es der Dialekt selbst, der hier in die Schule geht und dabei auf die Nase fällt. Seine paradigmatische Textsorte stellt die Büttenrede dar, zweizeilig gereimt und mit Tusch nach jedem Reimpaar. Auch das zitierte Einleitungsgedicht steht dem nahe. Dass in diesem Lokal die Rotarier tagen, hilft den Ort solcher Pflege des Bodenständigen bestimmen: Sie trägt jovialen Charakter. Blättert man die Karte durch, stellt man fest, dass nur die einfachen Gerichte einen genuin plattdeutschen Namen führen; je feiner es wird, desto mehr nähert sich der Name der Standardsprache an, sodass die Zweisprachigkeit zur Farce gerät. Wenn eine Sprache nicht einmal mehr einen so konkreten und lebensnahen Bereich wie eine Speisekarte aus eigenen Mitteln bespielen kann, sondern beim Brathering stockt und beim Lachsfilet kapituliert, dann darf man ihr getrost den Verlust ihrer Vitalität bescheinigen.

In Ribnitz befindet sich das Deutsche Bernsteinmuseum. Ich habe mir überlegt, ob ich es wirklich aufsuchen soll, wo ich doch letzthin schon im Deutschen Edelsteinmuseum zu Idar-Oberstein war. Dann gehe ich doch hin. Es ist ein altes Backsteinkloster, das vermutlich seit seiner Säkularisierung vor fünfhundert Jahren nicht mehr so einfühlsam genutzt wurde wie jetzt. Ich mag es, wenn dem alten Stein und Ziegel Glas und Stahl in so feiner und doch bestimmter Ausführung beigesellt werden, um den neuen Zwecken zu entsprechen. Ein wenig ist es, als hätte ein alter Mensch eine Brille verschrieben bekommen, die ihm zu jedermanns Überraschung gut zu Gesicht steht. Ein Gang durch ein solches Gebäude (und davon gibt es inzwischen ziemlich viele im Land) stimmt mich immer heiter, als wäre es mein Glück, gerade in der jetzigen Zeit zu leben, die der Geschichte so leichte und großmütige Ehren spendet.

Der Bernstein ist genau genommen noch etwas Minderes als der Halbedelstein; aber er lebt; oder um es genauer zu sagen, er bezieht sich auf Lebendiges. Dass er so viele Jahre hat überstehen können, stellt ein Wunder dar wie bei den ägyptischen Mumien. Wäre er in seinem Waldboden einfach liegen geblieben, wäre er binnen kurzem verrottet. Und er verwittert wiederum, wo er aus seinen abgeschlossenen Grabkammern ans Licht befördert wird. Bernstein ist leichter als Wasser; also vermag er zu wandern und tut es bis in die Gegenwart, indem er sich bei Sturmflut an die Küste spülen lässt, um gefunden zu werden. Bernstein brennt, und er duftet dabei. Bernstein ist Harz. Aber wahrhaft nahe steht er dem Honig. Und der Honig wiederum, dieses dichteste aller Produkte, die ein Tier liefern kann, ohne sterben zu müssen, folgt dem Ton der menschlichen Stimme. Süß ist er, dabei klar oder trüb, hell, dunkler oder ganz rauchig.

Am meisten bezaubert, dass der Bernstein, als er tropfte, Tiere mitten im Leben einzuschließen vermochte, Mücken im Hochzeitsflug, Spinnen, die gerade darangingen, ihre Beute in einen Kokon zu wickeln, selbst einen Gecko; der gibt das Wappentier des Museums ab. Wie konnte ein Gecko dem trägen Harz erliegen? Als ich ihn antreffe, ist er kleiner als ein kleiner Finger. Alles ist so klein, oft sind Lupen vor die Funde geklemmt.

Ich lerne ein neues Wort: die Schlaube. Allein die Schlauben, die mehrfach nacheinander an derselben Stelle sich ergießenden Harzquellen der Rinde, waren fähig, Lebewesen zu töten und sie so zu bewahren. Ich mache ein Foto vom Wandbild des Bernsteinwalds; und wenn ich es jetzt betrachte, scheint es mir selbst wie eine Inkluse, arbiträr und duftig, ein Wald der verewigenden Tränen. Hell bedeckter Himmel ist zu erkennen, ein Lemur, ein paar Urpferde, am deutlichsten vorne links die mächtige raue Borke eines kiefernartigen Baums; ein Fluss, herbstlich gerötete Bäume im Hintergrund. So sah die Welt aus vor fünfzig Millionen Jahren, licht und früh. (Obwohl der Eindruck der Frühe natürlich täuscht, denn als all dies seine Zeit hatte, war es, wie immer, so spät wie nie zuvor.)

Ansonsten teilt der Bernstein für den verwertenden Menschen die Eigenschaften der Halbedelsteine, das heißt, er ist nicht kostbar genug, um als solcher, bloß facettiert und zum Funkeln gebracht, ein wahrhaftes Eigenleben zu führen; man muss unbedingt noch mehr mit ihm anstellen, man muss ihn zum kunsthandwerklichen Rohmaterial deklarieren und ihn zur Krippe oder Kogge umwandeln. Er wird abgerichtet wie ein Zirkuselefant, weil es dem Publikum nicht genügt, einem Elefanten dabei zuzusehen, wie er Elefant *ist*: *Tun* soll er was! Freilich leistet er Widerstand; je virtuoser man ihm zu Leibe rückt, desto mehr protestiert er durch seine Scheckigkeit, die die kleinteilig geschnitzten Formen überlagert und auslöscht. Eine Fotodokumentation widmet sich dem Bernsteinzimmer. Manche hoffen, man würde dieses seit mehr als sechs Jahrzehnten verschollene Kleinod irgendwann doch noch auffinden. Ich hoffe, es ist restlos verbrannt.

Wir haben entsetzliche Mühe, ein Nachtquartier zu finden. Offenbar waren wir nicht die Einzigen, die unter Benutzung von Männertag und sommerlichem Wetter die Gelegenheit für günstig hielten, einen Abstecher an die Ostsee zu machen. Wie kann Warnemünde schon in der Vorsaison so voll sein? Wir schreiben Ende Mai, kein Wesen, das nicht ein Seehund ist, kann in der Ostsee baden. Wir parken, nicht ohne Schwierigkeiten, auf einem großen öffentlichen Parkplatz, dem wie ein alpiner Talschluss das vielstöckige Kreuzfahrtschiff «Aida» gegenüberliegt. Ich mache mich auf Erkundungstour.

Auch der Verdruss ist eine Erkenntnisquelle. Ich suche mich durch einen dicken Menschenstrom rascher voranzubewegen, was nur misslingen kann. Alle diese Flaneure lassen sich vom farbenfrohen Angebot der ununterbrochen über mehr als einen Kilometer längs der Warnow gedehnten Shops hinreißen wie Indianer, die nach Glasperlen gieren. Man soll sich einfach manchmal, von einem leichten Interesse geleitet, versuchsweise dem Hass überlassen. Man wird Erlebnisse haben! Ich hatte sie bestimmt in Warnemünde. Im Englischen gibt es den schönen Ausdruck «love to hate». Das bedeutet, denjenigen, der sein Herz dem Hass schenkt, erfüllt er mit einer Befriedigung von solcher Unmittelbarkeit wie sonst bloß die Liebe. Dem also ergebe ich mich, für eine halbe Stunde, dann bin ich zurück, um entspannt und gelassen mitzuteilen: Okay, das wird nichts. Es wird dann übrigens noch länger nichts, zum Beispiel nicht in Rostock, wo ein Ärztekongress stattfindet, derweil Jona erbärmlich schreit, wie kleine Kinder eben schreien, wenn sie sich völlig ins Schreien verstiegen haben und nicht mehr herunterkommen. Man leidet am ausweglos Äußersten dieser Kundgabe so sehr mit. Ich bin stolz, dass ich dieser doppelten Belastung – am Steuer eine Unterkunft in einer großen fremden Stadt suchen, ein verzweifeltes Kind schreien hören – standhielt. Nie hätte ich gedacht, dass ich das schaffe.

Unsere Unterkunft beziehen wir schließlich in einer Ferienwohnung direkt an der B 105. Es gehört zu unserem Projekt und seinem Grundanspruch der Überraschbarkeit, dass ein Nachtquartier immer erst gesucht wird, wenn der aktive Tag vorbei ist. Diesmal aber haben wir uns so vollkommen mit der Herbergssuche verausgabt, dass uns die Kraft im Stich lässt. Auch neben dieser Ferienwohnung läuft die 105 als Allee einher, diesmal mit dem seltenen Elsbeerbaum in zwei parallelen Reihen.

Der Eigentümer erzählt von früher: Wie es war, als hier noch die Landwirtschaftliche Produktionsgenossenschaft bestand. Er selbst betreibt keine Landwirtschaft mehr. Aber der Schlag, vor dem wir stehen, misst nach wie vor 90 Hektar. So sah das aber erst seit den siebziger Jahren aus. Damals wurden die ganzen Hecken, die Barrieren zwischen den Feldern bildeten, niedergelegt, die Flur ausgeräumt. Ja, sage ich, bei uns auch. Und überall standen die Russen. Bei uns die Amerikaner, sage ich, 10 000 in Schweinfurt, einer Stadt von 50 000 Einwohnern. Aber dann enden die Gemeinsamkeiten des Kalten Krieges zu beiden Seiten des Zaunes.

Unser Wirt hatte sich am Schwarzhandel mit den sowjetischen Truppen beteiligt. Niemand prüfte aufseiten der Roten Armee nach, ob die Gleichung 1 Kilometer = 1 Liter Sprit auch wirklich aufging. Infolgedessen gelang es ihm, für seine kraftstoffschwache LPG Treibstoff zu organisieren, indem er den frierenden Truppen Schnaps anbot. Sie reisten auf der Ladefläche von Lastern, die Rigips-Platten geladen hatten; er nahm ihnen einige Platten ab, gegen Schnaps, und sie reisten um das Maß der herausgenommenen Platten bequemer, und wärmer um das Maß des zugeführten Schnapses. Auch hat er vor seiner Haustür die Strafbataillone gesehen: mit vorgehaltener Feuerwaffe verlegten sie Gas- und Telefonleitungen durch den Acker. Betrunkene Russen gingen im nahen Wald mit Panzern Wildschweine jagen. Die örtliche Forstverwaltung sagte nichts dazu. Anfang der achtziger Jahre wurden hier allenthalben die Mittelstreckenraketen vom Typ SS 20 herumgekarrt, sie waren ständig auf Achse, denn schließlich rechnete jeder jeden Augenblick mit dem Ausbruch der Feindseligkeiten, und ein fixer Standort wäre Selbstmord gewesen. Unser Wirt fuhr ihnen nachts mit seinem Auto in die Wälder nach. Hatte er keine Angst, dass man ihn, wäre er erwischt worden, als Spion wie unter Kriegsbedingungen behandelt hätte? Solche Sorgen scheint er sich nicht gemacht zu haben.

Damals schwebten wir alle in furchtbarer Gefahr. Wir wollen unser Glück, dass es unwahrscheinlicherweise doch noch gut ausging, nicht wahrhaben: Sonst würde uns noch ein Vierteljahrhundert später ein tödlicher Schreck befallen. Wir sind zufrieden, das Damalige in anekdotischer Form abgebunden und verwahrt zu haben; so harrt es der künftigen Bearbeitung. Es kann noch lange dauern, bis wir reif sind für die Einsicht der vorbeigegangenen Todesnähe.

Wir kommen in Wismar an. Nachdem wir bereits Stralsund gesehen haben, macht diese Stadt keinen vergleichbar tiefen Eindruck mehr, obwohl man streiten könnte, ob sie nicht die lebendigere der beiden Hansestädte ist. Den Eindruck der Dublette erweckt vor allem die Werft, die, vergleichbar groß, ebenfalls nahe bei der Altstadt liegt. Ganz offenkundig haben die Wismarer das Stralsunder Original gesehen und beschlossen, es auch so zu machen, und zwar selber, denn so konnten sie sparen. Das Ergebnis lässt erkennen, wie sehr das Glücken in Stralsund an die Nuance gebunden war. Auch Wismar hat sich für helle Blautöne und eine Ordnung schmaler senkrechter Streifen entschieden. Aber das Äußerste, was auf diesem Weg hier erreicht worden ist, besteht in der Mimikry an den grau-weiß-blauen Himmel. So leicht sollte der Kasten werden, dass er schwebt; aber es geschah des Guten zu viel, und er zerfliegt in die Unruhe der Wolken, die er nachahmt.

In Wismar drängt sich der Tourismus dichter als in Stralsund; die Nähe zum Westen, zu Lübeck und Hamburg, macht sich bemerkbar. Wie kommt es nur, dass Menschen sofort etwas Hässliches annehmen, wenn sie als Touristen erkannt sind? Zum Teil mag es an ihrer achtlosen Kleidung liegen, die bunt ist, ohne froh zu sein; zum Teil an der Art ihres Treibens, das so sehr auf symbolische Partizipation am aufgesuchten fremden Ort abzielt und dem daher gar nichts anderes übrigbleibt, als dem Albernen zu verfallen. Was können sie hier auch machen? Sie können sich vor gotischem Backstein mit ihrem Lebensgefährten fotografieren lassen; sie können von einem Schiff an der Mole, das tut, als wäre es ein Fischkutter, während es sich in Wahrheit nur um einen schwimmenden Verkaufsstand handelt, ein Brötchen mit geräuchertem Aal erstehen. Mehrere dieser Schiffe liegen nebeneinander, und vor jedem bildet sich eine Schlange.

Die Schiffe liegen bedeutend tiefer als der Standort der Kunden, jeder Verkauf geschieht sehr unbequem von unten, die einen müssen sich strecken, die anderen sich hinabbeugen. Die Verkäuferinnen tragen an der rechten Hand (nur an dieser) einen ganz dünnen Einweghandschuh aus weißlich transparentem Plastik, der Vertrauen in die hygienischen Zustände erzeugen soll, aber das Gegenteil bewirkt. Er weckt vor der Ware einen leisen Ekel, auf den man sonst nicht käme, durch Assoziation: Wo gelangen solche Handschuhe sonst noch zum Einsatz? Direkt vor mir steht ein älteres Paar, er überragt sie um mehr als Haupteslänge, sie deutet so eifrig auf das, was sie haben will, dass sie gewiss ins Wasser fallen würde, wenn er sie nicht die ganze Zeit am Riemen ihrer geschulterten Handtasche festhielte wie einen ungestümen Hund an der Leine. Etwas tief Gleichgültiges, etwas Blindes der eigenen Erscheinung gegenüber steckt in all diesen rüstigen Rentnern. Ja, vor allem um rüstige Rentner handelt es sich, bevorzugt als Busreisegruppe, bevorzugt als Paar, bevorzugt in knallig gefärbten Windjacken, die nicht zum grauen Haar passen wollen, Nebelkrähen in Gelb und Pink.

Natürlich ist es ungerecht, so etwas zu sagen, denn jeder weiß, dass es nur *eine* wahre Alternative zum rüstigen Rentner gibt, und das ist der Pflegefall; und jeder, der heute jünger ist, kann nur hoffen, dass er mit 76 noch in der Lage sein wird, von einem schwankenden Kahn auf eigene Faust und höchstens mit ein bisschen Hilfestellung am Tragriemen ein Fischbrötchen zu erwerben. Ich bin mir darüber im Klaren, dass ich, wenn ich mich hier herumtreibe, den Pullover um die Hüften gebunden, weil es immer wieder plötzlich warm wird, auch nichts anderes als ein Tourist bin und mich in niemands Augen von einem solchen unterscheide. Die Erkenntnis der Gemeinsamkeit nützt wenig;

nicht mehr jedenfalls, als das Wissen, selbst zu schwitzen, gegen den Abscheu vor dem Schweißgeruch der anderen wappnet.

Es hilft nichts: Der Tourist ist ein Mensch, der aus seinem Element, seinem angestammten Zusammenhang, herausgetreten ist; der den Vorzug eines Daseins im Selbstverständlichen verloren hat, das Tiere so gründlich vor der Lächerlichkeit schützt. Nichts, was er tut, hat da mehr die Patina des über ein ganzes Leben hinweg so und nicht anders Gewordenen, die Anmut des Notwendigen; alles, und gerade die typischsten Verhaltensweisen, ist von Beliebigkeit entstellt. Ist er jung, wirkt er drall und dreist, ist er alt, schlaff und mürbe; hat er gute Laune, wird sie den jeweiligen Eindruck noch vertiefen; hat er schlechte, wird es erst recht schlimm.

Die Touristen wissen das mehr oder weniger deutlich und versuchen dem Widerwillen gegen sich selbst zu entgehen, indem sie einander meiden. Am wenigsten noch die Tagestouristen in Wismar, die nichts dabei finden, sich zu drängen. Aber sobald ein Tourist es nicht mehr sein oder seinesgleichen nicht mehr sehen will (was prinzipiell dasselbe ist), kommt eine Dynamik ins Spiel, die dafür sorgt, dass kein Winkel in der Welt vom Tourismus verschont wird.

Vor allem aber bietet der Tourist einen so beschämenden Anblick, weil er, indem er es ist, so schamlos unverstellt das Glück sucht. Was kann dabei allenfalls herauskommen? Man sieht es und wendet sich ab; denn man wird durch sein Bild peinlich an die eigenen beschränkten Möglichkeiten erinnert. Die Suche nach dem Glück wird man deswegen nicht einstellen; nur den Vorsatz fassen, sich dabei nicht so einfältig ertappen zu lassen wie jene Busladung, die gerade nach einem Straßencafé Ausschau hält, wo sie komplett hineinpasst.

Wir finden für diese Nacht, unter wiederum großen Mühen, eine weitere Ferienwohnung und beenden am nächsten Tag unsere

Reise in dem Ort Selmsdorf, wo die B 105 in die B 104 mündet, etwa zehn Kilometer vor Lübeck und fünf vor der alten innerdeutschen Grenze. Unseren ursprünglichen Plan, noch nach Lübeck zu fahren und dort einen weiteren Tag zu verbringen, haben wir aufgegeben. Es war diesmal eine sehr anstrengende Reise, und fünf Tage sind genug.

Die B 8 verläuft von Passau bis zur niederländischen Grenze vor Arnheim, sie durchzieht Deutschland als riesige Diagonale von Südosten nach Nordwesten. Und ganz an ihrem Anfang wohnen Regina und Christoph. Sie stehen an der Straße und winken, als wir kommen (mich begleitet diesmal wieder meine Schwester Sabine), denn ihre Adresse ist schwer zu finden, wie so vieles in Passau. Beide kenne ich aus meiner Würzburger Studienzeit, dann zogen sie nach Passau, aus dem Regina stammt, setzten drei Kinder in die Welt, und wir verloren einander ein wenig aus den Augen. Immer habe ich versprochen, sie mal zu besuchen;

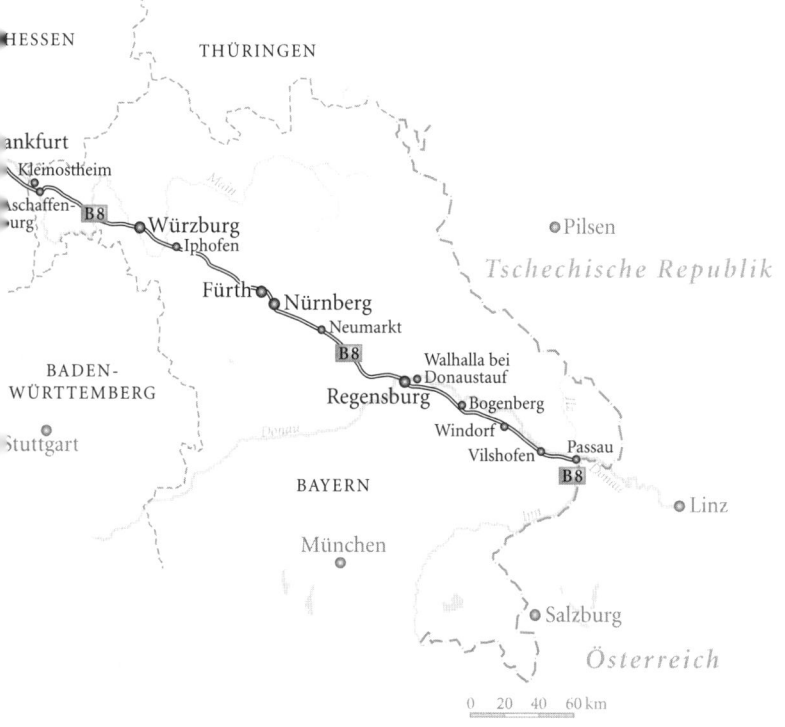

weil Passau für mich aber weitab von allem liegt, ist das bisher nicht geschehen. Jetzt ergibt sich die Gelegenheit.

Die erste Überraschung sind natürlich die Kinder, von denen ich noch keines kannte; gleich die zweite aber das Haus. Man sollte gar nicht meinen, dass zwischen dem Fluss, der Straße und dem hart an beide herantretenden Berg noch Raum ist für etwas so Breites wie ein Haus. Den nötigen Platz besorgt es sich auch eher nach oben zu. Im dritten Stock treten wir durch eine Tür und sind plötzlich, womit wir nicht gerechnet hatten, im Garten. Sein Areal ist klein, aber wohlgenutzt, seine ebene Fläche erscheint hier als höchster Luxus. Im Freien sitzen wir so geborgen wie in einem Innenraum, während über unsere Köpfe der bewaldete Steilhang fast senkrecht zur Burg der alten Fürstbischöfe steigt.

Passau liegt äußerst beengt und malerisch auf der Landspitze, vor der sich die zwei mächtigen Ströme Inn und Donau vereinigen. Man wählt besser dieses neutrale Wort, statt zu urteilen, welcher in welchen mündet. Offiziell mündet der Inn in die Donau; vor Ort aber, während wir längs der schönen Uferpromenade die Konturen der Landspitze abschreiten, kommt es uns eher vor, als nähme das milchige Gebirgswasser des Inn die schlammigeren Fluten der Donau auf. Hinzu tritt, wie ein hinterhältiger Nachgedanke, seitwärts die Ilz, die aus den Tiefen des Bayerischen Waldes stammt und, zu normalen Zeiten eher unauffällig, sich zu Zeiten des Hochwassers in Erinnerung bringt, unter dem Passau schwer zu leiden hat.

Man glaubt es kaum, wie viel in das winzige Kernareal dieser Stadt hineinpasst. Selbst für eine Fußgängerzone ist Raum. Und es gibt einen ungeheuren barocken Dom, einen wahren Elefanten im Wohnzimmer, für den man schon deswegen Sympathie empfinden muss, weil er es verstand, sich Platz zu verschaffen.

An der Flusspromenade ehrt Passau, wie so viele andere Städte, sein örtliches dichterisches Talent, es sei groß oder klein, mit einem Denkmal. Eine Dichterin ist es hier, ein bei aller Strenge des Kostüms mit Korsett und Kopftuch äußerst lebendiges Bronzeporträt. Es beschränkt sich auf den Oberkörper, der einem steinernen Pfeiler aufsitzt. Die Dichterin heißt Emerenz Meier. Nie gehört? Dies eben ist das Problem. Eine beigefügte Tafel mit einem Text von ihr nennt es beim Namen: «Hätte Goethe Suppen schmalzen, Klöße salzen, / Schiller Pfannen waschen müssen, / Heine näh'n, was er verrissen, / Stuben scheuern, Wanzen morden, / ach die Herren, alle wären keine großen Dichter worden.»

1874 kam sie im Bayerischen Wald als Gastwirtstochter zur Welt, «wurde früh durch Erzählungen und Gedichte bekannt» (wie bekannt, wüsste man gern, um ihre Lage und ihre Klage einschätzen zu können), führte dann in Passau eine «Künstlerkneipe» (Was für Künstler? Wie gingen sie mit ihr um?) und folgte «aus materieller Not» einem Mann nach Amerika, nach Chicago. In Amerika heiratete sie zweimal, litt offenbar immer noch Not, und starb 1928.

Es ist die alte Geschichte von Shakespeares Schwester, wie Virginia Woolf sie geschildert hat. Nehmen wir an, sagt sie, Shakespeare hätte eine Schwester gehabt, die genauso begabt war wie er – hätte sie eine Chance gehabt, ein entsprechendes Werk zu produzieren? Nein, sie wäre an den Haushalt geschmiedet gewesen, an die Schmalzung der Suppen und Salzung der Knödel, wäre früh in die Ehe mit einem tumben Mann gedrängt worden und hätte so viele Kinder gekriegt, dass sie, selbst wenn sie nicht bei der fünften oder achten Geburt gestorben wäre, keine Kraft und Muße mehr gehabt hätte, um ein Werk aufs Papier zu bringen.

Das schien mir immer richtig und falsch zugleich – ungefähr so, als wenn man sagen wollte, ein Blinder könnte die herrlichsten Dinge sehen, besäße er nur das Augenlicht. Shakespeare ist man nicht; man wird es, indem man schreibt, und nur so. Übrigens ist, wie nunmehr als bewiesen gelten kann, nicht einmal Shakespeare Shakespeare geworden, denn er hatte als einfacher Bürger und Familienvater die Hände voll mit anderen Dingen. Vielmehr war es der Graf Oxford, der am höchsten privilegierte Weltmann und Gelehrte seiner Zeit, der Shakespeares Werke verfasst hat und nur den Namen des anderen benutzte; denn für einen Mann seines Standes geziemte es sich nicht, so läppische Dinge zu tun wie zu dichten. Ihm wurde die Literatur, oder wenigstens das Bekenntnis zu ihr, nicht von unten, sondern von oben her verwehrt. Auch Schiller hat sich mit der Not herumschlagen, auch Heine in seiner Matratzengruft vermutlich mehr als eine Wanze morden müssen. Geschrieben haben sie trotzdem.

Wurde also Emerenz Meier von einer ungerechten, männerzentrierten Welt an ihrem Werk gehindert? Ihr Lebenslauf, mit Künstlerkneipe und zwei Ehen in Amerika, scheint nahezulegen, dass sie doch einen gewissen Grad an Freiheit genoss, wobei materielle Not als solche Freiheit nicht schon aufhebt. Das zitierte Gedicht erlaubt keine Rückschlüsse über die Qualität dessen, was sie geschrieben hat, und schon gar nicht dessen, was sie hätte schreiben können. Es könnte, wie es dasteht, auch vom geselligen Goethe stammen. Jedenfalls hat die Stadt Passau gut daran getan, Emerenz Meier auf diese für jeden, der den Weg hierher an den Zusammenfluss von Inn und Donau nimmt, stark auffällige Weise zu ehren.

Aus Passau finden wir nur schwer hinaus. Wir erleben, welchen Preis die juwelengleiche Abgeschlossenheit der eingeengten Innenstadt kostet: Die Außenbezirke mit ihren Tankstellen und Betonexzessen wie überall haben zu diesen Schätzen noch weniger Bezug, als es bei anderen Städten der Fall ist. Nach mehreren Wendemanövern verlassen wir die Stadt schließlich donauaufwärts, in einem engen Schlauch, in dem sich Fernstraße, Eisenbahn und Wasserstraße zusammendrängen wie Rückenmark, Schlagader und Luftröhre im menschlichen Hals.

Wir kommen nach Vilshofen, einer Stadt, die den archetypischen niederbayrischen Grundplan aufweist, mit einer zum Platz geweiteten Hauptstraße, einer außerordentlich großen Fläche, um die sich alle wichtigen Einrichtungen gruppieren; ein in seiner Schlichtheit eigentlich koloniales Schema, das man sonst vor allem im Osten Europas findet. (Passau folgt ihm aus topographischen Gründen nicht.) Wir parken außerhalb an der Donau, treten unter einer rohen Beton-Unterführung ein wie durch ein scharfbeäugtes Stadttor, spazieren bei schlechtem Wetter ein wenig auf und ab zwischen den alten Häusern mit ihren wildwesthaft über den Giebel hochgezogenen Blendfassaden, bewundern den Takt der Sparkasse, die sich hier ausnahmsweise einmal nicht den scheußlichsten Bau der Innenstadt genehmigt hat, sondern dezent alte Bausubstanz nutzt; und fahren weiter.

Die Donau bildet den größten Abschnitt des Rhein-Donau-Wasserwegs, der von Rotterdam bis ins Schwarze Meer führt. Die Römer bauten diese Linie als Grenze gegen die östlichen und nördlichen Barbaren aus (also gegen uns). Im Kalten Krieg verlief eine ähnliche Trennlinie mit ähnlicher Schärfe durch Europa. Jetzt endlich ist aus der Grenze eine Achse geworden, die Mittelachse Europas. In keinem anderen Projekt spricht sich so deutlich der Wunsch aus, den Kontinent zu einen.

Doch gibt es Verdruss im Einzelnen. Das Verkehrsaufkommen entsprach, als dieses überaus großzügig ausgelegte Vorhaben abgeschlossen war, nicht den Erwartungen. Das könnte sich noch ändern. Zwischen dem Oberlauf des Mains und dem Oberlauf der Donau klaffte eine Lücke, die man überwand, indem man einen Kanal grub, einen Kanal, der massiv in die Landschaft eingriff und besonders das idyllische Altmühltal in Mitleidenschaft zog; viele Jahre zogen sich die Kämpfe um diesen Ausbau hin. Und es wurde der bis dahin ungehinderte Lauf der Donau reguliert.

Ein letzter unregulierter Abschnitt befindet sich genau hier, wo wir uns jetzt aufhalten, auf Höhe der Donau-Inseln bei Windorf. Man kann die größte von ihnen über einen Steg erreichen. Den überaus wohltuenden Eindruck des Unregulierten vermitteln vor allem die Bäume, die Riesenformen, zu denen hier Weiden und Pappeln gediehen sind, jene unnützen Hölzer, die, wo es sie gibt, verraten, dass der Mensch hier noch nicht im engeren Sinn gewirtschaftet hat, sonst hätte er sie gestutzt und bezähmt. Es regnet, das ist lästig; doch es erschließt uns diese nicht allzu ausgedehnte Inselwelt in ihrer schönen mürrischen Flüssig- und Wässrigkeit.

Es regnet beharrlich den ganzen Tag. Das ist eine Bewährungsprobe für den Reisenden. Denn Dauerregen droht schlechte Laune zu machen, und in diesem Zustand *sieht* man nicht mehr. Wer aber nicht sieht, der reist nicht, der mault nur noch im Nahbereich. Ein Glück immerhin, dass das Auto kein Wasser einlässt. Aber auf dem Weg zum Bogenberg müssen wir doch ein Stück durchs Freie, bei Temperaturen, die für einen Sommer eindeutig zu niedrig sind.

Auf dem Bogenberg befindet sich eine Wallfahrtskirche, barock natürlich (gibt es auch andere?). Der Katholizismus hat gegenüber dem Protestantismus den großen Vorzug, dass er dem sündig-reuigen Menschen nicht die totale Zerknirschung abverlangt, sondern ihm etwas zu tun gibt. Man soll es den Leuten nicht zu leicht machen, da hatte Luther ganz recht, als er gegen den Ablasshandel zu Felde zog; aber so schwer auch nicht, dass sie zugunsten ihres Seelenheils gar nichts mehr unternehmen können, das lässt sie kleinmütig und böse werden. Am besten ist etwas Mittelschweres und nicht gänzlich Unangenehmes, und da liegen die ungefähr 150 Meter Höhenunterschied, die der Wallfahrer zu überwinden hat, um zum Bogenberg hinaufzugelangen (und sodann in einem herrlichen Fernblick über die Donau-Ebene seiner Leistung das Maß zu nehmen), goldrichtig.

Man darf es sich willentlich auch etwas schwerer machen. Zum Beispiel kann die Gemeinde Holzkirchen eine Kerze von 13 Meter Länge und einem Zentner Gewicht stiften. «Sie wurde von den Wallfahrern 75 km auf der Schulter hergebracht und von Bogen aus (dem Ort unterhalb des Bogenberges) aufgerichtet U(nserer) L(ieben) Frau von Bogenberg heraufgetragen.» Diese Kerze schmückt das Innere der Kirche, man staunt das ungeheure Ding an (es passt knapp noch senkrecht in den Raum) und wünscht sich, dass es nie in die kleine Münze des Gebrauchs getauscht, niemals abgebrannt werden möge. Am Jüngsten Tag wird es für die Gemeinde Holzkirchen zeugen, für sie insgesamt; und dieses Zeugnis wird stärker sein als alles, was ihre zagenden Mitglieder je für sich werden zu verantworten haben.

Der Tag ist, wie gesagt, kalt, aber der Sommer äußert sich dennoch in den vielen Blumen am Rand der Bundesstraße, die auf diesem Abschnitt eine echte Landstraße ist, den Wegwarten, Pastinaken und Malven, und auch den wilden Möhren mit ihren großen weißen Dolden, die, wo sie wie eine Schafherde an der Böschung stehen, als einzige ein wenig traurig wirken.

Daneben stellen auch die straßennahen Beete, wo man selber Blumen schneiden darf, eine Konstante dieses Reisesommers dar. Überwiegend sind es Gladiolen, die hier wachsen, und bei ihnen macht es auch wirklich am meisten Spaß, durch die Reihen zu gehen und aus den vielen verschiedenen Farbtönen genau jenes Bouquet zu komponieren, das da entstehen will.

Kommt es mir nur wegen der vielen Reisekilometer dieses Jahres so vor, als hätten diese Selbstschnittbeete stark zugenommen? Wenn ja, wäre das ein hoffnungsvolles Zeichen für den

Entwicklungsweg, den unsere Gesellschaft nimmt. Denn es handelt sich um Sonderwirtschaftszonen der umstandslos vorausgesetzten Ehrlichkeit. Sechzig Cent kostet die Einzelpflanze. Niemand müsste Sanktionen fürchten, der sich hier, ohne zu bezahlen, selbst mit einem dicken Strauß eindeckt; alles läuft über den moralischen Appell: «Nur bezahlte Blumen bringen Freu(n)de!» steht neben der Kasse zu lesen. Diese Behauptung lässt sich so sicherlich nicht halten. Bringen geschenkte Blumen nicht noch mehr Freude? Und es gibt bekanntlich auch die diebische Freude, die nicht umsonst so heißt und gegenüber der gewöhnlichen Freude als eine Steigerung gilt. Man wollte denn auch auf die «Freu(n)de» wenigstens in der Klammerung nicht verzichten, in der die soziale Kontrolle als grundsätzliche Möglichkeit anklingt, wenngleich sie hier nicht geübt wird. Das Geschäftsmodell rechnet sich offenbar.

Es dreht sich zuletzt um geringe Summen, der Gegenstand selbst scheint eine gewisse Sittigung und Bereitschaft zur Fairness einzuflößen (während Zigarettenschachteln ständig zu wispern scheinen: Stiehl mich!), und wahrscheinlich sind die Preise insgesamt so kalkuliert, dass auch der ein oder andere Mund- oder Vasenraub den geschäftlichen Erfolg noch nicht gefährdet. Aber es gibt diese kleine Branche, die vollständig im Vertrauen auf den Anstand völlig Fremder wurzelt. Immerhin besteht die Kasse selbst aus starkem verzinktem Blech und ist in einen massiven Betonsockel eingegossen. Sie lässt sich nicht ganz so leicht pflücken wie eine Lilie des Feldes.

Immer breiter wird das Tal der Donau, es öffnet sich nach Süden hin zur unabsehbaren Fläche, und das Gefühl stellt sich ein, dass Deutschland doch eigentlich ein großes Land sei. Das Nordufer des Stroms jedoch, dem wir aufwärts folgen, ist als Steilhang ausgebildet, als eine prächtige Bruchkante in der Landschaft, wie geschaffen für repräsentative Bauanlagen. Die wuchtigste und anspruchsvollste unter ihnen stellt die Walhalla bei Donaustauf dar. König Ludwig I. von Bayern hat sie als nationales Projekt geplant und gebaut, der Ruhm der größten Männer deutscher Zunge sollte hier verherrlicht werden. Dem König ging noch nicht auf, dass jede Stärkung des deutschen Nationalgedankens mit der Existenz seiner bayrischen Partikularmonarchie in Konflikt geraten musste; dieser Widerspruch ruhte in den Jahren vor 1848 noch wie in einer Knospe eingeschlossen. Ludwig glaubte offenbar, dass er als Förderer des Deutschen eine integrative Leistung für sein eigenes, vom deutschen durchaus verschiedenes Reich erbrachte, das erst vor kurzem um Franken, Schwaben und die Pfalz auf mehr als die doppelte Größe angewachsen war. Den politischen Pferdefuß sah er nicht. Da dachte dieser Fürst der Modernisierung offenbar noch ganz in den Kategorien einer viel älteren Zeit: In diesem Geist hatte sechshundert Jahre zuvor der Thüringer Landgraf zum Sängerstreit auf der Wartburg geladen, wo Walther von der Vogelweide das Lob der «tiuschen Lande» insgesamt singen durfte, ohne dass dies dem örtlichen Machtanspruch seines Gastgebers in die Quere gekommen wäre.

Die Walhalla also erhebt sich aufs beeindruckendste hoch über der Donau, als eine gewaltige Tempelanlage, der ausgedehnte respektgebietende Freitreppen vorgeschaltet sind. Sie ist ein herrlicher gebauter Widersinn. Denn nicht nur stellt sie, wenn man ihrer inhärenten Logik auch nur um eine Ecke weiter nachgeht, den Antrag ihres Erbauers auf Selbstabschaffung dar; sondern sie mischt aufs unbefangenste die drei großen feindlichen Traditionen, die germanische, die antike und die christliche, speziell die katholische.

Die katholische Kirche war soeben von Ludwigs Vorgänger, dem Vorbild der Franzosen folgend, aufs gründlichste ausgeplündert worden. Aber die Idee, einen besonderen Punkt, den man dem andächtigen Besuch der Bevölkerung empfahl, auf eine gut sichtbare und mühselig zu ersteigende Örtlichkeit zu verlegen, hatte man ganz offenbar Wallfahrtskirchen wie der von Bogenberg abgeschaut. Walhalla hieß die Anlage in Anlehnung an die nordische Mythologie, denn dies war die himmlische Halle, wohin die erschlagenen Helden zum immerwährenden Gastschmaus entrückt wurden – bloß gab es leider keinerlei Überlieferung, wie man sich deren bauliche Gestaltung zu denken hatte. Die Germanen enthielten sich der Architektur. Hier musste der griechische Tempel einspringen, in seiner dorischen Variante, die als besonders markant und heldisch galt. Das Giebelfeld über dem Eingang zeigt die Schlacht im Teutoburger Wald, wo Arminius den Römern und damit der antiken Welt rechts des Rheins die entscheidende Niederlage beibrachte; es tut dies in rein antiken Formen.

Den Preis für diese doch ziemlich freche Übernahme zahlt das Gebäude in seinem Inneren. Beim antiken Tempel wohnte hier die Gottheit; Opfer und sonstige liturgische Akte wurden draußen vorgenommen, ins Innere kamen die Priester nur zuweilen und das gewöhnliche Volk nie. Das Innere blieb ein nicht oder nur schwer zugängliches Geheimnis; und so lässt sich in gewissem Sinn sagen, dass sich der griechische Tempel in seinem Außen erschöpft. Das geht bei einer Ruhmeshalle natürlich nicht, die muss man, um ihres Zwecks teilhaftig zu werden, unbedingt betreten.

Sie ist riesig. Rings an den Wänden sind Konsolen angebracht, und auf diesen stehen die Marmorbüsten der einhundertdreißig bedeutenden Deutschen. Der Raum erscheint nicht so sehr leer – leer wäre in Ordnung – als vielmehr grotesk unternutzt, wie ein Schaufenster, in dem sich einhundertdreißig einzelne Streichhölzer verteilen.

Dort, wo im antiken Tempel das Götterbild seinen Platz hat, befindet sich eine sitzende Statue von Ludwig I., der, als die einzige vollkörperlich präsente Persönlichkeit vor Ort, sich auf beiläufige Weise zum alleinigen echten Olympier deklariert, den die Nation hervorgebracht hat: Ludwig der Jugendliche, der als Kronprinz des alten Herzogtums und jungen Königreichs Bayern nach Rom reiste, um mit den dortigen deutschen Malern die Nächte zu durchzechen; Ludwig der Aufklärer, der sich norddeutsche Spezialisten, die beim Volk unbeliebten «Nordlichter», zur Modernisierung seines Staates ins Land holte; Ludwig der Kunstsinnige, der die Reichsdome von Speyer und Bamberg nach seiner eigenen Façon renovierte und die Künstler, denen er gewogen war, in den Adelsstand erhob; Ludwig der Städtebauer, der München zu dem machte, was es heute ist; Ludwig der Liebhaber, der in seinen Schlössern Galerien der Schönsten anlegte und endlich über seiner Affäre mit der rassigen Lola Montez zu Fall kam.

Das alte Problem: Was tun mit einem Denkmal? «Besichtigt» ist es schnell, auch Bewundern und Gedenken dauern nicht viel länger; und dann? Hier, in dieser geschlossenen Halle, kann man noch nicht einmal zur Entlastung der Psyche und Streckung der Zeit Eis essen oder Postkarten schreiben, dazu muss man schon vor die Tür gehen. Aber man kann Reihen bilden und Vergleiche anstellen.

Das beste Einzelporträt dürfte das des Chemikers Justus von Liebig sein, möglicherweise weil er so gar nichts Heroisches an sich hat. Zu den Gerühmten gehören überproportional viele Helden der Freiheitskriege gegen Napoleon, das war damals wohl nicht zu vermeiden. Ganz zwanglos rechnen zu den Deutschen auch die Niederländer. Friedrich von Preußen heißt der

Zweite und nicht der Große, das brachten die Bayern möglicherweise nicht über sich. Dafür kriegt er einen Lorbeerkranz, wo er sich doch zeitlebens mit einem Dreispitz begnügte. Direkt neben ihm befindet sich Lessing, der über die Nachbarschaft schwerlich glücklich gewesen wäre; noch dazu lässt sie ihn, einfach weil der Maßstab anders ist, gedunsen aussehen: Das ist unfair. Komponisten werden «Tonsetzer» genannt, Philosophen «Lebensweise», Astronomen «Sternkundige»; das wäre an sich keine schlechte Lösung gewesen; aber damit sind die Walhalla und der Geist, der sie trägt, nicht durchgedrungen.

Welche Frauen haben es in diese Männerrunde geschafft? Soweit ich sehe, nicht mehr als drei, darunter nur eine aus der Zeit vor 1900: Katharina (auch sie hier die Zweite und nicht die Große geheißen), Zarin von Russland, aber gebürtige anhaltinische Prinzessin und darum eine von uns. Aus dem zwanzigsten Jahrhundert dann Edith Stein und Sophie Scholl, Alibifiguren für Weiblichkeit und Widerstand in einem, Erstere in ihrer strengen Nonnenhaube kein lohnendes skulpturales Sujet, Letztere offenbar nach der bekannten schlechten Fotografie gearbeitet und wie in Paraffin gehauen.

Ansonsten haben aus diesem letztvergangenen Jahrhundert noch Albert Einstein und Konrad Adenauer Einlass gefunden, während der Antrag, auch Franz Josef Strauß aufzunehmen, gescheitert ist – obwohl dieser Politiker in seiner Neigung, das Deutsche zu wollen, das Bayrische nicht zu lassen und den Widerspruch nicht zu spüren, bestimmt viel vom Geist König Ludwigs in sich trug. Das einundzwanzigste Jahrhundert ist noch gar nicht tätig geworden; das zwanzigste hat insgesamt bloß ein paar unbehagliche Pfänder hinterlassen, ohne rechte Freude an der Sache des großen Mannes. Wer denn wäre ein solcher? Und wie wäre er gegebenenfalls zu ehren?

Regensburg ist für Sabine ein Heimspiel. In und um Regensburg hat sie die letzten beiden Jahrzehnte gewohnt, lange hier auch als Buchhändlerin gearbeitet. Jetzt lebt sie etwa zwanzig Kilometer außerhalb, gerade noch im Landkreis, auf einem recht großen früheren Bauernhof, ja man könnte ihn fast ein Gut nennen, recht idyllisch, allerdings mit im Winter problematischen Straßenverhältnissen. Aber Regensburg ist in jedem Fall noch ihre Stadt. Deswegen darf sie in ihren Äußerungen, während wir gemeinsam durch die Stadt gehen, einen Ton der Kritik vorwalten lassen, die sich gegen Bürokratie und Schwerfälligkeit des Denkens, Ungeniertheit der Interessen und ganz allgemein den tiefen Provinzialismus des Ortes richtet. Ich, der ich bloß die Oberfläche erblicke, neige zu einem etwas milderen Blick. Selten bekommt man eine Stadt zu Gesicht, die so sehenswert und zugleich so wenig schön im Sinn des Gefälligen ist. Sie kommt mir vor wie ein brummiger, herzensguter Mensch.

Regensburg hat mehr Bausubstanz aus dem hohen Mittelalter als jede andere Stadt nördlich der Alpen, wobei besonders die vielen adligen Wohntürme etwas Einmaliges darstellen; aber sie hält sich bedeckt. Im Krieg kam Regensburg, anders als fast alle deutschen Großstädte, nahezu ungeschoren davon. Darum kann diese Stadt für ihre Bauuntaten, im Unterschied zu Würzburg oder Nürnberg, deren Nachkriegsnot manches entschuldigt, was bis heute dauert, niemanden verantwortlich machen als sich selbst. Solche Untaten gibt es in reichem Maß. Wir stoßen auf Kauf- und Parkhäuser, die sich mit ihren schroffen Betonfassaden unter den alten Häusern benehmen wie ein neuer Nachbar, der nicht grüßt. Es bleibt die Aussicht, dass einige dieser brutalen Nutzbauten, billig, lieblos und trotz ihres geringen Alters schon ziemlich heruntergekommen, noch zu unseren Lebzeiten abgerissen werden, während der Wohnturm, der schon neunhundert Jahre auf dem Buckel hat, wahrscheinlich – hoffentlich – auch noch die tausend vollmachen wird.

Lebt es sich gut hier? Sabine ist aus der Innenstadt schließlich weggezogen, weil nicht nur die Mietpreise sehr hoch liegen, sondern sie auch den nächtlichen Krach von Kneipen und Passanten nicht mehr hinnehmen wollte. Dass es sich so verhält, ist schade. Ich stelle mir gern vor, wie es wäre, wenn man hier irgendeine verwunschene Klause fände und einwurzelnd Anteil an der zähen Dauer der Häuser nähme. Touristen gibt es natürlich genug – aber doch auch wiederum nicht so viele, wie man bei einer so außergewöhnlich vollen und reichen Stadt erwarten würde. Wahrscheinlich verhindert deren leichte Grundverdrießlichkeit, die tut, als wäre da gar nichts Besonderes, den echten Ansturm der Massen.

Nicht wenige kommen mit dem Rad an der Donau daher, gerade auch ältere Herrschaften, die das raffiniert windschlüpfrige Design ihrer Sturzhelme wahrscheinlich nicht bis in den Bereich der hundertstel Sekunden ausnützen werden. Die Bustouristen, denen ein Führer mit weithin sichtbarem Feldzeichen voranschreitet, auf dass keiner aus der Herde verlorengehe, bilden indessen die größte Fraktion. Eine flanierende Blondine hält an einem Andenkenladen inne und grübelt über einer Postkarte, auf der steht: «Lieber Gott, gib, dass ich nicht immer so schnell beleidigt bin!» Geht sie in sich, oder hat sie vor, ihrer Feindin oder Freundin eins auszuwischen? Die Bildzeitung weiß auch in der nachrichtenarmen Saison seelisch aufzuwühlen. «Schweinegrippe – Werden Rentner als Letzte geimpft?» Sie fragt ja bloß, sie hat ja nichts behauptet.

Kleine quadratische Metallmarken, ins Pflaster eingelassen, erinnern an die Juden, die von hier zur Deportation abgeholt wurden. Sie sehen aus wie ausgebrochene Goldzähne. Ein Laden, der Senf verkauft, zelebriert diesen in seinen verschiedenen Varietäten wie Spezereien des Orients. Es gibt ärmlichere Juweliere. Im Schaufenster raunt die Titelzeile eines aufgeschlagenen Folianten: «Es war im Jahr 1914 …», mit drei Pünktchen hintendran, die historische Andacht einfordern. Wer hier darauf hinweisen wollte, im Jahr 1914 sei noch anderes geschehen, als dass der Händlmaier-Senf das Licht der Welt erblickte, beginge eine Blasphemie.

Regensburg verdankt seine Existenz dem großen Strom. Die Donau, die über mehrere hundert Kilometer nach Nordosten strebt, lenkt hier auf einmal um. Hier war des Südens nördlichster Punkt, hier musste der Norden die Einladung nach Süden und Osten ergreifen, oder er hatte die Chance verpasst. Regensburg scheut die Donau und liebt sie doch. Vom Gedränge der Innenstadt steigt man auf kleinen Wegen zum steinernen Uferpfad hinab (denn zwischen Stadt und Fluss herrscht eine Art Schleichverkehr) und trifft auf die Donau wie auf die freundliche Anwandlung eines Raunzers. Mauersegler schießen herum wie die Fische eines Meeres, von dem wir bloß der Bodensatz wären, sie verwandeln die Luft durch die dreidimensionale Anwesenheit ihrer kühn steuernden Manöver in ein Element wie das klare Salz der Ozeane. Viel Platz ist dem Hochwasser gelassen; und er wird von einem weichen Grün ausgefüllt, dem auch die Fluten wenig werden anhaben können.

Über die Donau spannt sich die älteste dauernde Brücke Deutschlands, die schlechthin «Steinerne Brücke» heißt. Die Betonung des scheinbar Selbstverständlichen im Namen weist auf das hohe, das hochmittelalterliche Alter, als Stein für weltliche Zwecke sich mitnichten von selbst verstand. An ihrem jenseitigen Ende befindet sich das Viertel Stadtamhof. Es hat derzeit stark darunter zu leiden, dass die Brücke für den Autoverkehr gesperrt ist, die Stadt Regensburg sich aber nicht zu tragfähigen und dauerhaften Lösungen entschließen mag. Solche Dinge sind es, die Sabine wütend machen.

Auf der Fahrt nach draußen statten wir der Universität Regensburg einen Besuch ab. In Regensburg gelangt man zu der Vermutung, dass hier so ziemlich alles alt sein müsse. Gerade die Universität aber ist es nicht; sie gehört vielmehr zur großen Zahl von Neugründungen in den Siebzigern. Solche gibt es zu Dutzenden an den Rändern der großen und mittleren Städte, alle haben sie heute ihre dreißig bis vierzig Jahre hinter sich, was nicht viel scheint, aber genügt hat, sie allen Glanzes zu berauben und ihre Substanz mürb und schäbig zu machen. Wer kennt nicht diese Kästen aus Sichtbeton, die, noch über ihre gewollte Rohheit hinaus, inzwischen geradezu pflanzlich verrottet sind; all die undichten Flachdächer, die Eimer und Badewannen in der Bibliothek, um die man im Slalom herumkurven muss, während die Bücher in den Regalen unter milchigen Plastikplanen verschwinden. So sah es schon in Würzburg aus, als ich dort in den Achtzigern studierte, obwohl die ganze Pracht hoch über der Stadt da erst zehn Jahre alt war. Regensburg aber hat inzwischen mindestens dreimal so viel Zeit gehabt zu altern.

Beton ist anders als Holz und Stein. Keine Patina ist ihm gnädig, er wird bloß einfach schlecht, wenn er alt wird. Er hat auch in Regensburg ganz auf die Geometrie des rechten Winkels gesetzt, ohne zwischen Reißbrett und Realisierung die mindeste Luft zu lassen; und darum ist es aus mit ihm, wenn die Kanten bröckeln. An sich hatte die Regensburger Universität gute Ausgangsbedingungen; sie bekam einen großzügigen Campus mit viel Grün. Aber sie nutzte die Chance nicht. Das Schroffe, als Kühnheit geplant, kam als brutale Tristesse in der Wirklichkeit an. Alles Gebaute ist grau; vorwiegend dunkelgrau, stellenweise hellgrau, da hat man sich vor einigen Jahren, als der Papst zu Besuch kam (ein Regensburger!), ins Zeug gelegt, um ihm eine Freude zu machen. So erzählt es Sabine. Aus einer Betonwand, die noch den Abdruck der Bretterverschalung erkennen lässt, ragen zwei rätselhafte Konsolen heraus. Zur Zierde können sie unmöglich dienen, ein Zweck lässt sich nicht erkennen. Aber es sind jene Büschel feiner Drahtstacheln an seiner Oberseite angebracht, die dazu da sind, Vögel an der Landung zu hindern, und die das Auge mit ihrer Bosheit quälen. Dazu also hat man die Konsolen benötigt: damit sich keine Tauben draufsetzen!

Die Uni hat sogar mal einen Preis gewonnen: An einer der tristesten grauen Wände überhaupt prangt eine Plakette mit der Aufschrift «Deutschland, Land der Ideen». Das konnte viele Jahre in voller Sichtbarkeit vor den Augen Tausender intelligenter junger Menschen so hängen bleiben, obwohl ein einziger Blick genügt, den lachhaften Widersinn dieser Behauptung an Ort und Stelle zu erkennen.

Hinter Regensburg beginnt eine große, wenig bekannte und nahezu namenlose Landschaft. «Jura» heißt sie wohl; aber das ist kein Name wie Schwarzwald oder Rhön oder Erzgebirge, es haftet ihm etwas Verlegenes an; und der Mittelgebirgscharakter ist auch nicht besonders ausgeprägt. Dabei ist die Landschaft hübsch, hügelig, ein wenig trocken vielleicht, was aber in unserm nassen Land eindeutig auch seinen Reiz hat; nur an einprägsamen Merkmalen mangelt es ihr. An menschlicher Besiedlung fehlt es durchaus nicht, wohl aber an Städten. Man fährt gern durch, die Straße rollt sich ab wie ein Band, und nachher weiß man nicht recht, wo man gewesen ist. Aber es hat etwas Beruhigendes, dass es auch in Deutschland solche Gebiete gibt (in Frankreich sind sie fast die Regel). Man überlässt sich dem dankbaren Gefühl, dass auch bei uns der verfügbare Platz noch nicht bis zum Letzten ausgeschrotet sei.

Wir quartieren uns für die Nacht in Neumarkt / Oberpfalz ein, dem einzigen größeren Ort unterwegs, in einem 3,5-Sterne-Hotel. Dieser halbe Stern flößt dem Gast kein Vertrauen ein. Drei Sterne, das wäre in Ordnung, gediegenes Mittelmaß. Der halbe zusätzliche Stern jedoch wirkt, als wäre hier ein Aufstieg versucht worden und misslungen und als müsste dieses Misslingen den Betreibern auf die Laune schlagen.

Neumarkt schenkt die Wonnen der tiefen Provinz. Ein kleiner Rundgang, ein solides Abendessen, zum Schluss noch ein Besuch im Kino, denn sehr viel anderes scheint es hier nicht zu tun zu geben: nichts Besonderes; aber gerade darum der Erinnerung bemerkenswert.

Wer nach Nürnberg will, muss durch den Reichswald, diese monotone, von Autobahnen zerspaltene riesige Kiefernpflanzung, den, wie es heißt, ältesten nachhaltig angelegten Wald der Welt; denn das mittelalterliche Nürnberg hatte als erstes Gemeinwesen erkannt, dass, wer dauernd mit Holz versorgt sein will, auch für dauernden Nachschub sorgen muss. Und doch wirkt er wie ein Märchenwald. Man durchschreitet ihn und kommt bei etwas ganz Anderem heraus. Von allen fünfzehn deutschen Städten mit fünfhunderttausend Einwohnern oder darüber (elf davon wird diese Reise schließlich berührt haben, nur Stuttgart und die drei im Ruhrgebiet ausgenommen) hat Nürnberg die verwunschenste Geographie.

Nürnberg, im Krieg schlimm zugerichtet, hat mehr von seiner früheren Gestalt bewahren können als andere Städte mit ähnlichem Schicksal. Denn es wurde nicht nur wieder auf dem alten Stadtplan mit seinen kleinen Gassen neu errichtet, es blieb auch sein außerordentlich starker Mauerring mit Türmen und Toren erhalten, dessen Massivität den Bomben offenbar besser Widerstand bot als die Häuser, die er einschloss. Zusammen mit der Burg, die aus dem Fels des Untergrundes förmlich hervorwächst und das herausgehobene Juwel dieser Mauerkrone bildet, gibt er dem Besucher das starke Gefühl, *drinnen* zu sein. Und es wurde auch für den Neuaufbau derselbe rote Sandstein wie zuvor verwendet. Große Häuser sind es, die steilen Dächer weisen bis zu fünf Geschosse auf, die Fenster haben etwas Glotzendes, die dunkle rötliche Farbe und die Wucht der Quader verleihen der ganzen Stadt eine zyklopische Note. Es ist eine Stadt, die sich über die Zerstörung hinaus selber treu blieb. Die Anmut ist hier nicht zu Hause.

Aber einen «Schönen Brunnen» hat Nürnberg doch. Das ein wenig schwerfällig, aber mit Liebe zum Detail gearbeitete Gitterwerk aus Eisen hält einen goldenen Ring in sich gefangen, der ohne Naht aus einem einzigen Stück geschmiedet ist, etwa so stark wie ein Armband. Wer ihn reibt, hat Glück und darf sich was wünschen. So was tut man einfach, auch wenn man nicht daran glaubt. Ein etwa zehnjähriger Junge gebietet uns Einhalt: Wir rieben ja am falschen Ring, dem für Touristen! Und er führt uns um den Brunnen herum, zu einem anderen, unscheinbar dunklen Eisenreif – den sollten wir berühren, das wäre der echte. Wir fühlen uns als Sonderfall geehrt. Es wird nicht lang dauern, dann wird auch dieser Geheimtipp den Eingang in die Reiseführer finden.

Den größten einzelnen Baukomplex in Nürnberg stellt das Reichsparteitagsgelände der NSDAP dar. Dennoch findet man es nicht so ohne weiteres, denn die Nürnberger ziehen es vor, nicht mit Schildern darauf hinzuweisen. Sein Kernstück bildet ein riesiges Halbrund oder Hufeisen. Es ist einigermaßen unbeschädigt erhalten geblieben, obwohl die Sieger 1945 versuchten, es in die Luft zu sprengen. Die Ladung ging hoch – aber als der Rauch sich verzogen hatte, standen die monumentalen Mauern immer noch; und so ließ man es gut sein.

Insgesamt gibt es ja in Deutschland nicht gar so viel faschistische Architektur, deutlich weniger jedenfalls als stalinistische in den Ländern des Ostens. Dazu waren die Nazis einfach zu kurz an der Macht: zwölf Jahre, in deren zweiter Hälfte sie, die Zerstörer Europas, alle Kräfte in ihren großen Krieg stecken mussten: Für positive Aufgaben blieb da kaum etwas übrig. Oh, wie sie hätten bauen wollen, wären sie nur Sieger geblieben! Aber das war ihnen eben nicht vergönnt. Ihre Herrschaft war schrecklich, hinterließ aber, gemessen an der Grandiosität ihrer Ansprüche, insgesamt erfreulich wenig konstruktive Spuren. Das Nürnberger Gelände, die Anlagen für die Olympischen Spiele in Berlin, das

Haus der Kunst in München, diese oder jene Autobahnbrücke: Das dürfte schon die ziemlich komplette Liste ihrer ausgeführten Großprojekte sein.

Während sich aber die anderen Projekte auf die eine oder andere Weise noch im Gebrauch befinden (denn mit einer Brücke, einem Stadion, einer Ausstellungshalle lässt sich doch immer etwas anfangen), weiß man offenbar nicht recht, was man mit diesem hier beginnen soll. Niemand braucht mehr einen Rahmen für militärisch geordnete Großkundgebungen mit Fahnen- und Fackelbegleitung; und für etwas anderes lässt sich das Areal nicht im Ernst verwenden. Einen Teil davon haben Schausteller als Winterlager ihrer Attraktionen gepachtet. Der Arkadengang, der das Halbrund umfängt, weist Fluchten riesiger Portale ins Innere auf, nach dem Muster des römischen Kolosseums (nur dass diese Portale sich nach oben zu nicht als Bogen schließen, sondern als schwere Vierecke). Man hat sie fast ganz mit Beton gesperrt, oben ein paar Glasbausteine und unten Feuerschutz-türen eingesetzt.

Und ein Dokumentationszentrum hat Einzug gehalten. Schräg schneidet es durch die Anlage, macht ihr einen wohlbedachten Strich durch die Rechnung. Auf die massiven Nazi-Quader ist ein wackelig wirkender Glaskasten gehievt worden, darunter stachelt die Metalltreppe hervor wie die Fühlhörner eines Insekts: einer der seltenen Fälle, dass Architektur eine kritische, ja spöttische Aufgabe hat lösen müssen. Denn wer der Symmetrieachse folgt, ist dem Bann der Macht schon halb erlegen; und allein der Besucher, der seinen Schritt dazu im spitzen Winkel lenkt, vermag sich ihr zu entziehen.

Die B 8 wendet sich nach Westen, führt am Firmengelände des Versandhauses «Quelle» vorbei, das in diesem Sommer noch um sein Überleben kämpft (im Herbst wird es untergehen), und durchquert die Stadt Fürth. Hier erblicken wir beim Durchfahren denselben roten Stein wie in Nürnberg, aber nobler verarbeitet, nicht aus dem Geist des Mittelalters, sondern dem des Großbürgertums im 19. Jahrhundert gestaltet.

Heute ist ein richtiger Sommertag, zwar mit einigem Regen, aber mit desto schöneren Wolken, die die Formen der Landschaft, von Bäumen und Hügeln, in einer träumerischen Sphäre wiederholen und überhöhen. Als wir den Steigerwald hinter uns haben und von der scharf ausgebildeten Kante dieses niedrigen Mittelgebirges in sein westliches Vorland gelangen, haben wir Unterfranken erreicht und damit unsere alte Heimat. Wir halten an in Iphofen, einem jener ungezählten städtischen oder stadtnahen kleinen Orte, die zum Umkreis des fränkischen Weinanbaus gehören. Eigentlich sind sie nie wirklich über die Größe eines Dorfs hinaus gediehen; aber da sie sämtlich einen Mauerring um sich gezogen haben, ihre Mitte sich als Marktplatz gibt, mit einem Rathaus, das auf Eleganz nicht verzichten möchte, und die Häuser der Winzer sich so eng zusammendrängen, wie es die der Bauern, welche auf ihren Höfen mit Heuwagen operieren müssen, nie konnten, so wirken auch diese kleinen Siedlungen als nahezu vollgültige Städte; gewissermaßen nicht wie Kinder, sondern wie erwachsene Liliputaner.

Worin besteht das Unverwechselbare des Heimatlichen? Sabine macht es dingfest, indem sie die Hand auf die steinerne Rahmung eines Fensters legt. Es ist der gelbliche Keupersandstein, so fest und fein in seinem Korn, dass er sich wunderbar scharrieren ließ: Diese delikate Spur erkennen wir. Und aus ebendiesem Stein ist der Ölberg an der Kirche gehauen. Ölberge befinden sich in Unterfranken immer außen an den Kirchen, sie spielen eine Art Freilufttheater. Es geht in ihnen so dramatisch und so friedevoll zu wie in keinem der anderen dreißig oder vierzig Hauptsujets der traditionell christlichen Kunst. Jesus kniet, er fleht seinen Vater im Himmel an, es möge der Kelch an ihm vorbeigehen; ein Engel, der ihm vor Augen schwebt, hält diesen

Kelch; die drei Apostel aber, die Jesus mitgenommen hat, um ihn in diesem allerschwersten Augenblick seines menschlichen Lebens durch ihre Gegenwart Mut zu spenden, sind eingeschlafen. Sie wollten es nicht, der Schlaf hat sie in Haltungen ereilt, die sie wach eingenommen hatten, um ihm zu widerstehen. So sitzt der eine noch da, den Kopf auf die Hand gebettet, der andere ist halb zu Boden geglitten. Ihr Schlaf ist so süß, weil so schicksalhaft verkehrt; weil sie damit unwillentlich und unwissentlich ihren Meister verraten, das einzige Mal, wo sie ihm wahrhaft hätten helfen können. Es ist ein Schlaf, der sie reuen muss, solange sie leben; das weiß der Betrachter; und darum fühlt er mit ihnen so sehr die Unwiderstehlichkeit dieses Schlummers.

Wieder ein kleiner Ort, an dem die B 8 nur entlangführt, kleine Türme, eine halbverfallene Mauer, Häuser, die sich in späteren, friedlichen Zeiten mit ihren Fenstern spitzweghaft durch die nunmehr zwecklose Wehranlage hindurchgebohrt haben, davor im alten Graben liebliche sommerliche Gärten, ein Anblick, der so friedlich stimmt, weil er die alten Einrichtungen des Krieges so pragmatisch umwidmet – wo sind wir? In Mainbernheim.

Auch durch Würzburg kommen wir, das, wenn man bloß durchfährt, sehr wenig von seinem Charme erkennen lässt, sondern vor allem durch den Salat der Streckenführung zwischen übersteilen Weinbergen und der Hochgeschwindigkeitstrasse der Bahn beklemmt. Der Würzburger Wein ist ein Genuss; aber man sollte dieses Urteil nicht leichtfertig auf die Stätte seiner Produktion ausdehnen. Die Weinberge sind für das Würzburger Weichbild verheerend; es sind städtebaulich und ökologisch tote Zonen.

Viermal quert die B 8 innerhalb Unterfrankens den Main. Denn sie verläuft mehr oder weniger gerade, der Main aber schlägt in Maindreieck und Mainviereck jähe Haken. So vervielfacht er sich für sein Land. Wo es kleine Ebenen gibt, verdanken sie sich seinen Ablagerungen. Wenn die Formen schroff werden, dann darum, weil er sich durch den örtlichen Kalk oder Buntsandstein sägt. Gibt es noch eine andere deutsche Großlandschaft als Unterfranken, die so gänzlich von ihrem Fluss bestimmt wird? Alle drei kreisfreien Städte des Bereichs – Schweinfurt, Würzburg, Aschaffenburg – liegen am Ufer des Mains; von den anderen sechs Kreissitzen vier, nämlich Hassfurt, Kitzingen, Karlstadt, Miltenberg. Und die beiden, die noch fehlen, Bad Kissingen und Bad Neustadt, liegen immerhin an seinem wichtigsten nördlichen Nebenfluss, der Fränkischen Saale.

Zwischen Maindreieck und Mainviereck stoßen wir auf ein großes Schild, das mitten in einem Weizenfeld aufgestellt ist: «Wer Straßen sät, wird Verkehr ernten.» Der Weizen, noch ungeerntet, wogt im Wind und verleiht der Botschaft Tiefe. Hier stand ein Spruch der Bibel Pate: «Wer Wind sät, wird Sturm ernten», was heißen sollte: Wer ein Übel fördert, wird von ihm selbst ergriffen und vernichtet werden. Den konkreten Anlass bietet vermutlich mal wieder ein bestimmtes Ortsumgehungsprojekt. Sollten wir das wirklich tun, immer bessere Straßen bauen, damit der Verkehr immer unbehinderter fließt? Nein, sollten wir nicht, sagt dieses Schild. Denn der irrt, der glaubt, dass der Autoverkehr eine konstante Größe sei. Vielmehr gelte: Je leichter es sei zu fahren, desto mehr würde eben auch gefahren, desto weiter streue der Wohnort vom Arbeitsplatz, desto müheloser weite sich das gewohnheitsmäßig bespielte Feld.

Die Gesamtheit des Mainvierecks ist vom Spessart erfüllt, so dicht, wie man es von mitteleuropäischen Wäldern sonst nicht kennt. Hier herrscht nicht, wie sonst meist, der sommers wie winters dunkelgrüngrau gefärbte Fichtenstandardwald, sondern die hohen Buchen, die mit ihren muskelhaft glatten Stämmen und dem lichten Grün ihres atmenden Laubes die Straße grüßend überwölben.

Wir fahren nach Kleinostheim bei Aschaffenburg. Ich nähere mich diesem Ort nicht ohne Bangen. Hier haben in der Zeit meiner Kindheit meine Großeltern gewohnt, bei denen ich, meist mit meinem nächstjüngeren Bruder, oft in den Ferien gewesen bin. Als sie von dort ins nahe Aschaffenburg zogen (wo wir natürlich auch oft waren), war ich zwölf. Ein Ort, den man am Ende der Kindheit verlässt, nimmt einen Glanz an, den er nicht aus sich selbst hat. Denn bei der Erinnerung an ihn wird es einem immer vorkommen, als hätte man mit ihm seine Kindheit verloren.

Auch Sabine war natürlich als Kind bei meinen Großeltern gewesen. Aber sie war erst acht, als sie wegzogen; diese Pilgerfahrt bedeutet ihr darum deutlich weniger, und ich muss mir ihren Spott gefallen lassen. Wahrscheinlich geschieht im Alter von zwölf doch etwas Besonderes, man erreicht im letzten Sommer vor der Pubertät einen besonderen Zustand, die abschließende Reife der Kindheit, etwas so nie wieder Erreichbares, das sich unauslöschlich einprägt als Inbild allen künftigen Glücks.

Die Enttäuschung ist unvermeidbar. Nicht nur die Bebauung dieses damals peripher, inzwischen einigermaßen zentral gelegenen Gebiets hat seither stark zugenommen, sodass beispielsweise die damals dem Haus meiner Großeltern gegenüberliegende Streuobstwiese inzwischen unter lauter Eigenheimen verschwunden ist. Sondern auch manche alten Koordinaten halten nicht Stich. Die Straße «Im Wingert» zieht sich nicht annähernd so steil am Hang hoch, wie ich gewettet hätte. Das Haus war damals kenntlich als halber Rohbau, ohne Verputz, im Schmuck der grauen Aschensteine. Die kamen mir damals nie als Mangel vor, sondern als etwas Besonderes.

Ich stand also vor dem endlich aufgespürten Haus. Es war mittlerweile baulich vollendet. Kann man auch im Ernst erwarten, dass ein finanzierungsbedingter Baumangel aus Pietätgründen vierzig Jahre aufrechterhalten wird? Als wir in weitem Bogen herumgehen, erstaunt mich vor allem eins: wie wenig meine kindliche Wahrnehmung jemals über dieses Haus und dieses Grundstück, worin mein Großvater Zuckererbsen und Wicken zog, hinausging. Ich hatte mir eingebildet, ein komplettes Bild vor mir zu haben, wie es sich vom Balkon der großväterlichen Wohnung herab ergab. Schon das räumlich Nächste aber hatte darin gar keine Rolle gespielt.

Von 1972 an, bis sie ein Vierteljahrhundert später ins Alten-wohnheim umzogen, lebten meine Großeltern sodann im Bes-senbacher Weg im nur wenige Kilometer entfernten Aschaffen-burg. Sie lebten dort doppelt so lang wie in Kleinostheim; und dennoch erinnere ich mich an den neuen Wohnort nur wie an ein halbironisches Exil. Dieses Haus also suchen wir jedenfalls nicht auf, die Besichtigung würde uns beiden nicht viel brin-gen. Aber dass wir im altvertrauten Aschaffenburg ein Hotel in Anspruch nehmen, das befreit unseren Blick. Zum ersten Mal überhaupt sehe ich das in rotem Sandstein ausgeführte Schloss Johannisburg der Mainzer Fürstbischöfe als das, was es ist: nicht als den im Krieg versehrten Körper, der sodann in einer Serie von Operationen wieder fit zu machen war und Turm für Turm neu hochgezogen wurde – sondern, von diesem Schmerz befreit, als das beste Stück Renaissance, das Deutschland je zuwege brachte.

Frankfurt gleicht eher einem Wald als einer Stadt. Seine eigent-lich bewohnte Sphäre umfasst die drei- bis vierstöckigen Häuser; sie stellen eine Art Bodendecker dar, die Kraut- und Strauch-schicht. Dazwischen heben sich, einzeln und mächtig, die um ein Vielfaches höheren Bürotürme der Banken empor wie die glatten Stämme der Buchen im Spessart. Dabei ist Frankfurt, sieht man von den Mietpreisen ab, bestimmt eine gute Stadt zum Leben; trotz des vielen Geldes hat sie eine entspannte und sogar ein bisschen vernachlässigte Atmosphäre. Die Stadt passt zu ihrem Dialekt, der weich, nuschelig, humorvoll klingt, mit dem Charakterlaut jenes stimmhaften «sch», der die Brücke zwischen Frankreich und Polen schlägt und die Koexistenz des Lokalpatriotismus mit dem Kosmopolitismus ermöglicht. Nur die baulichen Proportionen stimmen eben nicht, und im Schatten der Hochhäuser fühlt man sich nicht wie ein Mensch, sondern wie eine Ameise. In keiner anderen Stadt hätte es so hart neben der Oper eine Genehmigung für einen so rücksichtslosen Betonhochklotz gegeben wie den «Opernturm», der das alte klassizistische Haus, an sich gar nicht so klein, dermaßen in die Knie, vielmehr noch tiefer, auf Knöchelhöhe zwingt.

Wie klein, fast putzig nehmen sich die baulichen Berühmtheiten aus, der Römer, die Paulskirche! Und ganz fremd zwischen allem steht der Dom, diese Feengrotte aus Buntsandstein, in der einst die Kaiser gekrönt wurden. Sein Turm erinnert an die deutsche Kaiserkrone und damit an eine tiefere Geschichte, mit der die gegenwärtige Stadt Frankfurt, welche sich erst vom Finanzgroßbürgertum des 19. Jahrhunderts herschreibt, offenkundig gar nichts mehr zu tun hat.

Frankfurt erfährt man als eine zugleich große und mittlere Stadt. Wie der Weg vom einen zum anderen verlief, verrät noch das Ensemble der Commerzbank: Da steht als Kern die Villa um 1900; dann kam der Aufschwung der Sechziger mit einem ersten Hochhaus; dann die Globalisierung mit einem Gebäude, das nicht nur nochmals höher ausfiel, sondern sich prismatisch gegen seine Umgebung verschloss, mit der Feindseligkeit einer vollverspiegelten Sonnenbrille; und die gegenwärtige Rezession spricht aus der Erstumpfung dieser hoch pflegebedürftigen Oberfläche.

Ganz der liebenswerten Mittelstadt gehört jedenfalls der Main an, den Frankfurt für sich zu öffnen und zu nützen verstanden hat, mit Fußgängerbrücken, Museumsufer, Grünanlagen. Wem die Türme auf die Nerven gehen, der kann sich hier erholen. Wir stoßen auf ein kleines Volksfest, für das wir hier gar keinen Platz vermutet hätten, und versorgen uns mit gebrannten Mandeln.

Wieder einmal haben wir Mühe, auf der Bundesstraße aus dem Ballungsraum herauszufinden. Wir geraten erst nach Rüsselsheim, ehe wir die Spur der B 8 wieder aufnehmen und durch das so unübersehbar reiche Kronberg über den bewaldeten Grat des Taunus hinweg in eine andere Landschafts-, Wirtschafts-, Klima- und Kulturzone eintauchen. Wir verstehen gut, warum die Römer ihren Limes gerade auf dieser Linie bauten: Bis hierhin konnte das Land noch als mediterraner Ausläufer und Vorposten gelten, jenseits davon beginnt mit einem scharfen Schnitt das von ihnen gefürchtete und gemiedene eigentliche Germanien. Wie ein Torbogen zu diesem neigen sich die Buchen, die nun wieder das Bild beherrschen, mit ihren waagrechten Ästen über die Fahrbahn und berühren einander an den äußersten Spitzen.

Nachdem wir den Gunstraum des Rheins und seiner südlichen Nebenflüsse verlassen haben, befinden wir uns nun im Gebiet des Straßendorfs, mit einem Bach am Grund eines flachen Tals als seiner Mittelachse, welches durch seine bloße Anlage schon die Mühsal der Landnahme erinnerlich hält: Von jeder Hofstatt aus musste der Wald in einer schmalen Hufe gerodet werden. Die ahnt man noch. Die alte Armut der Gegend bleibt sichtbar, gerade weil man sie nicht sieht, ein Paradox, das sich leicht aufklärt: Es gibt hier wenige alte Häuser, weil man, als nach 1950 der neue Wohlstand und die neue Bequemlichkeit Einzug hielten, einfach nur froh war, das minderwertige alte Zeug endlich wegräumen und an dessen Stelle Wohngebäude errichten zu können, die diesen Namen wirklich verdienten.

In Limburg machen wir Station, weil es sich so freundlich überschaubar ins Tal der Lahn bettet. Ungezählte solche kleinen Städte gibt es in Deutschland. «Wozu sind diese aufgebaut? Und gleichen / einander nie? Und sind unzählig viele?», fragt Hugo von Hofmannsthal in der «Ballade des äußeren Lebens». Für ihn bedeutete dies einen melancholischen, bedrückenden Gedanken. Dem darf man, wenn man reist, keinen Raum geben. Wäre es denn besser, die Orte glichen sich? Das wäre nicht nur ermüdend, das wäre erzlangweilig. Und glichen sie sich überhaupt nicht, niemand fände im Chaos seinen Weg. In der Ähnlichkeit muss man das Prinzip lieben, nach dem die Welt, bei aller Platz- und sonstigen Not, sich in ihrer Fülle ökonomisch organisiert. Die Ähnlichkeit ist die Seele des Lebendigen.

Hofmannsthal fährt fort: «Was frommt's, dergleichen viel gesehen haben?» Nimmt man das als echte Frage und nicht nur als Seufzer, so muss man sagen: Immerhin mehr als das Gegenteil. Denn die Zeit ist irgendwann um, gleichgültig ob man in ihr viel oder wenig gesehen hat. Und dann doch lieber viel. Darum das Reisen: Es lehrt, wenn man es richtig anstellt, den Blick für das Verhältnis des Gleichen und des Ungleichen in Allem und damit die Differenzen zu erkennen, die letzten Endes doch das einzige wirklich Unterhaltsame auf der Welt sind.

Im Zentrum Limburgs steht der Dom, eine romanische Kirche wie so viele andere auch, gar nicht einmal außerordentlich groß, aber in der Staffelung und Gliederung seiner Massen so bravourös kompakt, dass sich der Raum herum zu vertiefen scheint. Es war bestimmt kein Zufall, dass gerade er und die ihm in diesem Punkt verwandte Burg Eltz jene beiden höchsten Scheine im System der alten D-Mark schmücken durften, den Fünfhunderter und den Tausender, die beiden bräunlichen Riesen, welche man fast nie in die Hände bekam, die ein Dasein eher wie ein Gerücht führten. Die zwei Gebäude lieferten in ihrer Dichte das vollkommene Bild des *Werts*. Leider kommen wir in den Dom nicht hinein, es findet eine musikalische Sommerveranstaltung statt, Takte aus Bizets «Carmen» dringen an unser Ohr. Also weiter.

Jenseits der Lahn beginnt der Westerwald. Er verkörpert jenen Typ von Landschaft, der auch schon im Sauerland auftrat: hoch, aber nicht bergig; rau und doch recht dicht besiedelt; abgelegen und dennoch vergleichsweise arm an Wald und anderen landschaftlichen Reizen. Der Westerwald ist im deutschen Bewusstsein vor allem durch jenes eine Lied verankert, dessen zackige Munterkeit so gut zum Marschieren von Reichswehr und Reichsarbeitsdienst passte und dessen Refrain (der sonstige Text spielt so gut wie keine Rolle) lautet: «O du schöner Westerwald, / Über deine Höhen pfeift der Wind so kalt. / Doch schon der kleinste Sonnenschein / Geht tief ins Herz hinein.»

Merkwürdigerweise prägt sich von diesen vier Zeilen allein die eine vom kalt pfeifenden Wind ein, während die anderen drei, mit Schönheit, Sonnenschein und Herz befasst, sich nur wie schmückendes Beiwerk herumlegen. Es scheint jedenfalls die passende Hymne von der alten Härte des deutschen Mittelgebirges zu sein.

Wir quartieren uns in der kleinen Ortschaft Hahn am See ein, einem Dorf mit vielleicht fünfhundert Einwohnern; oder vielmehr was von einem Dorf bleibt, wenn die Bauern und die Landwirtschaft aus ihm verschwunden sind. Das heißt, eigentlich sind beide noch da, bloß treiben die früheren Bauern diese Landwirtschaft nicht mehr, und für die Bestellung der Felder, deren Gesamtfläche ja keineswegs abnimmt, genügt bei den heutigen effizienten Methoden ein einziger Mann mit seinen Maschinen, der in dieser Ortschaft wohnt oder der nächsten oder übernächsten; der jedenfalls als Einzelner keine dörfliche Gemeinschaft mehr begründet. Unser Gasthof war früher wohl einmal der größte Bauernhof am Ort; das verraten der Gebäudebestand und dessen unschönes Betonpflaster, ausgelegt auf Belastung mit schwerem Gerät. So lang ist die landwirtschaftliche Nutzung offenbar noch nicht her, vielleicht zehn oder zwanzig Jahre.

Aber nicht an diese Zeit mit ihrer immerhin auch schon halb-industriellen Produktionsweise soll hier erinnert werden, sondern an die Epoche davor. Deren Gerätschaften zieren den Hof und die Scheuer, die jetzt als Schankraum dient. Nichts, was ein Motor antrieb, durfte sich beteiligen, aber alles, was tierischer oder menschlicher Muskelkraft bedurfte: Egge, Sense, Butterfass, Wäschemangel, Kaffeemühle, Schaumlöffel, ein Waagscheit für die Ochsen und ein Kummet für die Pferde. Selbst ein Ölofen aus der Zeit um 1970 ist vertreten, der nicht über eine Zuleitung gefüttert wurde, sondern für den man Kanne um Kanne aus dem Keller herschleppen musste: Das verleiht ihm, trotz der relativen Jugend, seinen Sitz in diesem Ältestenrat der Dinge.

Wie viele davon diese halbautarke Wirtschaft in Gebrauch hatte! Und jedes verlangte seine ganz spezielle, oft mühselige Handhabung. Ein hölzernes Wagenrad spricht, kraft seiner Inschrift: «Da ich nicht tauge mehr im Feld, / So hat man mich hierher gestellt. / Es denkt so mancher oft daran, / Wie er mich fuhr noch als Gespann.» Es hat etwas Ergreifendes, wie dem Ding selbst die Stimme erteilt wird, eine trauervolle, aber würdige Stimme. Und obwohl hier nicht etwa der letzte, sondern bereits der vorletzte Zustand einer ländlichen Kultur und Wirtschaftsweise zu Wort kommt, setzt diese Stimme dennoch voraus, dass sie zur lebendigen Erinnerung mindestens der älteren Dorfbewohner spricht. Sie behauptet nicht, dass diese *gern* daran zurückdächten, sie gibt der Wahrheit die nüchterne Ehre und sagt nur, dass sie es *oft* täten. Es ist nicht die gute alte Zeit; bloß die alte. Ich erinnere mich an die dialektische Bemerkung einer unterfränkischen Bäuerin, die, nachdem sie ausführlich erzählt hatte, wie die Staubentwicklung in der Getreideernte bei ihr regelmäßig zu schlimmen Lippenentzündungen geführt hatte, mit den Worten schloss: Man hat sich früher mehr müssen plagen; aber schöner war's doch.

Nach dem Abendessen bleibt es noch lange hell, und so mache ich einen Rundgang durch den Ort, was schnell geschehen ist. Die alte Gewohnheit, den Boden zu bestellen, hat sich spielerisch in die Gärten zusammengezogen und ist dort zur reinen Freude geworden, die sie früher bestimmt nicht war. Es herrscht eine Vorliebe für große Blumen: Kugeldisteln, Stockrosen, Phlox, Schafgarbe, Gladiolen, auch schon die gefüllten Strahlenblumen, die den Herbst vorankündigen. Auf der Weide stehen statt Kühen Damhirsche. Dass das Klima zu anderen Jahreszeiten immer noch sehr rau ist, lässt der Wandschutz an der Wetterseite erkennen. An einzelnen Gebäuden befindet sich noch der alte Schiefer. Aber die meisten haben auf ein Schuppenkleid aus Eternit umgestellt, dessen schmutzige Weiße fast dunkler wirkt als das saubere Schieferschwarz. Wenn zehn Jahre ins Land gegangen sind, werden alle, die hier wohnen, das verstanden haben und trotz der Kosten auf den Schiefer zurückgreifen. Es wird das Merkmal sein, dass Hahn am See sich modernisiert hat.

In zehn Jahren werden auch bestimmt die Zimmer unserer Pension anders aussehen als jetzt. Jetzt sehen sie nämlich so aus: An den Wänden hängen Plastik-Strukturtapeten in Sämischgelb; im Zentrum steht ein großes, flaches Kasten-Doppelbett aus Nadelholz; die Nachttischlampen mit schwerem gedrechseltem Ständer tragen bräunliche gefältelte Lampenschirme in der Form von Kegelstümpfen und schlucken mehr Licht, als sie durchlassen; halbrunde Sesselchen in dunkelblauem Kunstleder stehen auf einem dickflauschigen ziegelbraunen Synthetik-Teppich mit einem umlaufenden Muster von aztekischer Anmutung; zur Sitzgruppe gehört ein Rundtischchen mit kreuzförmigem Fuß, auf welchem ein Spitzendeckchen liegt; über dem Bett prangt ein Kunstdruck von zwei riesigen weißen Rosen im Alu-Rahmen. Der Un-Stil dieser Inneneinrichtung ist ein frühes Phänomen, noch unberaten, das Erste, was nach dem Bäuerlichen aus dem Versandhaus kam. All das, wie gesagt, wird in zehn Jahren ganz anders sein.

Wir sind gar nicht so weit von Köln, wie es uns an jenem Abend schien; schon bald hat uns die B 8 in die viertgrößte Stadt Deutschlands gebracht. Köln, hat der Schriftsteller Martin Mosebach erklärt, sei das deutsche Neapel; und zwar noch nicht einmal so sehr aufgrund seines karnevalistischen Katholizismus (obwohl der natürlich auch dazugehört), sondern weil hier der Stolz auf eine uralte, tatsächlich Jahrtausende zurückreichende urbane Tradition sich mit der völligen Gleichgültigkeit gegen die aktuelle Hässlichkeit des städtischen Raums paart. In anderen Städten hat die Geschichte ihren Ort und ihre Stärke in der Bausubstanz. Hier spielt sie keine Rolle, entscheidend ist das Bewusstsein, welches jeder zu teilen scheint: dass es sich um die älteste große Stadt dieses Landes handelt. Köln bildet jedenfalls den absoluten Gegenpol zu Rothenburg ob der Tauber. Köln ist so unscheinbar wie stark, und vermutlich stark, weil unscheinbar. Wer längere Zeit in Hamburg oder München oder Berlin gewohnt hat, hält sich in aller Regel frei vom lokalen Dialekt, er wird nicht sagen «det», wo er früher «das» sagte, und nicht «Pfüeti» statt «Tschüs», und tut er es doch, so ist er als ein anbiederndes Individuum entlarvt. Die Eigenart des Kölschen aber konzentriert sich in der Satzmelodie. Selbst wer der gaumigen Aussprache von G und L widersteht (was auch gar nicht so leicht ist), wird, ohne dass er es merkt, nach spätestens zwei Jahren diesen leicht beleidigten Frageton auch bei Aussagesätzen angenommen haben: Davor nämlich warnte ihn nichts, das ging ihm unwillkürlich ins Sprachzentrum ein. Er wird große Mühe haben, es wieder loszuwerden, denn loswerden muss er es, da es alle Gesprächspartner irritiert. Sie vermuten dahinter einen misslaunigen Zynismus. Ich habe meinen nächstälteren Bruder, der in Köln studierte und promovierte, diese Melodie annehmen und, als er Köln verließ, nach einiger Zeit (aber nicht gar so bald) wieder verlieren hören; und ich möchte wetten, er war sich beider Vorgänge nicht einmal bewusst.

Insofern als Köln sich weigert, seinen historischen Sinn aus den Baudenkmälern zu beziehen, stellt der Kölner Dom, bei dem wir herauskommen und parken, ein ganz unkölnisches Einzelphänomen dar. Der Dom entging, obwohl er direkt neben dem Bahnhof liegt, der totalen Zerstörung, die sonst die ganze Stadt im Zweiten Weltkrieg heimsuchte, einschließlich der ungefähr zehn romanischen Großkirchen von Domformat, die diese bei weitem bedeutendste Stadt des deutschen Hochmittelalters vor dem Dom auf die Beine gestellt hatte. Sechzig Jahre hat Köln gebraucht, um sie alle wieder herzurichten; jetzt stehen sie wieder.

Der Dom aber ist etwas völlig anderes. Er hat mit der Stadt ringsherum wenig zu tun. Sein Maßstab geht hinaus über alles, was Menschen betrifft. In Frankfurt war das auch der Fall, da hatten sich die Banken mit ihren Hochhäusern über die Köpfe der Menschen hinweggeschwungen, bis sie nur noch, überirdische Basketballer, die Bälle einander in unerreichbarer Höhe zuwarfen. Der Kölner Dom aber erhebt sich wie ein Wald aus Mammutbäumen ganz für sich allein. Das Erhabene, groß genug geworden, zerreißt das Band mit dem Menschlichen und wird gleichgültig. Wir spazieren heiter und kalt durch die Riesenhalle.

Köln hat die vermutlich größte Fußgängerzone Deutschlands. In den anderen, größeren Städten zersplittert sie sich; hier aber bleibt sie gemäß des Grundplans, der sich von der römischen Stadt herschreibt, beisammen. So zeichnet das Jüngste das Älteste nach. Die Fußgängerzone bedeutet, fast so sehr wie die dazu noch überdachte Mall, die Enteignung des öffentlichen Raums zugunsten des privaten Verkaufsinteresses. Wie weit kommt, welchen Spaß hat hier derjenige, der *überhaupt* kein Geld mitbringt? Er kann sich, ohne mindestens einen Espresso zu bezahlen, nirgends hinsetzen, außer vielleicht auf die schmale Lippe eines der lässig ins Pflaster eingebetteten Brunnen, wo er gegebenenfalls nass wird. Das verhält sich wohl überall so; aber in Köln fällt es eben auf, weil das Areal so riesig ist. Ein letztes

Bollwerk des öffentlichen Raums waren immer die Kaufhäuser gewesen, in die jeder ohne spezielle Kaufabsicht hineingehen und in denen er sich herumtreiben konnte. Doch mit den Kaufhäusern geht es auch bergab, es dominieren die Ketten, zum Beispiel H & M, von dem es in der Kölner Fußgängerzone nicht weniger als fünf Outlets gibt. Ist man darauf erst einmal aufmerksam geworden, geht man durch die Zone weiter wie durch ein Memory-Spiel: Was war schon mal da? Wer es sich merkt, hat gewonnen! Und trotzdem findet Sabine, deren Brillenbügel abgebrochen ist, über weiteste Strecken keinen Optiker, der ihr hilft. Sobald man spezielle Bedürfnisse hat, merkt man, wie grobgestrickt sich hier alles Angebot darbietet. Den letzten kläglichen Rest eines eigentlich, das heißt zahlungsfrei öffentlichen Raums stellen die wenigen Fernsprechsäulen dar. Die sind die Schrumpfform der alten Telefonzellen, sie gönnen dem Telefonierenden keinen Privatraum mehr. Weshalb auch? Quatschen doch alle Handybesitzer ganz unbefangen darum, wer sie sonst noch hört. Längst ist der akustische Nacktzustand Standard geworden, und kein Mensch hat mehr Geduld für Kabinen.

Aber Köln hat sich in junger Zeit den Rhein erobert. Das kann keine ganz einfache Aufgabe gewesen sein, denn Köln gehört zu den stark hochwassergefährdeten Städten. Doch es führt ein leichter Weg die Böschung hinab wie zum Spielfeld über die Tribünen eines Stadions, fröhlich, verspielt, die Touristen einladend und die Einheimischen darüber nicht vergraulend, eine schlechthin ideale Lösung – weit gelungener als die «Domplatte», von der herab der Abstieg geschieht, diese sterile Ebene bloß zur Präsentation der Kathedrale, auf welcher sie steht wie eine Torte kurz vor dem Anschnitt und alle Bezüge leugnet.

Die B 8 läuft über Köln hinaus noch weiter, der niederländischen Grenze zu. Wir folgen dem Rhein; wir durchqueren die Stadt Langenfeld, die ihrem Namen alle öde Ehre macht; wir kommen nach Leverkusen, in dem der Hauptarbeitgeber Bayer das Stadtbild völlig zum Firmengelände degradiert; wir fliegen über die aufgeständerte Fahrbahn durch die Weite des Duisburger Hafens, die wir in ihren Strukturen und Funktionen nicht durchschauen müssen; und wir übernachten dort, wo das roh-herrliche Rhein-Ruhr-Gebiet sein Ende erreicht, in Wesel.

In Wesel hat sich der Rhein bereit gemacht für seinen letzten Abschnitt, den Eintritt ins Meer. Er ist hier sehr breit und sehr langsam geworden. Wir wollen nur einen kleinen Abendspaziergang zu seinen Ufern unternehmen; und finden schließlich, dass wir einen halbstündigen Marsch haben hinlegen müssen. Schon gelten hier für den Strom andere Größenverhältnisse als selbst in Köln, schon behält er sich allein die Macht über die Landschaft und selbst den Himmel vor. Wesel ist eine alte Festungsstadt, demgemäß haben die vergangenen Zeiten es durch ihre Kanonaden und Bombardements verheert; demgemäß stehen die versehrten Ziegelbollwerke herum. In einem von ihnen speisen wir eine Pizza zu Abend.

Als wir weiterfahren, regnet es. Die Landschaft wird, noch über das bisherige Maß hinaus, flach; einfach und deprimierend flach. Wie können Leute in Emmerich leben? Dann haben wir die Grenze zu den Niederlanden überquert, und dieselbe Landschaft erscheint erträglich und selbst hübsch. Schon ein paar Zeichen, die Menschen hinterlassen haben, reichen aus, dass alles anders wird. Warum nur schaffen das die Holländer, und die Norddeutschen nicht? Wir fahren die kurze Strecke bis zur nächsten Stadt, nach Arnheim, wo Ende 1944 die alliierten Streitkräfte hinter der deutschen Front zu landen versuchten, erfolglos. So sieht die Stadt heute auch aus, noch wüst von den Verletzungen von damals; doch andererseits auch wieder so niederländisch ganz bei sich, dass wir uns entspannen, während wir auf dem kahlen Hauptplatz einen Kaffee zu uns nehmen, ehe wir uns anschicken, den weiten Weg zurückzufahren.

Unter allen deutschen Bundesstraßen gibt es eine einzige, die überregionalen Ruhm genießt: die B 1, gern auch mit ihrem alten Namen als Reichsstraße 1 bezeichnet, die als längste deutsche Straße von Aachen über Köln und Berlin bis Königsberg und Memel führte. Die kennen alle. Heute endet sie, durch die Grenzziehung von 1945 stark verkürzt, an der Oder. Den Rekord hat die B 2 übernommen, bei der es sich, den neuen Proportionen des verkleinerten Landes entsprechend, um eine Nord-Süd-Trasse handelt. Über annähernd tausend Kilometer verläuft sie zwischen der polnischen Grenze bei Stettin bis nach Scharnitz in Tirol.

Mich begleitet diesmal Jacqueline, Studentin der Philosophie und Pädagogik, Fernfahrerin und in der Schulung für Lastwagenfahrer, Busfahrer und Fahrlehrer tätig: eine eigenwillige Kombination, für sie aber ein zusammenhängendes Konzept. Wir reisen in ihrem alten Mitsubishi, der bereits 270 000 Kilometer auf dem Tacho hat und von dem wir hoffen, dass er diese relativ geringfügige Vermehrung des Tachostandes noch gerade eben verkraften wird. Sicher sind wir uns keineswegs.

Wir beginnen unsere Reise in Stettin, dem polnischen Szczecin, etwa 15 Kilometer tief in polnischem Territorium an Oder und Stettiner Haff gelegen. Die Grenzen sind ja jetzt schon längere Zeit offen, seit kurzem entfällt jegliche Kontrolle – aber selbst eine so große und grenznahe Stadt wie diese ist im deutschen Bewusstsein noch nicht angelangt. Es kommt einem noch immer vor, als träte man in eine andere Welt ein. Bis Stettin sich in unser Straßburg des Ostens verwandelt hat, eine Metropole

144

also, die haargenau auf zwei Rändern und darum in einer besonderen Mitte liegt, wird es noch dauern.

Ein Schaden ist das nicht – wenigstens nicht für uns zwei
Reisende. Fremde bedeutet Abwechslung und mindestens den
Hauch von Abenteuer. Das geht mit einer Sprache los, von der
ich nicht eine einzige Silbe verstehe, und endet mit dem neuen
Geld noch lange nicht. Speziell der Augenblick des Geldwech-
selns stellt immer einen Akt der Initiation dar, feierlich trotz
seiner meist etwas schäbigen Umstände. Die Einführung des
Euro hat vieles bequemer gemacht, aber diesen Augenblick hat
er geraubt, und rechenfaul ist man auch geworden.

In Polen jedoch muss man noch tauschen. Ich erinnere mich
an die früheren polnischen Scheine mit ihren vielen Nullen, die
aber nach einer Währungsreform bereits amtlich durchgestri-
chen waren. Die neuen sind klein, handlich und niedrig beziffert
und bemühen sich mit ihren Phantasieporträts mittelalterlicher
Könige so sehr ums Gediegene und Mitteleuropäisch-Seriöse,
dass man sie als ein wenig langweilig bezeichnen muss. Kein
Mensch weiß, wie Boleslaw der Kühne aussah, also kriegt er auf
Verdacht einen großen Schnurrbart, während für Mieszko den
Ersten ein wohlcoiffierter Vollbart angemessen scheint. Im Prinzip ist das wie bei den Euroscheinen, wo wegen der Eifersucht
der Einzelstaaten ja auch keine konkreten Gebäude ins Bild treten dürfen, sondern irgendeine idealtypisch öde Romanik oder
Gotik.

Stettin ist eine in ihrer Größe angenehme Stadt; 400 000 Einwohner zählt sie. Wir kommen herein durch eine Serie breiter
Avenuen, die sich zu Plätzen weiten, mit Bausubstanz der Grün-
derzeit. Von der Altstadt freilich ist nicht viel übrig, die musste
1945 dran glauben, und es gibt viel Plattenbauten im Zentrum.
An den Klingelschildern stehen statt Namen Nummern – ist das
praktisch? Es ist eine zerklüftete Stadt und dennoch behaglich.
Wenn renoviert wurde, dann sparsam und jedenfalls nicht so ste-

ril wie bei uns. Wir sitzen in einem modernen Café, das genauso auch in einer westeuropäischen Stadt aussähe, und blicken mit Muße auf das Haus gegenüber, einen großen Kasten. Erneuert wurde nur die Sockelzone, wo jeder der kleinen Läden energisch zu einer anderen Farbe griff, die Wohnungen darüber haben ihr altes Braungrau behalten. Die Schornsteine kommen zu ganzen Büscheln aus dem Dach, offensichtlich hat hier jede Partei ihren eigenen; und Ähnliches gilt für die Antennen. Einzelhandelsketten treten kaum in Erscheinung, in der Markthalle befinden sich Textilläden, die es in Deutschland schwer hätten. Unser Hotel und der Kaffee liegen preislich auf West-Niveau, alles andere ist deutlich billiger.

Es ist ein wunderbarer Hochsommertag, der in Wildblumen luxuriert, dem Rosa der Malven, dem Hellblau der Wegwarten, dem Rot des Mohns, dazu vieles in Gelb und Weiß. Schon im Stadtgebiet von Stettin hatte es solche Wiesen gegeben, denen man bei uns gewiss als Unkraut zu Leibe gegangen wäre. (Auf Italienisch heißt Unkraut «erbe spontanee», «Spontankraut», und es ist erstaunlich, wie sich unter einem solchen neuen Namen der optische Eindruck sogleich verwandelt.) Nun begleiten sie uns weithin durch die Uckermark. Zudem ist heute der Tag der Vögel. Bevor es Nacht ist, werde ich den ersten wilden Seetaucher meines Lebens, mehrere Kraniche, Störche, Fischreiher, einen Eisvogel, einen schwarzen Milan, eine Seeschwalbe und einen Kolkraben gesehen haben. Vögel zu erblicken, besonders schöne seltene, bereitet immer eine besondere Freude; sie sind derjenige Teil der Tierwelt, der, flugbegabt und unerreichbar, vor uns keine Angst hat und uns darum wenigstens mit den Augen Anteil an seinem Leben gönnt. Wer sich für vierfüßige Tiere interessiert, muss Glück oder Geduld haben, meist beides; nicht einmal die doch wahrhaft häufigen Mäuse bekommt man ohne weiteres zu Gesicht. Sie verstecken sich vor uns, aus gutem Grund; ihre Unsichtbarkeit konfrontiert uns mit einer traurigen

Wahrheit über uns selbst. Diese Wahrheit helfen die Vögel vergessen. Sie pflegen mühelos zuzufallen, man muss ihnen nur das kleine Stückchen entgegenkommen, sie im entscheidenden Augenblick zu erkennen.

Wir machen, dem Zufall folgend, Station in der kleinen Stadt Gartz an der Oder, tief im Ländlich-Sommerlichen geborgen. Ein hohes Backsteintor weckt expressionistische Assoziationen. Aber vor allem haben wir es auf die Gärten am Fluss abgesehen. Noch mehr als Schornsteine und Antennen verraten sie über ihre abwesenden oder im Innern der Häuser versteckten Bewohner. Es ist unmöglich, mit einem Garten nicht Entscheidendes über sich selbst mitzuteilen. Ein Haus braucht lange, bis der Charakter seines Bewohners sichtbar darauf abfärbt; zu Gärten in ihrer vegetativen Unruhe aber muss der Besitzer sich sogleich verhalten, so oder so, ähnlich wie zu seinen Haaren, für die gilt: Keine Frisur ist auch eine, und zwar erst recht. Der Zeitpunkt ist günstig, denn im August erreichen die Pflanzen ihre maximale Kraft. Freilich tun wir gut daran, unsere plötzliche diagnostische Lust mit dem Schein des planlosen Bummelns zu verdecken; denn diagnostiziert werden mag keiner.

Da gibt es den Antigarten-Gärtner, der vom Gelände so viel wie möglich zubetoniert und zugekiest hat, denn schließlich muss hier vor allem eine Heimstatt des Automobils geschaffen werden. Der Rest besteht aus Manöverfläche für den Rasenmäher; und nur die allerkräftigsten Kräuter, Sonnenblumen und Goldruten, behaupten ihren Platz gegen so viel Feindseligkeit.

Da gibt es den untätigen Rosenfreund, der dicke gefüllte Varietäten, rot und weiß, unbeschnitten gedeihen lässt, bis ihre Gesamtheit spinatartige Gestalt annimmt, gewiss ein faules Kitschgemüt. Da gibt es den Erben des Langweilers, der nichts dagegen unternimmt, dass das Berufkraut durch die Ritzen des geraden geplätteten Weges schießt. Da gibt es den Menschen mit dem Sinn für Ordnung und Humor, der an das Törlein seines Kurzhaar-Rasens in Messing anschreibt: «Vorsicht bissiger Hund!» – aber was der Spaziergänger dann zu sehen bekommt, zwischen Keramikentlein und ähnlichen Gebilden, ist ein gänzlich anderes Wesen, ein Lamm nämlich, das auf dem Dach eines fernzusteuernden Spielzeug-Jeeps mit langer Antenne steht und so offenkundig kein Wässerlein trüben kann, dass einem ganz unheimlich zumute wird.

Da gibt es den alten Typus des östlichen und bäuerlichen Gartenbesitzers, dem der Garten vor allem zur Belieferung mit Obst und Gemüse taugt; kleinteilig zur Diversifizierung des Küchenplans sind die Beete angelegt, wohlüberlegt die schmalen Wege in die Krume gebahnt. Die praktische Sorge des Hausvaters überdauert hier als romantische Reminiszenz, vielleicht gespeist durch ein tiefes Misstrauen, dass jederzeit wieder eine böse Zeit kommen könnte und dann der im Vorteil ist, der auch nur *einen* Quadratmeter bestellbaren Boden sein Eigen nennt.

Da gibt es im Gegenteil den begeisterten Neuerer, dem die Wende den Blick in den Westen eröffnet hat; seinen Garten hat er entschlossen zur Ranch umgestaltet, mit Wagenrädern und niederen hölzernen Einfriedungen, in lebhaftem Braunrot gebeizt. Die Blumen, die hier vorkommen, tun dies genau auf deren anderer Seite, als wären sie unter diesem Westernzaun hinausgescheucht worden und erwarteten traurig die Erlaubnis zur Heimkehr.

Da gibt es den Stein- und Zen-Gärtner, der zwischen den Bülten seiner Pampasgräser viel freie leere Erde lässt. Den Friedhofsgärtner gibt es auch, der schon mal übt und den Weg zu seiner Datscha durch ein hohes, karges graugestrichenes Holztor zwischen Koniferen wie zu seinem ernsten Grab gestaltet. Und es gibt den Glückspilz, für den Ringelblumen, Dill und Mohn alles Nötige von allein besorgen, ohne dass er für so viel Naturlieblichkeit einen Finger krumm machen müsste. Möglicherweise aber täuscht der Eindruck, und es verbirgt sich die höchste Kunst in dieser anscheinenden Absichtslosigkeit. Bei welcher von diesen Gärtnern würde man am liebsten zu Gast sein? Vielleicht doch beim letzten; obwohl man nicht wissen kann, was einen dort genau erwartet.

Wir erreichen Angermünde. Orte, die im Sommerlicht so viel Frieden verströmen, müssen im Winter die allerverlassensten sein. Das «Haus Uckermark» erzählt in seiner Fassade eine bewegte Geschichte. Der erhaben in Stuck ausgeführte Schriftzug hat sich, trotz Beschädigung, aus der vorsozialistischen Zeit erhalten; der Sozialismus griff auf das Vorhandene zurück, setzte allerdings noch die zwei Lettern «HO» in kleinerer Schrift davor. Sie wurden offenbar gezielt abgeschlagen, hinterließen aber hartnäckig ihre Schatten im ockergelben Putz. Nach der Wende griff erneut die Privatwirtschaft zu, über dem Eingang erschien, ebenfalls relativ klein, ein Leuchtschriftkasten «Gaststätte Haus Uckermark». Jetzt steht das Gebäude wiederum leer und verkündet, dass nicht alle Blütenträume von 1990 reiften. Das Haus hält dem Verfall derzeit stand, das Dach ist tadellos; aber vielleicht nicht mehr lange.

Angermünde ist die Stadt der Findlinge. Sie werden überall als eine Art von Naturplastik verwendet, man pflastert mit den kleineren unter ihnen die Straßen, die mittleren mauert man in die Häuserwände ein und spart rings um sie den Putz aus, damit sie in ihrem grobschlächtig materialen Reiz das Auge erfreuen. Und es wird, in einer Art Findlingspark vor der Kirche, das «8. Internationale Hartgesteinssymposium» angekündigt, das demnächst in diesem Ort über die Bühne gehen soll.

Lange waren die Findlinge ja ganz rätselhafte Gebilde. In einer Landschaft, in der sonst nur Sand und Lehm vorkamen, traf man bunt gemischte harte Gesteinsbrocken von Faust- bis Hausgröße an, deren nächste Verwandte offenbar in Skandinavien lagen. Sie müssten also über die Ostsee herübergekommen sein. Aber wie sollten sie das angestellt haben, da sie doch nicht schwimmen können? Ich bewundere den Scharfsinn jener Geologen im 19. Jahrhundert, die, nachdem sie alle unmöglichen Hypothesen verworfen hatten, die unglaubliche als die einzig mögliche erwiesen: Nur im Verband ungeheurer Eismassen, die sich, indem sie an die Stelle der Ostsee traten, nach Süden vorschoben, hat dies geschehen können. Wir haben uns an das Konzept der Eiszeiten, der in großen Amplituden vor und zurück schwingenden Gletscher, inzwischen so sehr gewöhnt, dass wir uns nur schwer vorstellen können, was für ein Schock diese Erkenntnis gewesen sein muss: Die wirtliche bewohnte Erde konnte also jederzeit apokalyptisch eingefroren und zermalmt werden, und unsere hübsche Lebenswelt ist nur das Atemholen zwischen zwei ungeheuren Zerstörungen.

Angermünde liegt inmitten eines der am dünnsten besiedelten Gebiete Deutschlands überhaupt – unter 30 Einwohner auf den Quadratkilometer –, und eines der an Naturschätzen reichsten. Es wird eine Fahrt mit der «Biberbahn» beworben, die mitten hineinfährt; man startet einfach an einer Haltestelle zu einer bestimmten Uhrzeit. Das wollen wir uns nicht entgehen lassen. Die Biberbahn, verkündet ein Schild, sehe aus wie ein rollender, von einem Biber gefällter Baumstamm. Als sie ankommt, erweist sie sich als Kleinbus mit ein wenig krummgehämmertem braunlackiertem Blech herum. Ob es was kostet? «Was», erwidert der Fahrer leicht gereizt, «kostet denn in Deutschland *kein* Geld?» Da wir zwei die ersten wie auch die letzten Fahrgäste sind, handeln wir uns die Mahnung ein: «Man könnte die Tür schließen.» Es ist so höflich, wie es geht, wenn man um keinen Preis das Wort «bitte» und eine persönliche Anrede einsetzen will. An Türen erweisen sich kulturelle Unterschiede. Wenn man einem Sachsen die Tür aufhält, so heißt es, sagt er: «Danke.» Wenn man dasselbe für einen Brandenburger tut, sagt er: «Jeht doch.»

So langsam fährt die Biberbahn über Nebenstraßen, dass einen das Gefühl befällt, nun doch in ein verborgenes, schwer zugängliches Inneres zu gelangen, ins Herz eben jenes Gebildes, das den Titel eines «Biosphärenreservats» führt. Aber was wir dann jenseits des Informationszentrums des Bundes Naturschutz vorfinden, sind vor allem große agrarisch genutzte Flächen, sehr einsam (das schon), doch ansonsten eben Maisäcker, Brachen mit viel Sauerampfer und schmale Betonwege, die wir ein Stück entlangspazieren, um dann umzudrehen, denn die Biberbahn wartet. Das Geheimnis dieses Sonderareals verbirgt sich, als wäre da gar keins. Wollten wir ihm nachgehen, wir müssten viel mehr Zeit mitbringen, als das Konzept unserer Reise es zulässt. Wir kehren zurück und sind ein bisschen betrübt, dass es anders nicht möglich ist.

Unser Aufbruch verzögert sich, denn es stellt sich heraus, dass wir den Autoschlüssel im Auto haben liegen lassen und folglich die Tür nicht öffnen können. Jacqueline mit ihrer reichen praktischen Erfahrung versucht, die Scheiben durch Druck von außen und nach unten gewaltsam in der Tür zu versenken und mit einem im nahen Baumarkt gekauften und zur Schlinge gedrehten Draht die Türverriegelung zu heben. Es geht nicht. Wenige Leute treiben sich an diesem Nachmittag auf der Straße herum; aber diesen wenigen bieten wir ein Schauspiel. Schließlich nimmt uns eine freundliche Passantin mit zur örtlichen Reparaturwerkstatt, der Meister ergreift seine Instrumententasche, hängt ein Schild an den Laden, dass vorübergehend geschlossen sei, und macht sich zusammen mit uns auf zum Ort des Malheurs. Was er tut, unterscheidet sich nicht prinzipiell von unseren Anstrengungen; doch verfügt er über eine Brechstange, mit der er die Tür ein wenig aufwuchtet, und einen Blasebalg, den er in den entstehenden Spalt klemmt, um ihn dann aufzupumpen wie die Manschette beim Messen des Blutdrucks. So führt er eine Art ferngesteuerter Schlaufe ein, mit deren Hilfe er die Kofferraum-Verriegelung in den Griff bekommen will. Es dauert ewig. Ein weiterer Passant, der zum zweiten Mal des Weges kommt (es ist wirklich nicht viel los in Angermünde), kommentiert: «Na, brauchen wir doch den Nussknacker?» Wir. Es ist das bevormundende Wir, das die Krankenschwestern benutzen, wenn sie mit ihren Patienten über deren Körperfunktionen kommunizieren, und heißt in Wahrheit: ihr. Hier strömt es über von Schadenfreude. Am besten kommentiert man es überhaupt nicht, dann hat es in der stillen Luft dieses schönen Nachmittags sozusagen nicht stattgefunden. Schließlich greift die Schlinge doch, eine kurze heftige Welle der Erleichterung ergreift uns; und es geht weiter.

Unser Zeitplan freilich hat gelitten, bis Berlin kommen wir heute nicht mehr. Die B 2 erweckt nicht das Gefühl, eine zusammenhängende Straße zu sein. Mal führt sie voran als eine recht altertümliche Pflaster-Chaussee, mal als eine ganz neue Dreispur-Fernstraße, nach französischem Vorbild: Die Mittelspur wird bald der einen, bald der anderen Fahrtrichtung zugeschlagen, sodass im regelmäßigen Wechsel auf jeder Seite einmal überholt werden kann. Diesem System lässt sich die Praktikabilität nicht absprechen; es setzt aber zu seinem Funktionieren voraus, dass eine ganze Autofahrer-Gesellschaft (wie z. B. die französische) darauf geeicht ist und genau weiß, dass Geduld schon bald ihren Lohn findet. Als Solitär kann es eigentlich nur gefährliches Chaos anrichten. Und immer wieder ist die B 2, beglückenderweise, Allee.

Aus dieser letzten Bemerkung mag man ersehen, dass ich kein echter, sondern nur ein notgedrungener Autofahrer bin. Kein echter Autofahrer mag Bäume. Sie verengen ihm die Fahrbahn, nehmen ihm die Sicht, streuen ihm ihre glitschigen Blätter auf die Spur, bergen unter ihrem Kronendach noch bis zum unvermuteten Letzten das Glatteis, tropfen ihm süßlich ätzende, nie mehr ganz zu tilgende Sekrete in den Lack. Sofern er überhaupt zwischen Bäumen unterscheidet, tut er es in Hinblick auf den letzten Aspekt: Wenn er im Sommer Baumschatten sucht, muss er wissen, dass Akazien, Kastanien, Kiefern, Linden, Ahorn, Birken tropfen. Ich erinnere mich, dass mein Vater, Jurist, der seinen Kindern gern von seinem Wissensschatz abgab, uns den Begriff der «gesetzlichen Vermutung» folgendermaßen erläuterte: Wenn ein Auto und ein Baum zusammenstoßen, besteht die gesetzliche Vermutung, dass nicht der Baum schuld sei, sondern das Auto. Das kann ein Autofahrer unmöglich gelten lassen. Auch Jacqueline, Berufskraftfahrerin, die sie ist, äußert die Meinung, es seien die Bäume ein Problem. Ich halte dagegen, das Problem seien die Autos. In den frühen Jahren nach der Vereinigung hat der ADAC gegen die vielen ostdeutschen Alleen mit der Begründung gekämpft, dass in diesen Alleen durch die «Tunnelwirkung» ein «Sog» entstehe, der die Fahrer veranlasse, unverhältnismäßig schnell zu werden, wodurch es eben zu zahlreichen Unfällen komme. Hier erscheinen die Bäume als Täter, als Verführer, der Autofahrer als ihr passives Opfer, wie der schöne Knabe, den der Erlkönig berührt, um ihm ein Leides zu tun. (Inzwischen hat der ADAC seine Position offenbar revidiert.)

Typisch brandenburgisches Verkehrszeichen bleibt jedenfalls jenes Zusatzschild unter der Anzeige einer allgemeinen Gefahrenstelle, worauf ein Wagen abgebildet ist, der gegen einen Baumstamm prallt. Es scheint nach wie vor viele Allee-Tote zu geben, nach der Zahl der Holzkreuze mit den Blumen zu schließen. Sind die Blumen echt oder künstlich? Das ließe sich nur herausfinden, indem man anhält und nachsieht. Aber gerade an den Stellen, wo die Kreuze stehen, sollte man das am allerwenigsten tun. Wer hier anhält, gerät in Gefahr, Anlass für das nächste Kreuz zu bieten. Und so schlägt gerade die Flüchtigkeit der Mahnung, die man vorbeisausend empfängt, um in ihre Eindringlichkeit.

Wir machen Station in Chorin. Es passt gerade alles: das späte Sonnenlicht, dementsprechend die milde Glut des Backsteins, aus dem die gotischen Ruinen dieses Zisterzienserklosters bestehen, die Lage an See und Wald; ein zufälliger Fund und eine hochwillkommene Ankunft. An die Ruine freilich kommen wir nicht direkt heran, denn hier wird heute die «Zauberflöte» für ein Publikum von Berliner Ausflüglern in sommerlich-festlicher Garderobe aufgeführt. Aber bei Ruinen, wo sich das Innere nach außen kehrt, ist das nicht so schlimm, man sieht das Wesentliche auch so. Stattdessen stellen wir uns als Zaungäste an die Freiluftkasse und schauen den Besuchern zu, wie sie ins Pausenvergnügen streben. Direkt neben uns, an der Klostermauer, steht die gewaltigste Esche, die ich je gesehen habe, ein herrlicher Baum von bestimmt vierzig Meter Höhe, die Weltesche Yggdrasil, deren Stamm durch die drei Reiche der Unterwelt, der Erde und des Himmels als deren gemeinsame Achse hindurchwächst. Unsere Klatsch- und Spottlust wird von dem Punkt, an dem wir uns befinden, beflügelt. Alle wollen während der Pause hinaus ins Freie, aber viele haben die Eintrittskarten am Platz liegen lassen, jeder hält sich für einen Spezialfall und verhandelt mit der Kassiererin: Sie würde sich bei der Rückkehr doch gewiss an sein Gesicht erinnern? Eine schwere Zumutung. Eine Dame isst Pfirsich und versucht angestrengt, dem tropfenden Saft auszuweichen. Ihr schlägt die Kassiererin vor, sich anhand der geziert gespreizten Finger wiedererkennen zu lassen. Es ist eine hübsche kleine Bosheit.

Nur einen Schleichpfad von unserem Hotel entfernt befindet sich ein gänzlich waldumstandener See, wo ich das erste Mal in diesem Jahr schwimme. Vom Badesteg klettere ich an der senkrechten Eisenleiter ins Wasser, fühle mich an die Badetage meiner amphibischen Kindheitslandschaft erinnert und gleichzeitig alt, denn es kostet mich Anstrengung, meinen untrainierten annähernd fünfzigjährigen Körper an diesem Gerüst, das mir keine Hilfe bietet, hinabzubewegen. Dann übernimmt mich das Wasser mit seiner tragenden, widerständigen Dichte, und ich bin alle Mühen und Sorgen los. In dem großen und trotzdem ganz menschenleeren Gewässer halte ich mich in Ufernähe unter überhängenden Weiden, Erlen und Ulmen auf; die Sonne will schon sinken, aber noch langt ihre Präsenz, jenes wundervolle goldene Rippelnetz an Blätter und Äste zu zaubern, das gespiegelt von den kleinen Wellen heraufblinkt und das so leicht und unterschiedslos über alle Oberflächen gleitet, als gäbe es in diesen begünstigten Stunden keinen Unterschied mehr zwischen den Elementen, dem schweren des Wassers, dem leichten der Luft und dem ganz leichten des Lichts. Unserem Hotel ist ein besonderes Restaurant angeschlossen, in dem ausnahmslos alle Speisen mit Honig zubereitet werden. Auch im Honig vollzieht sich die Fusion des Schwerflüssigen mit dem Lichten. Ich verzehre ein Straußensteak mit Lauch-Aprikosen-Honig, ein Gericht, dessen Mischungscharakter ich sonst sehr argwöhnisch betrachtet hätte, für das ich aber heute aufgeschlossen bin.

Zweimal führt das Reiseprojekt durch Berlin in seiner vollen Länge, einmal von Nord nach Süd und einmal von Ost nach West. Ich weiß nicht, wie viele Menschen Berlin je so gesehen haben; vielleicht nicht viel mehr, als auf dem Mond gewesen sind. Denn wer nach Berlin reist, setzt dort üblicherweise zu einer Punktlandung auf. Entweder im wörtlichen Sinn, indem er auf einem der Flughäfen landet; oder doch im übertragenen, denn über die Autobahn oder die Eisenbahn anzureisen, heißt ebenfalls, sich gewissermaßen auf einer Flugbahn zu bewegen und unter Ausblendung des Übergangs erst dann anzulangen, wenn man genau dort ist, wo man hinwill; höchstens dass jemand auf dem Weg an die Ostsee die Stadt auf dem großen Autobahnring umrundet. Man muss schon einen eigensinnigen Plan haben, um es, den ganz gewöhnlichen Straßen folgend, also im engeren Sinn auf dem Landweg, gänzlich zu durchmessen.

So erst wird man der Größe dieser Stadt wahrhaft inne. Ein eigentliches Vorfeld, wo Stadt und Land in Gewerbegebieten um die territoriale Hoheit streiten, wie es für so ziemlich jede andere große Stadt typisch ist, besitzt Berlin nicht oder jedenfalls nur als eine sehr schmale Zone. Bis an die politische Grenze der Gemeinde hält das sich in die Weite verlierende Brandenburg an. Dann aber setzt die Verdichtung ein, in so großen Wellenzügen, dass sich geradezu von einer Stadtschaft sprechen ließe. Unendlich lang läuft die Greifswalder Straße von der wenig beachteten nördlichen und östlichen Rückseite her. Hinein finden wir leicht genug, stadtauswärts werden wir uns bös verfransen, denn so leicht man den Winken ins Zentrum folgt, so sehr geht man irr, wenn man die gegenteiligen Zeichen sucht, die sich diffus nach allen Seiten verteilen. Große Städte funktionieren in dieser Hinsicht nach dem Prinzip der Reuse: leicht hinein und schwer hinaus. Und dem Fernverkehr wird, wie immer, nur die Autobahn gewiesen.

Wir parken in der Nähe des Alexanderplatzes und schicken uns an zu einem ausgedehnten Sommerspaziergang. Wir sind beileibe nicht die einzigen Fremden. Ja es gibt, an diesem schönen Augusttag, fast mehr Touristen als Einheimische. Und doch ist Berlin stärker als sein Fremdenverkehr, es verkraftet ihn lachend noch in seinen extremen Formen. Umgekehrt demütigt es den Touristen nicht, nie braucht er hier das Gefühl zu haben, dass er sich eine Blöße gegeben hat. Das Freundlich-Prollige dieser Stadt ist offen für jeden. Berlin ist vielleicht die unblasierteste Metropole der Welt. Und so erleben auch wir diesen Tag als einen solchen der Freude.

Allein schon das viele Wasser hier! Auf der Spree fahren die vollbesetzten Ausflugsboote, an den Ufern ist ein künstlicher Sandstrand aufgeschüttet, und so entsteht die reichlich plumpe und doch erfolgreiche Illusion, man wäre viel weiter im Süden. Die Badetücher auf den Liegestühlen tragen rote und grüne Ampelmännchen, jenes Unschuldssymbol einer sich doof stellenden abgewickelten DDR, über das sich manches sagen ließe. Wir stoßen sogar auf einen kompletten Shop, der ausschließlich Ampelmännchen-Merchandising verkauft, Ampelmännchen-Schultaschen und -T-Shirts und -Regenschirme, die Tür steht weit offen; drinnen sehen wir eine Mama mit Sonnenbrille und Gesundheitsschuhen und ihre zwei mauligen Kids mit Baseball-Kappen; und plötzlich erscheint die ganze Veranstaltung nicht mehr als die schlaue Verwertung der Zeichen eines schöngeredeten Systems, sondern als ganz normaler Sommer-Exzess, so ähnlich wie eine Eisdiele, nur dass hier eben statt Heidelbeerlila und Zitronengelb die nicht weniger herrlich-scheußlichen Töne Rot und Grün regieren.

Ein fliegender Händler bietet gefakte Pelzkappen der Sowjetarmee feil. Wer, um Gottes willen, soll die mitten im August kaufen? Aber ein prospektiver Kunde mit einem weit lustigeren hohen Hut über dem Shirt naht sich schon. Marx und Engels, von ihrem alten Standort vor der Humboldt-Uni verbannt, genießen ihren Ruhestand in einem baumreichen Winkel nahe beim Alexanderplatz. Sie haben anstelle der alten staatstragenden eine neue Rolle gefunden: Chinesische Touristen turnen auf Marx herum wie die Enkel auf dem Opa, einer sitzt auf seinen Knien, einer reitet ihm auf den Schultern und krault ihm den Bart; nur Engels, der schon immer stehen musste, geht leer aus.

Wo der Dom, das Alte Museum und das Gelände des früheren Palastes der Republik zusammentreffen, kann man viele Entdeckungen über die Gleichzeitigkeit des Ungleichzeitigen machen. Man sollte meinen, dass dem amtlichen Denkmalschutz, der speziell diesen Punkt immer mit Argusaugen im Visier hatte, da nichts entgehen kann. Und doch ist es erstaunlich, wenn man im Nachhinein die Bilder anschaut, die, halb ohne hinzugucken, geknipst wurden, welche schreienden Verhunzungen ihr Wesen sozusagen im Unsichtbaren treiben. Erst das vielsagend ausdruckslose Pokerface der Fotografie lässt erkennen, was es mit der Fassade des Alten Museums wirklich auf sich hat. Weit markanter als seine ionischen Säulenstellungen zeigen sich da: ein verzinkter Ampelmast, ein Buswartehäuschen, ein grüngestrichener Laternenpfahl, ein Verkehrsbaum (Verkehrsschild mag man die vier übereinandergenagelten Signale gar nicht nennen) und speziell ein grelloranger Mülleimer, den dieser Baum auch noch zu halten bekommt. Dieser Eimer aber trägt, nebst einem olympischen Piktogramm von einer Figur, die irgendwas in einen Korb schmeißt, die Aufschrift «Dabei rein ist alles». Dieses Wortspiel erfordert einerseits so viel Mitdenken und ist andererseits so öde, dass es garantiert keinen einzigen Passanten dazu bringt, seinen Müll ordnungsgemäß zu entsorgen. Bevor er die Botschaft begriffen hat, liegt die Verpackung des Schokoriegels schon auf dem Boden.

Am interessantesten erweist sich an diesem übervollen Ort eine Leerstelle: das mit einem erkennbar provisorischen Kurzrasen bedeckte Gelände, wo sich jüngst noch der Palast der Republik befand und vom geplanten Schloss-Neubau vorerst noch nichts zu sehen ist. Ein paar einzelne Sonnenanbeter verteilen sich und akzentuieren die Weite der Fläche, sonst gibt es da nichts. Wir haben Glück, an diesem genauen Wendepunkt hier zu sein. Mit eigenen Augen können wir sehen, dass trotz einer zwanzigjährigen, intensiv und teilweise bitter geführten

Diskussion noch nichts Unwiderrufliches geschehen, noch alles offen ist. Gut, den Palast der Republik haben sie abgeräumt, hier siegte das Symbolische über den Denkmalschutz, ebenso wie ein halbes Jahrhundert früher, als die DDR das Königsschloss in die Luft jagte und dem neuen Souverän eine Heimstatt schuf. (Es war das Beste an der alten DDR: dass sie nicht Preußen sein wollte.) Eigentlich ist es doch erfrischend, dass von Zeit zu Zeit an ausgewählten Punkten so etwas möglich ist und nicht immer alles um jeden Preis konserviert werden soll; dass man dem Neuanfang einen bedeutsamen Platz einräumt.

Aber muss darum wie ein grauenhafter Refrain das Schloss wiederkehren? Welcher neue Anfang wäre damit gemacht? Warum ist die siegreiche Berliner Republik außerstande, ihrem endlich erreichten Wunschziel der Geschichte ein ihr, und nur ihr, adäquates Bauzeichen zu setzen? Wer von unserer gegenwärtigen Nation nur dies eine wüsste, dass ein Palast der Republik weichen musste, um einem rekonstruierten Königsschloss Platz zu machen, zu welchen Schlüssen käme der? Stattdessen disneylandhaft ein komplett verschwundenes Stück Preußentum zurückzuholen, zeugt von elendstem Kleinmut. Man hat ja nicht einmal eine klare Vorstellung, wozu man den vielen neuentstandenen Raum nutzen soll. (Barocke Schlösser sind notorisch schwer zu nutzen.) Wer über die leere Fläche blickt, möchte in diesem, dem letztmöglichen Moment rufen: Ihr müsst das nicht tun! Wollt ihr es euch nicht nochmal überlegen? Aber man soll das Ganze nicht überbewerten. Gut möglich, dass eine mittelferne Zukunft, die auf unseren Pfaden voranschreitet, schon bald die missglückte Rekonstruktion als ein Denkmal eigenen Rechts ehrt.

Den Fernsehturm am Alexanderplatz besteigen wir nicht, da muss man Schlange stehen, um die Anwartschaft auf den Eintritt anderthalb Stunden später zu erwerben. In dieser Praxis lebt erkennbar noch ein Stück des alten Staates fort, der den

Turm, Berlins höchstes Gebäude, konstruierte. Mit dem Eintritt ins Foyer haben wir eigentlich auch schon genug gesehen. Was mit dem Palast der Republik verlorenging, hier hat es doch ein Reservat gefunden, nämlich die festliche Seite der DDR, mit dem nur ihr eigenen Typ von Glasfassaden, Freitreppen und Leuchtquellen.

Mit dem neuen alten Berlin sind wir rundum zufrieden. Alles ist instand gesetzt, und wo in den Häuserwänden immer noch die Pockenfelder verjährter MG-Gefechte prangen, da hat man den Eindruck, es sei daraus doch der Schmerz getilgt, der Schmerz erst der Zerstörung und dann einer langen Vernachlässigung. Aus alten Wunden sind Schmucknarben geworden. Wir nehmen uns eine Stunde Zeit für das Bode-Museum, das bislang letzte aus dem Ensemble der Museumsinsel, das wiederhergerichtet wurde; das schönste von allen. So schön ist der neubarocke Bau in der Tat, dass er als Museum nicht taugt und die paar locker verteilten Exponate eher wie ein Vorwand scheinen, die Besucher zu einem Rundgang durch die Säle zu ermuntern. Wir gehen Unter den Linden hinab, treten kurz in die Hallen der Humboldt-Uni ein, die nach dem Eingangsbereich rasch ihren repräsentativen Charakter verlieren und statt, wie die Inschrift vom Marx im Treppenhaus von der Veränderung der Welt, von der Macht der Verwaltung sprechen, und verweilen kurz an der Neuen Wache, dem deutschen Zentral-Gedächtnisort für die Opfer von Krieg und Gewaltherrschaft.

In dem kargen kubischen Raum kauert eine expressionistische Pietà aus Bronze wie ein aufgeblähter Briefbeschwerer und nötigt den hereingeschneiten ausländischen Touristen mit ihren bunten Klamotten und lustigen Hüten dreißig Sekunden der Ratlosigkeit ab. Sie heben die Brauen, senken die Mundwinkel, blicken noch kurz zum Himmelsauge in der Deckenkuppel auf, durch die allein das Licht hereinkommt (eine bemerkenswerte architektonische Lösung), und draußen sind sie wieder.

Und da wir noch ein bisschen Zeit haben, suchen wir das Deutsche Historische Museum auf. Es ist gut gemacht; aber so riesig, dass Schulklassen spätestens in der frühen Neuzeit nach einer Cola murren werden. Das melancholische Wesen von Geschichte überhaupt wird im Treppenaufgang in einer Weise sinnfällig gemacht, wie ich es noch nie gesehen habe: Eine große Fototapete zeigt in Sepiatönen eine Berliner Straßenflucht mit Bausubstanz von der vorletzten Jahrhundertwende. Davor steht und sitzt ein rundes Dutzend Leute in der Kleidung der Epoche. Blickt man auf das Arrangement aus einem leicht verschobenen Winkel, verschwinden sie plötzlich (ein holographischer Trick), und übrig bleiben nur die Mauern und je ein kleiner Gegenstand, den die Porträtierten bei sich hatten. Die Mauern stehen noch, wir sind gerade an ihnen entlanggegangen, und ebenso gibt es heute möglicherweise noch die Gegenstände, vielleicht sogar in den Vitrinen dieses Museums; aber von den Besitzern lebt unter Garantie kein einziger mehr. Menschen gehen, Dinge bleiben; dies ist die Grundverabredung aller Kultur. Wie viele Geschichtslehrer das wohl ihren Schülern erklären, wenn sie hier vorbeikommen?

Das Museum jedenfalls demonstriert diese Wahrheit auf geradezu gespenstische Weise. In zwei einander gegenüberliegenden Glaskästen reiten Gepanzerte aus dem Dreißigjährigen Krieg Attacke aufeinander; aber die Pferde sind ausgelöscht, die Reiter desgleichen, es kämpfen allein die Piken und Pistolen, die metallenen Rüstungen und leicht nach vorn gegrätschten Schenkelbedeckungen aus Eisenschuppen. Sie sehen aus wie die Nazguls in Tolkiens «Herr der Ringe», die schon so viele Jahrhunderte ihre finsteren Kriege führen, dass von ihnen nur noch ihre Mäntel und Helme übrig sind. Eine besondere Vitrine stellt den Zweispitz, den Degen und die Sporen Napoleons aus, so arrangiert, wie sie auch der Lebende getragen hätte. Es handelt sich um Beutestücke nach der Schlacht von Waterloo, wo der Korse

162

wohl die Dinge in der Kutsche zurückließ, die ihm bei der Flucht als hinderlich und entbehrlich vorkamen; heute sind sie alles, was von ihm noch da ist, und schreiten einher als sein Geist.

Den Weg aus Berlin hinaus zu finden macht uns, wie schon gesagt, Schwierigkeiten, nachdem wir einmal von der Bundesstraße abgekommen sind, was leicht geschieht. Schließlich aber sind wir doch Richtung Süden unterwegs. Wir fahren durch herrliche Buchen- und Eichenwälder, durchqueren große Ackerschläge, auf denen wir, jetzt kurz nach der Ernte des Getreides, bis zu elf Störche auf einmal sehen, und erreichen als nächste Station Wittenberg, oder wie es korrekt heißt, Lutherstadt Wittenberg.

Wir quartieren uns, direkt an der B 2, in der Pension «Alabama» ein – ein Name, der einem merkwürdig vorkommt in der Residenzstadt Martin Luthers, einer ostdeutschen Stadt noch dazu. Aber stammte nicht auch der Führer der schwarzen Bürgerrechtsbewegung in den USA, Martin Luther King, aus einem dieser Südstaaten? In Alabama ging es damals jedenfalls los mit der Bewegung, als Rosa Parks sich weigerte, für einen weißen Fahrgast ihren Sitzplatz zu räumen.

Wittenberg streckt sich lang an der Elbe; aber man kommt nicht hin. Dazwischen schieben sich eine Eisenbahn, eine Schnellstraße, ein Lärmschutzwall, der als Sichtblende wirkt. Auch wenn man aus der Innenstadt ein Stück hinausfährt, dauert es, bis sich ein Zugang öffnet. Das ist schlecht für Wittenberg und gut für die Elbe, die unbehelligt zwischen ihren baumbestandenen Ufern wie in völliger Wildnis dahinzieht.

Ansonsten ist Wittenberg eine angenehme alte Stadt mit weitem Marktplatz, zwei parallel zum Fluss verlaufenden Hauptstraßen, viel, aber dezentem Tourismus, einem lokalen «Haus der Geschichte», das ausweislich seines Bildschmucks offenbar vor allem DDR-Sandmännchen und Digedags zu bieten hat, einer Burg und jener burgartigen Schlosskirche, an die Luther, wie die

Legende es sich nicht ausreden lässt, seine 95 Thesen schlug. Sie stehen heute in Metallguss an einer neugotischen Nachbildung ebendieser Tür, in einer Weise, dass ersichtlich an eine Lektüre nicht gedacht ist.

Es lohnt sich aber durchaus, sie nachzulesen. Luther war der Ansicht, dass die zeitgenössische Kirche es den Christen zu leicht machte, indem sie ihnen Ablässe verkaufte, mit denen sie die Zeit ihres Aufenthalts im Fegefeuer abkürzen konnten. Also macht er es ihnen jetzt so schwer, wie er kann. «These 4: Daher bleibt die Strafe, solange der Selbsthass (d.h. die wahre innere Buße) bleibt, nämlich bis zum Eingang in das Himmelreich.» «These 7: Überhaupt vergibt Gott keinem die Schuld, ohne dass er ihn zugleich in allem gedemütigt dem Priester als seinem Stellvertreter unterwirft.» «These 16: So scheinen sich Hölle, Fegefeuer und Himmel so voneinander zu unterscheiden, wie sich völlige Verzweiflung, annähernde Verzweiflung und Heilsgewissheit voneinander unterscheiden.» «These 23: Wenn überhaupt ein Erlass aller Strafen irgendjemandem zuteil werden kann, dann ist gewiss, dass er nur den Vollkommensten, d.h. den Allerwenigsten, zuteil werden kann.» «These 30: Niemand ist sicher, ob seine Reue wahrhaftig ist, wie viel weniger, ob ihr der vollständige Straferlass folgt.» Selbsthass, Demütigung, Unterwerfung, Verzweiflung (gestaffelt nach völliger und annähernder) sind die Schlüsselworte dieses Texts, Hölle und Fegefeuer beherrschen ihn. Nichts als wahre Reue kann zum Himmel bringen – aber die Gewissheit, ob die Reue auch eine wahre sei, wird ausdrücklich kassiert. Kann nicht einer auch selbst wissen, ob seine Reue die wahre sei? Nein, kann er nicht; immer noch, egal wie tief er sich bückt, soll er es noch tiefer tun können, und um dieses unbekannten Unterschieds willen droht ihm die Verdammnis.

Luther will noch einmal das Mittelalter, so finster es irgend geht; dass er dabei die Neuzeit einläutet, passiert ihm versehentlich. Luther, dieser Erneuerer der deutschen Sprache wie keiner vor oder nach ihm, hasst den Teufel als seinen persönlichen Feind. Gleich neben ihm auf dem Wittenberger Marktplatz steht Melanchthon, schlank bis zum Dürren, diplomatisch fein und verbindlich; Luther aber schwer und ungeschlacht, ein Polterer, ein Gewaltmensch, der die guten Sitten im Disput auf mehr als ein Jahrhundert verdarb; Luther, der das Land auf jene Schiene setzte, die schließlich in der Zerstörung des Dreißigjährigen Krieges endete; Luther, der die Juden hasste, der ruhig und mit ausdrücklicher Billigung zusah, wie die Bauern geschlachtet wurden, dessen Besessenheit mit den höllischen Mächten das seinige zum Hexenwahn beitrug, dieser schlimmsten Verdüsterung der Epoche, welche unmittelbar nach seinem Tod begann. Luther aber auch, der entzückt war, wenn ihm jemand eine Tischuhr mit Minutenzeiger schenkte, da sie so viel genauere Rechenschaft über die Zeit erlaubte, Ahnherr von Fließband und Stechkarte. Luther, dieses deutsche Verhängnis.

Wir fahren durch die Dübener Heide, wo man, wie im Westen so selten und im Osten so oft, Platz hat. Platz und das Gefühl des Unfertigen dabei: Es macht den Osten, trotz seiner gleichförmigen Ebenen, so reizvoll, während im Westen alles schon so lang eingeteilt und vergeben scheint. Dann queren wir Leipzig, diesmal von Nord nach Süd – Leipzig, das mit seinen ausgedehnten, in gerade angenehmem Grad heruntergekommenen Gründerzeitvierteln so viel größer ist, als man glaubt, wenn man mit irgendeinem speziellen Zweck anreist.

Wir haben indes doch ein bestimmtes Ziel im Auge, das markanteste Einzelobjekt dieser Stadt, schwarz und von zyklopischer Unform, das ich vielmals aus der Ferne und noch nie von nahem gesehen habe: das Völkerschlachtdenkmal. Es erhebt sich, ein deutsches Angkor, mit seinem massigen Stumpf annähernd hundert Meter in die Höhe. Man weiß gar nicht, für was man dieses Ungetüm ansehen soll, für den missratenen Sockel einer nie verwirklichten himmlischen Säule vielleicht, am ehesten für einen gestauchten Schlot; der bedrohlichen Entschiedenheit dieser Kontur entspricht auch nicht im mindesten eine vorstellbare architektonische Intention. Es kommandiert ein riesiges Vor- und Umfeld, ein reflektierender Teich gehört dazu, mehrere vage an Bunker erinnernde vorgelagerte Teile; Ehrfurcht will es erzwingen, Schauder sogar vor dem über alles Maß hinausgehenden Gigantismus seiner Bauglieder. Das Portal, durch das man es betritt, ist noch für Menschengröße ausgelegt; der geharnischte Erzengel Michael aber, der obendrauf steht, zehn Meter zum mindesten, deklariert das Menschlein, das unter ihm durchwill, zum Wurm.

Der dunkle Stein beherrscht alles; die Bauskulptur, so ungeheuer sie ist, macht sich, wie in den frühen Despotien, nirgends frei von ihm. Bedeutende Kunstwerke sind es, die aus dem spielerischen Linienwerk des Jugendstils bereits das Pathos des Expressionismus gewinnen; aber mit einer entsetzlichen Stummheit geschlagen. Oben, am schlotförmigen Stummelabschluss, umstehen große Mannsgestalten mit vor sich aufgestellten Schwertern den Bering, vielleicht die vereinten Heerführer, vielleicht die deutschen Stämme oder sonst eine Allegorie, aber jedenfalls in unverbrüchlichem Schweigen vereint. Das Monument wurde im Jahr 1913 eingeweiht, zum hundertsten Jahrestag der Völkerschlacht von Leipzig, als Napoleon den Alliierten unterlag und Mitteleuropa verlor. Es gab mehr Tote, als Leipzig Einwohner hatte, das grausigste europäische Ereignis des 19. Jahrhunderts. Ein riesiger umlaufender Fries zeigt die Toten, hingeschlachtet und friedlos lagern sie, auch ein Pferd ist unter ihnen.

Was heute an diesem Denkmal am meisten erstaunt: dass mit ihm eine Epoche sich die präzise Vorschau ihrer eigenen nächsten Zukunft erschuf und nichts davon wusste. Progressive Kunst ist auf der Höhe ihrer Zeit; reaktionäre Kunst aber ihrer Zeit voraus, darin nämlich, worauf sie reagiert. Indem sie sich ausgerechnet der Völkerschlacht annahm, ergriff sie unwillkürlich das einzige Paradigma der Vergangenheit, das in seiner monumentalen Finsternis für den kommenden Weltkrieg taugte. Hat 1913 wirklich niemand gespürt, was sich in der Feier dieses Monstrums ankündigte und binnen eines Jahres Realität wurde?

Heute aber ist vor ihm Leichtigkeit möglich. Eine junge russische Familie spaziert auf dem Gelände herum, der Papa in legerer Freizeitkluft, die Mama mit wehendem Platinhaar und hochhackigen Sandaletten, von denen man nicht begreift, wie sich in ihnen stehen und gehen lässt, ohne dass die überaus schlanken Fesseln umknicken; und die beiden Töchter in strahlendem Weiß. Die eine, kleinere, trägt ein Kleid wie eine Braut, sie muss es raffen, um voranzukommen; so tritt sie unter dem Erzengel ein wie ein Opfer ins Reich des Todes.

Da tut es gut, hinterher noch Belantis aufzusuchen, den Leipziger Freizeitpark, der möglicherweise um genau so viel zu leicht ist wie das Völkerschlachtdenkmal zu schwer, eine himmelblaue Kulissenstadt auf dem undefinierten Boden des Leipziger Umlands, wo Autobahnkreuze, Gewerbegebiete und Brachland es noch nicht so genau unter sich ausgemacht haben, wie es weitergehen soll. Hinein gehen wir zwar nicht, denn die angebotenen Attraktionen, von der Wüstenrallye über Buddel-Kreisel, Drachenflug und Gletscher-Rutsche bis zum Verlies des Grauens scheinen uns mehr was für Familienausflüge zu sein. Dennoch überlassen wir uns, indem wir das Gelände umkreisen, gern dem Charme dieses Projekts im Aufbruch, das so irreal wirkt, als hätte der Herr eines Flaschengeists es durch bloßes Händeklatschen herbeigerufen und könnte es jederzeit auf einem fliegenden Teppich wieder abholen lassen. Das Ganze sieht aus wie das Gegenteil eines Schicksals, wirkt also nach dem Völkerschlachtdenkmal sehr erholsam. Wir erblicken einen Bienenfresser, Botschafter des Südens, und einen Neuntöter, Charaktervogel der Verbuschung, und damit schöne Wappentiere dieses Areals.

Von nun an läuft die vielgestaltige B 2 weiter als «Straße der Braunkohle». Zu viel versprochen ist das jedenfalls nicht. Der Braunkohletagebau gilt als der große Zerstörer der mitteldeutschen Landschaft. Tatsächlich hat er sie ungemein bereichert, indem er ihr den Zug ins Wilde gab. Platt, hauptsächlich Äcker, wenig Wald, keine Seen: So sah die Landschaft früher aus. Jetzt klaffen die Gruben mit ihren steilen Böschungen, langsam laufen sie voll mit Wasser, Schilf und Birken sorgen für sich selbst. Kinder können baden und Verstecken spielen und sich an rostiger Maschinerie erfreuen, alles zwar gefährlich und verboten (obwohl, wem ist da je was passiert?), doch unter Garantie ein Leben lang unvergesslich.

Wir schwenken ein bisschen seitwärts und suchen Heuersdorf auf, das bislang letzte Dorf von Dutzenden, dessen Bewohner von der Braunkohle zur Aufgabe gezwungen worden sind. Die Dorfkirche hat man vor Jahren schon wie ein seltenes gefangenes Tier mit Stahlbändern umfangen, auf einen Spezialtieflader gepackt und in die nächste Stadt, Borna, gebracht, der womöglich schwerste Transport auf Deutschlands Straßen überhaupt je und entsprechend von den Medien bedacht. Es war ein symbolischer Akt, dessen guter Wille zu den Heuersdorfern sich in der Sprache der übernommenen Kosten äußerte. Und doch, wie ein örtlicher Pfarrer es ausdrückte, die Wunde blieb größer als der Verband. Das Dorf ist jetzt zur Hälfte weg und zur Gänze leer.

Heuersdorf ist Sperrgebiet, aber niemand steht da zum Kontrollieren, und so streifen wir durch die verwaiste Siedlung und nähern uns der Fraßkante der Bagger. Auf engem Raum entsteht hier Weite, die Weite des amerikanischen Westens. Dazu bedarf es nichts als der gänzlichen Vernachlässigung einer bislang genutzten Fläche, auf der dann innerhalb einer Saison eine Art lokaler Chaparral entsteht. Auf dem Kirchgelände haben zuletzt noch Ausgrabungen stattgefunden, ein einzelner wackliger Stuhl an den erschlossenen Mäuerchen legt Zeugnis davon ab.

In den Häusern hängen noch die Gardinen, aber auf den beton-gepflasterten Höfen steht mannshoch die Goldrute.

Wenn man auf die eigentliche Grube zugeht, ist es ein wenig, als würde man die letzten Meter vor einem stürmischen Meer zurücklegen. Der Boden ist wüst und uneben, von den verschiedenen technischen Vorbearbeitungen sind ganze Flächen kahlsandig zurückgeblieben, von zähen Kräutern bewachsene Dreckberge häufen sich auf wie Dünen. Dann steht man ergriffen an der Küste. Das Loch dürfte so seine dreißig Quadratkilometer haben, eine Megastruktur, die in unserem kleinteiligen Land nur als absolute Brutalität wahrgenommen werden kann, welche ihresgleichen höchstens noch am Frankfurter Flughafen hat. Was dort der Krach, ist hier die Tiefe. Die Tiefe dürfte so fünfzig, siebzig Meter betragen; sie fällt in wenigen ganz steilen Treppenstufen zum Grund ab. Ausgebleicht braunschwarz liegt die Tagebausohle vor uns, Förderbänder schleichen viele Kilometer weit darüber hin. Die Steilküsten aber leuchten weiß und in den vielen orangeroten Tönen von Sand und Lehm, in denen das Eisen seinen Anteil hat. Und am Rand fressen die Bagger. Einige nur, in sehr großen Abständen; aber in der Geologie muss man immer die relativ schwachen gegenwärtigen Faktoren mit sehr viel Zeit multiplizieren, um die erheblichen Resultate zu erklären. Diese Bagger sind riesig und wirken dennoch wie fragile Insekten, wenn man sie in der Weite des von ihnen Angerichteten beobachtet. Doch wir haben Glück und kommen nah heran, so nah, dass die absoluten Abmessungen wieder in ihr Recht treten. Wie hoch mögen die rotierenden Räder sein, die den Fraß verrichten? Zwanzig Meter, dreißig Meter? Jeder der nagenden Zähne dürfte das Volumen eines kompletten Kleinwagens enthalten. Wenige Maschinen dieser Größenordnung dürfte die Menschheit insgesamt gebaut haben. So nahen sie uns und nahen wir ihnen, Drachen, die gesenkten Hauptes äsen. Jacqueline, Technikerin, ist beherzter als ich, sie berechnet die Fortschrittsgeschwindigkeit des Weidegangs und kommt zum Ergebnis, dass wir auf dieser Düne noch etliche Minuten unbehelligt stehen können. Ich aber halte mich weit davon.

Und wir gönnen uns noch einen klei-nen Schwenker seitwärts von der B 2. Wir fahren nach Meuselwitz. Dort ist Jacqueline aufs Gymnasium gegangen. Von dort stammt Wolfgang Hilbig, jener Autor der DDR, welchen ich am höchsten von allen ehre, die in jenem verschollenen Staat ihre Wurzeln hatten, den Heizer, der in seinem höllengleichen Kellerloch die Braunkohle verfeuerte, dann mit dem Ellenbogen den Ruß vom schäbigen Tischchen wischte, das dort stand, und sich endlich jener geheimen Freiheit überließ, vom Heizen zu schreiben. Nichts anderes tat er auch, nachdem er in den Achtzigern in den Westen ausgereist war und fortan sein konnte, was er immer wollte: Schriftsteller. Und doch kam er dabei nie wirklich von dem Ort los, an dem wir jetzt stehen.

Jacqueline kennt niemanden mehr in Meuselwitz, sie hat sich von dem Ort abgewandt, so gut wie Wolfgang Hilbig zwanzig Jahre vor ihr, als er die Chance bekam. Er hätte das heutige Meuselwitz kaum wiedererkannt. Davon sind wir beide überzeugt: Jacqueline, die an das reale Meuselwitz vor zehn Jahren denkt; ich, der ich mich an das erinnere, was Hilbig geschrieben hat. Schmuck ist alles geworden. Eine Fußgängerzone wechselt ihren Bodenbelag neckisch zwischen kleinen Pflaster- und großen Fliesensteinen, dazu gibt es ellipsoid geschnittene Bäumchen im Drahtkorsett. Gerne, sagt Jacqueline, ziehen die Rentner aus dem nahen Altenburg hierher – als wäre nicht schon Altenburg eine hinlänglich vergreisende Stadt, als müsste sie dazu noch extra überalterte Kolonien auswärts gründen. Das feinste Restaurant vor Ort, in einem Pavillon im wiederhergerichteten Seckendorff-Park, serviert ab neun Uhr keine warmen Speisen mehr. Der Name Seckendorffs, eines lokalen Aufklärers des 18. Jahrhunderts, kam in Jacquelines Heimatkundeunterricht vor, derjenige Hilbigs, des seit Jahrhunderten größten Sohns der Gemeinde, noch zu Beginn des 21. Jahrhunderts nicht.

Wir schweifen ein bisschen durch die Seitenstraßen, um wenigstens Spuren des alten schäbigen Meuselwitz zu erhaschen. Ja, es gibt sie noch, die müden Häuslein mit dem gedemütigten braungrauen DDR-Spritzputz, die unwahrscheinlichen improvisierten Fensterlösungen, die freihängenden Kabelbündel von Haus zu Haus, den Mini-Plattenbau, der ausweislich seiner im Fensterband untergebrachten Klebebuchstaben eine BIBL – IOT – EK ist. Unter dem Schild «Volkssolidarität – Seniorenbegegnungsstätte» findet sich ein Zaun und dahinter eine Ansammlung von Mülltonnen, als sollte hier gleich ein Stück von Beckett losgehen. Drei große Tafeln hat das Vereinsleben zu seiner Verfügung. Der «Pferdesport» lädt ein zur Fuchsjagd; daneben präsentiert sich der «Kaninchenzuchtverein T 124 Meuselwitz e. V.». Und nicht fehlen darf der «Meuselwitzer Heimatverein».

Heimat! Jacquelines Heimat ist hier jedenfalls nicht, so viele Jahre sie hier auch war. (Sie lebt nunmehr in Altenburg.) Hingegen empfiehlt sich (in wenigen Wochen wird der Bundestag gewählt) die NPD als «Die Heimatpartei» Thüringens, mit dem Slogan «Heimreise statt Einreise!», begleitet vom Foto einer plastiksackschleppenden Migrantin mit Kopftuch. Heimat kann also auf ein und demselben Plakat zugleich kuschelige Rückversicherung und Drohung an die Adresse der anderen bedeuten. Noch besser ist bloß der Slogan derselben Partei, den wir an allen möglichen Orten des Ostens gesehen haben: «Volksgesundheit statt Ärztemangel!» Klar, wenn wir alle gesund sind, brauchen wir keine Ärzte, Fall erledigt. Ich erinnere mich an eine Schlagzeile der Marxistischen Gruppe: «Hungerproblem gelöst: Einfach mehr spachteln!» Das war zynischer Kommentar zu einer salbadernden Entwicklungshilfepolitik. Die NPD meint das aber ganz wörtlich.

Wir haben bisher auf dieser längsten Straße Deutschlands ziemlich getrödelt und müssen unbedingt Tempo machen. So ziehen wir jetzt durch das Thüringische Vogtland, eine Region, von der ich bislang nicht einmal gehört hatte. Deutschland ist groß genug, um viele solche Geheimlandschaften zu haben, die eigentlich keine speziellen Hindernisse bieten, die vollkommen korrekt auf allen Landkarten auftauchen und die trotzdem aus irgendwelchen Gründen keiner je zu betreten scheint. Wir werden hier von Umleitung zu Umleitung gewiesen und brauchen länger als gedacht. Aber gleichzeitig fördert dieses unabsehbar Umwegige das Gefühl, so etwas wie das verborgene Herz des Landes erreicht zu haben. Der August ist noch recht bunt, gelb die Äcker, bläulich die ferneren Nadelwälder, die hier immer den Horizont begleiten, grün die übrige Vegetation. Aber etwas traurig ist er schon auch, denn die Äcker sind abgeerntet, das Gelb gehört dem Stroh.

Einmal wenigstens sollten wir uns einem solchen Acker, wie es sie zu vielen Tausenden in Deutschland gibt, wie sie das Gegenteil alles irgend Bemerkenswerten und darum das niemals Bemerkte bilden, mit voller Aufmerksamkeit zuwenden. Wir halten und gehen, nicht ohne Mühe und leichte Pein selbst durch die Sohlen unserer Schuhe, über die spießenden Stoppeln, zwischen denen einzelne Ähren und Milliarden leerer Spelzen auf dem Boden liegen. Das Stroh selbst ist zu großen Rollen geformt, «uninteressant» wie alles, was die moderne Landwirtschaft betrifft. Uninteressant scheint es deswegen, weil es den industriellen Maßstab in die Landschaft einträgt. Die Mähdrescher, von denen wir einigen unterwegs begegnen, brauchen beide Spuren der Straßen, die Silos ragen hoch wie die Türme von Kathedralen. (Fast erleichtert nehmen wir im alten Westen zur Kenntnis, dass trotz aller Flurbereinigung hier höchstens alles halb so groß ist wie im Land der gründlichen Kollektivierung.) Wir gehen an die brusthohen Rollen heran, die mit einer dünnen, aber kräftigen Außenhaut wie riesige blonde Sushis gebändigt sind, und tun, wozu sie da zu sein scheinen, was mit ihnen aber anscheinend nie geschieht: Wir rollen sie, wie man die Kugeln rollt, aus denen man Schneemänner baut. Das ist natürlich ein verbotenes oder mindestens skurriles Vergnügen, und es geschieht in einer meilenweit sichtbaren Offenheit. Die Wahrscheinlichkeit, dass uns jemand erwischt und zur Rede stellt, dürfte trotzdem, wie wir uns mit wachsender Keckheit verdeutlichen, nahe null sein. Wie lang habe ich schon kein Stroh mehr angefasst. Freiheit bedeutet, das Unerwartete zu tun. Seitwärts stecken diese Rollen, wie gesagt, in einer Art Strumpfhose; aber von vorn ist das Stroh in einen äußerst kompakten Wirbel gefasst.

Die erste Stadt im Westen, wo wir halten, ist Bayreuth. Die erste Stadt im Westen, wenn man aus dem Osten kommt, bedeutet für mich, wie ich inzwischen weiß, einen Anlass zur schlechten Laune. Heimkehr ist es unter mürrischen Vorzeichen. Wir suchen die «Kulturscheune» auf, wo zurzeit die Wagner-Festspiele laufen, schauen uns ohne Begeisterung dieses eigentümliche Fachwerk aus Stein und Ziegeln an, stellen fest, wie sehr das angeschlossene Restaurant den Charme des Sockelgeschosses vom Fernsehturm am Alexanderplatz atmet (eine Ost-West-Kongruenz der unbewussten Art), lachen über den Geldautomaten, den das Porträt Richard Wagners nebst einigen Noten ziert – fürwahr, das ist euer Geldautomat! –, und wenden uns vom Nibelungenhügel dann lieber der Stadt im Tal zu, von der wir hoffen, dass sie uns eher etwas angeht.

Wenn man nicht genau weiß, was man irgendwo treiben soll,

geht man am besten einen Kaffee trinken. Das tun auch wir und werden uns der Tatsache bewusst, dass es sich um einen Sonntagnachmittag handelt. Ausgeschnittene lebensgroße Engelsfiguren unter getrimmten Bäumchen machen Reklame für irgendein Opernereignis. Das moderne Rathaus türmt sich auf als ein hässlicher Klotz aus lauter rechten Winkeln, weiß und türkis, während die Sparkasse gleich daneben, schon der Postmoderne verpflichtet, eher den kleinteilig gläsernen Winkel zu 135 Grad begünstigt. Ein Paar im Partnerlook, Tuniken in Zartrosa und tiefem Purpur mit unruhigen Mustern, nutzt die Stunde zum Window-Shopping.

Es ist nicht weit bis Nürnberg. Diese Stadt begegnet mir zum zweitenmal auf der Reise, und darum fahren wir durch bis zum südlichen Stadtrand. Genau genommen sind wir schon in Schwabach. Wir legen eine Pause ein, angezogen von einem eigenartigen Kreisverkehr. Kreisverkehre, diese neuen Unorte mit ihren unausgemachten Möglichkeiten, habe ich nun wirklich viele gesehen. Hier befindet sich im Zentrum eine Wirbelskulptur, aus der wir nicht schlau werden, schneidig als Tornado aus vielen Stahltrossen gebündelt und so aufwendig gestaltet, dass man gar nicht versteht, wie ein bloßes Gewerbegebiet zu so etwas kommt. Denn in einem solchen sind wir gelandet.

Hier gilt vor allem: Platz muss sein. Wenn die Bedingungen der Enge das Leben der Städte diktieren, so liegt der Vorzug, eigentlich der einzige Vorzug, dieser weit ausgelagerten Arbeitsquartiere darin, dass man mit der Fläche aasen kann. Rings um den Kreisverkehr dehnt es sich wie eine ganze Ebene. Da gibt es eine Agip-Tankstelle, einen Getränkemarkt, einen Bauhandel, einen Rewe-Laden, einen Citroën-Händler. Agip, Bauhandel und Citroën haben Flaggen gehisst, dieses windstolze Zeichen der Souveränität. Allerdings nehmen sie nicht das Längsformat der Staaten, welches wallt und an Festreden denken lässt, sondern ihre Flaggen gehen am Mast hoch wie die Flamme am Streichholz und verkünden, dass hier ein anderes Tempo herrscht als im öffentlichen Dienst.

Wir parken auf dem Gelände des Citroën-Händlers. Unendlich zieht sich der Betonverbundstein, Parkraum für noch viel mehr Fahrzeuge verheißend, als hier zum Verkauf stehen. Eine rote Plastik-Stele, etwa vier Meter hoch, mit den zwei Winkelhaken der Marke ragt darüber auf wie ein Leuchtturm. Die zugeplättelte Gewerbefläche stößt direkt ans Namenlose, an den noch nicht verplanten Boden, der gegenwärtig nur wartet und keiner Nutzung unterliegt und darum wilder ist als die altgeordneten Bereiche von Wiese, Wald und Acker. Wie mit dem Messer abgeschnitten endet die versiegelte Fläche, daran schließt sich ein feinkiesiger Streifen fast wie ein Strand, in dem nur vereinzelt niedrige trockenheitsresistente Pflanzen fußen, nach ein paar Metern erheben größere Unkräuter das Haupt: Pastinaken, dieses Gemüse, das man in England gern isst («parsnip») und in Deutschland nicht einmal dem Namen nach kennt, obwohl seine ersten komplex gefiederten Blätter, wenn sie im Frühjahr hervorkommen, immer die Neugier wecken, was dies denn sei. Bis zum Sommer, wenn der fertige Doldenblütler dasteht, hat man die Frage vergessen. In seinem Umkreis treiben immer viele Insekten ihr Wesen, die Dolden wimmeln nur so von Schwebfliegen, von Wanzen und kleinen Käfern aller Art – wenn man nur schauen wollte.

Als Einzeljuwel erblicken wir auf einem Halm die Raupe eines Schwalbenschwanzes, giftgrün mit einem Stich ins Gelbliche wie seine Wirtspflanze, dazu schwarzgestreift und rotgepunktet und von faszinierender Feistigkeit. In einiger Zeit wird auch dieses Nachbargrundstück zubetoniert sein, oder aber es folgen die nächste und die übernächste Stufe der natürlichen Sukzession, der jede leere Fläche unterliegt, welche der Mensch sich selbst überlässt. Die Weidenbüsche ziehen jetzt schon heran wie anbrandende Wellen. Das ist die Natur heute; in zehn Jahren wird sie anders aussehen, so oder so.

Wer sich nach Nürnberg begibt und wer von ihm wegstrebt, muss durch die Kiefernwälder, auf diesem sandigen Boden wohl die Reifestufe der Sukzession, aber auch forstlich gewollt. Notdürftige Bäume sind es, im Verhältnis dünner als eine Salzstange, mit schütteren Wipfeln, durch die der Himmel bricht. Lang begleiten sie die Straße, doch trennt sie ein hoher Maschendrahtzaun davon. Wer soll hier vor wem bewahrt werden? Die Autos vor dem hervorstürzenden und blindlings im Scheinwerferlicht stutzenden Wild, der Wald vor den Bonbonpapierchen und Exkrementen der Reisenden? In jedem Fall präsentiert sich dieser Zaun als ein Zeichen des Misstrauens, das nur in einer erzwungenen Trennung der Sphären die Chance der Koexistenz erblickt.

Die B 2 bietet sich nunmehr schon lange als Schnell- und Fernstraße dar, die den Kontakt mit den Ortschaften meidet. Das ist bedauerlich, denn es mindert unser Reiseerlebnis, zumal die Getreideernte fast abgeschlossen ist und die Stoppelfelder den Eindruck des Leeren begünstigen; erfreulich ist es aber auch, denn so kommen wir schnell voran.

Wir kommen nach Donauwörth, wo die schon recht beachtliche, aber noch immer sehr schnelle Donau die kleine Wörnitz in sich aufnimmt. So hat die Stadt Anteil an zwei verschiedenen Fließgewässern, einem großen, von dem sie in die Landschaft gebettet wird, und einem kleinen, dem wiederum sie das städtische Bett bereitet. Hübsch ist das in seinem Zweierlei. Ein wenig zu adrett vielleicht, wie Jacqueline befindet, die in dem übersäuberlichen Zusammentreffen von geplättetem Gehweg und Vorgarten die zentimeterbreite Fuge vermisst, die keinem von beiden gehört. Westdeutsch eben. Wir übernachten im Hotel zu den Drei Kronen und essen auf einem offenen Platz am kleinen Fluss beim Italiener.

Der «Padrone» macht sich, wie es sich für einen Experten seines Gewerbes gehört, zum Narren zweier Sprachen, die er komödiantisch zu einem einzigen Brei verrührt: Hier Signora kommt Ihre Salat von tote Fisch! Er gibt seinen Kunden genau so viel Italienisch zu kosten, wie sie seiner Meinung nach zu fassen vermögen und brauchen, um sich als des fremden Landes kundige Genießer zu fühlen. Aber sein Italienisch hat noch eine zweite, geheime Funktion: Er benutzt es zur unauffälligen Maßregelung seines Personals, in der Überzeugung, dass die Kundschaft, die noch soeben fachmännisch un latte macchiato bestellt hat, nichts merken wird. Bei uns hat die (deutsche) Serviererin das Besteck weggeräumt, obwohl wir noch etwas Zusätzliches geordert hatten. «Ottanta uno secondi», zischt er ihr zu, Tisch 81 kriegt noch einen zweiten Gang. Sie muss offenbar in dieser Branche ein bisschen mehr Italienisch lernen als der Tourist in der Volkshochschule, nämlich genug, um sich intern zurechtweisen zu lassen.

Zwischen Donauwörth und Augsburg hören wir, um noch mehr von der regionalen Atmosphäre in uns aufzunehmen, Radio Antenne Bayern. Ein ums andere Mal, jede Viertelstunde, hören wir: *Fünf* Tage Sonnenschein in *ganz* Bayern. Das Wetter gilt hierzulande nicht als der Zufall des Himmels, sondern als speziell bayrische Tugend, eine Tugend, auf die man umso stolzer sein darf, als sie ohne die mindeste Anstrengung zufällt. Wo man sich den Sonnenschein zurechnen darf wie einen wohlverdienten Orden, da grassiert die Selbstgefälligkeit. Auch ich stamme ja aus Bayern, aber aus jenem Teil, der sich nichts auf seine Geographie einbildet, als wäre damit schon genug geleistet, aus Franken eben. Außenstehende, Nord- und Ostdeutsche vor allem, halten es für Koketterie, wenn man auf den Unterschied hinweist; aber es ist die reine Notwehr gegen das beckenbauerhafte Jo Mei und Schaumerma, gegen dieses Mir san mir, die sich hier abgrenzt –

und darüber hinaus ein Angebot zur Güte an den anderen: Es geht uns mit diesen Münchnern doch genauso wie euch. – Es folgen die Nachrichten. Ein bestimmter Fußballer hat sich den rechten großen Zeh gebrochen. Einen Doppelmord hat es auch gegeben – dieses Wort hochdeutsch aus der Gemütlichkeit herausgestanzt –, in einem Ort, dessen Namen ich nicht genau mitbekommen habe, der aber so ähnlich klang wie Trachtlfing; zwei blutüberströmte männliche Körper liegen vor. Schon aber gelang es, den mutmaßlichen Täter in einem Maisfeld zu stellen. Warum um alles in der Welt in einem Maisfeld? Es müssen jedenfalls telefonisch Hörermeinungen ermittelt werden. Eine ältere Frauenstimme, wie vom Komödienstadl: Ma traut sich ja scho gar nimmer raus!!! Und wieder: *Fünf* Tage Sonnenschein in *ganz* Bayern.

Schreib bloß keinen Unfug über Augsburg! hat mich ein Freund gewarnt, der von dort stammt. Das, was du mir als deine Eindrücke schilderst, hat mit dem Wesen der Stadt nichts, aber auch gar nichts zu tun! Du glaubst, du fährst einen halben Tag hin, und deine stark von der Wetter- und Parkplatzsituation abhängigen Impressionen gäben einen Reisebericht ab. Aber diese Dinge sind der Stadt so zufällig, dass es auf eine Falschmeldung, ja eine Lüge hinausläuft.

Und doch sei es gesagt: Augsburg kommt mir vor wie eine verwunschene Stadt, eine Stadt im Dornröschenschlaf, von dessen hundert Jahren vierzig bereits um sind. Um 1970 scheint sie eingeschlummert. Sie erinnert mich an das München kurz vor den Olympischen Spielen, ehe ihr Entschluss, von großer Provinz- auf kleine Weltstadt umzuschalten, sich ganz verwirklicht hatte. Dazu tragen wesentlich die großen, in ruhigen Tönen verputzten Häuser bei, alte Kästen, die mit ihrem Altertum nicht prahlen; die Abwesenheit einer Fußgängerzone, wo man bestimmt eine vermutet hätte; vor allem aber Einzelheiten, bei deren Anblick mir meine Kindheit wiederkehrt und an die ich

178

viele Jahre nicht gedacht hatte. Einmal empfänglich geworden, erblicke ich sie überall. Unangenehm ist mir das keineswegs. Da steht plötzlich ein Polizist im reflektierenden giftfarbigen Plastikmantel auf der Kreuzung und regelt den Verkehr. «Siehst du mich von Bauch und Rücken, musst du auf die Bremse drücken.» Zwei junge Frauen geben einander mit einer eleganten Geste, wie aus einer anderen Zeit, auf der Straße Feuer. Im Schaufenster einer Buchhandlung wird groß ein Lurchi-Sammelband beworben: Lurchi, der lustige Molch von Salamander-Schuh, von dem man beim Schuhkauf immer ein Heftchen mitbekam, schon damals mit seiner gereimten Schreibschrift und seinen biederen Panels hoffnungslos hintendran gegenüber Micky Maus und selbst Fix und Foxi. Ein Plüschbär sitzt über einem Spielwarenladen und produziert mit mechanisch bewegtem Arm und einem Luftstoß, der ihm aus dem Mund fährt, Seifenblasen. Seifenblasen! Es gibt sie wohl noch, wie bei uns ja kein Kulturgut je endgültig zugrunde geht. Doch wie lang habe ich keine mehr gesehen. Vor allem aber ist Augsburg natürlich die Stadt der Augsburger Puppenkiste.

Allein schon das Wort! Kaum vermochten wir als Kinder das «Augsburger» als Herkunftsangabe von der Puppenkiste abzulösen, es schien uns bloß wie eine Vertiefung ihres Geheimnisses. Auch die Ironie, die darin lag, dass man nur ganz zu Anfang und ganz zum Schluss der je ungefähr eine dreiviertel Stunde langen oder vielmehr kurzen Sendung (denn das Ende kam immer zu bald) eine richtige Kiste mit dem schrägen Matrizenaufdruck des Namens zu sehen bekam, war an uns verloren; für uns bildete sie nur den Januskopf der Erwartung (vorher) und der Enttäuschung (wenn es vorbei war und die Klappe zuging). Das Marionettenspiel galt uns als inständig erhöhte künstliche Welt wie sonst nur noch der Trickfilm, gar nicht zu vergleichen mit der niedrigen bloß fotografierten Daseinsform dessen, was sich sonst noch so im Schwarzweißfernseher darbot. Da die

typischen Vierteiler der Kiste nur einmal im Jahr zur Advents-
zeit liefen, fanden sie uns in je einem anderen kindlichen Ent-
wicklungsstadium vor. Nur träumerisch vage, ein reines Gefühl,
wenig Bild und keine Handlung, steht mir, der ich im Dezember
1959 geboren wurde, der Kater Mikesch im Dorfe Holleschitz vor
Augen; meine ursprünglichen Eindrücke von Jim Knopf sind mir
wohl durch eine Wiederholung überdeckt. Auf der Höhe meiner
frühen Einbildungskraft trafen mich «Der Löwe ist los» und
«Kommt ein Löwe geflogen» sowie Bill Bo, während das Urmel,
das unter den reminiszierenden Baby-Boomern so etwas wie der
Kronprinz ist, mich wahrscheinlich schon zu spät erwischte, um
mich ganz und gar in seinen Bann zu schlagen. Schon der Kalle
Wirsch kam mir dann albern vor, und alles, was nachfolgte, sah
ich zerstreuten Auges und fast mit einer Art von Heimweh der
späten Kindheit nach der frühen.

Das Museum der Augsburger Puppenkiste ist fair genug, die
eigene Popularität zu benutzen, um allen möglichen anderen
Formen des Marionettenspiels Aufmerksamkeit zu verschaffen. Man muss erst sie im Untergeschoss besichtigt haben, ehe
man im Obergeschoss zur Kiste zugelassen wird. Gerechterweise wäre zu sagen, dass viele von diesen anderen Marionet-
ten besser sind, witziger, künstlerischer, erwachsener. Aber wir
wurden nun einmal auf die Puppenkiste geprägt. Es klingen mir
die einfachen, sprungreichen Begleitmusiken mit ihrem hohen
Anteil von Holzbläsern im Ohr wie die Schalmei eines verlorenen Paradieses. Erklären kann ich meine Rührung nur schwer,
denn mit meinem anderen, heutigen Ohr höre ich eben auch
das Anspruchslose dieser Melodien, das selbst für mich, der ich
keine musikalischen Neigungen hege, auf der Hand liegt. Ich bin
froh, dass mich Jacqueline begleitet, deren mir gegenüber um
ein Vierteljahrhundert versetzte ostdeutsche Kindheit es mit den
Augsburgern nie zu tun bekam und deren freundlicher, aber un-
ausweichlich kalter Blick auf Filmausschnitte, die mich damals

so bezauberten, mich darüber belehrt, wie viel Zufall notwendigerweise an aller Erfahrung haftet, zumal der frühen.

Herzstück der Sammlung sind die Dioramen, in denen jeweils die komplette Mannschaft einer vierteiligen Staffel versammelt worden ist. Sie wirken sanft enttäuschend, wie es die an die Wand genagelte Trophäe der endlich erlegten seltenen Beute für den Jäger sein muss. Das einstmals Faszinierende soll nicht so ganz und gar abzählbarer Besitz werden, wie man es sich damals, als es immer entwischte, gewünscht hat. Aber etwas bescheren mir diese Ensembles doch: die Farbe! Denn alles an der Augsburger Puppenkiste war für mich immer so schwarzweiß geblieben wie die Fernsehtechnik der Zeit. Nun entdecke ich mit Erstaunen, dass das Urmel in Wirklichkeit schon immer smaragdgrün war, mit einer regenbogenhaften Verfärbung der Schnauzenspitze.

Besondere Erwähnung verdient noch ein Ansatz zur ästhetischen Erziehung der Kinder, den dieses Museum sich ausgedacht hat. Vor einem Bildschirm liegt eine Turnmatte, die Kinder werden aufgefordert, es der vorturnenden Marionette nachzutun. Ein Kind ist voll bei der Sache. Die Marionette hebt das linke Bein. Das Kind desgleichen. Die Marionette hebt das rechte Bein. Das Kind auch. Die Marionette hebt beide Beine. Die für sie spezifische Gravitation wirkt nach oben. Das Kind stockt, lacht dann. Es scheint etwas kapiert zu haben.

Eine Puppenkiste eigener Art stellt die Fuggerei dar, die, wie die Augsburger voll Stolz erklären, älteste kontinuierlich betriebene und bewohnte Sozialsiedlung der Welt. Als solche imponiert sie durch die Entschiedenheit des Entschlusses, die Modernität der Durchführung, die Zähigkeit, mit der ihre Träger, die verschiedenen Zweige der Familie Fugger, durch ein halbes Jahrtausend auf ihr beharrten. Als sie durch die Bombardierung Augsburgs 1944 schwere Schäden erlitt, begannen diese diversen Fürsten und Grafen den Wiederaufbau *noch während* des Krieges, «durchdrungen vom Geist der großen Ahnen», wie sie zu Protokoll gaben, indem sie aus ihren Forsten Holz für Dachstühle lieferten. Die gegenwärtig zu zahlende Jahresmiete für eine gar nicht so kleine, gut hergerichtete, zentral gelegene Wohnung beträgt bis heute 88 Cent, den nominellen Gegenwert eines Rheinischen Guldens. Irgendwie beeindrucken diese 88 Cent mehr, als wenn es ganz umsonst wäre. Sie liegen in Münzen in einer Vitrine nebst einem altertümlichen Schlüssel.

Ein Gästebuch fordert dazu heraus, die frühe Fugger'sche Leistung zu bewundern. Da steht dann, in sehr ungelenker Schrift: «Das war sehr nett von Herrn Fugger armen Menschen zu helfen», oder: «Immer wieder schön diese Fuggerei! Vielen Dank liebe Fugger!» Dass von den Fuggern, der wichtigsten Firma des Frühkapitalismus im 16. Jahrhundert, ausgerechnet ihre Fuggerei übrig blieb, kann einen freuen oder ärgern: ärgern, weil es so offensichtlich von ihrem wenig zimperlichen eigentlichen Geschäft ablenkt und die hauptberuflichen Halsabschneider als Wohltäter erscheinen lässt, die sie wohl nur sehr partiell waren: freuen, weil es allen, die es wissen wollen, deutlich erklärt: Ihr werdet fortleben allein nach Maßgabe des Dauerhaften, das ihr stiftet.

Wir durchqueren Fürstenfeldbruck, mit dem Autokennzeichen FFB. Einige Einheimische lösen die Abkürzung durch hinzugefügte Aufkleber auf: Frauen Fahren Besser. Stimmt das so generell? Ich frage Jacqueline, die als Berufsfahrerin gewiss besser fährt, als ich es je in einem noch so langen Leben könnte. Ihre Antwort überrascht mich: Sie fahren weniger aggressiv, aber rücksichtloser. Was soll das heißen? Na zum Beispiel, dass sie nicht blinken, wenn sie abbiegen, weil sie keinen Orientierungssinn haben. Jacqueline verachtet diejenigen ihrer Geschlechtsgenossinnen, die sich das Auto durch Kuscheltiere und Plüschbesätze in ein rollendes Wohn- oder gar Schlafzimmer verwandeln. Das führe zu jener mausihaften Sorglosigkeit, die niemals dem anderen Böses wünsche, aber sich dennoch im Straßenverkehr benehme, als gäbe es diesen anderen nicht. Doch diese Fahrerin hat natürlich auch ihr männliches Gegenstück: den Fahrer mit Hut. Er treibt Jacqueline zur Raserei. Auch er bekümmert sich schlechterdings nicht um die anderen Verkehrsteilnehmer, wechselt unberechenbar die Geschwindigkeit, hält sich sklavisch an Verkehrszeichen. Für sorglos erklärt sie auch ihn. Ich widerspreche: Vielmehr sei er ängstlich; denn was habe es zu bedeuten, dass er drinnen in seinem Auto den Hut aufbehalte, als wäre er draußen? Der Hut sei ja wohl das Gegenteil eines Kuscheltiers. Er fühle sich selbst im Auto unbehaust und in der Defensive. Könnte es sein, dass er sich zu sehr draußen und die Plüschtierliebhaberin zu sehr drinnen fühle und dass die entgegengesetzten unangemessenen Deutungen der Fahrgastkabine zu ähnlichen Fehlleistungen im Straßenverkehr führten? Am interessantesten stelle ich es mir vor, wenn ein Hut und ein Plüschtier zusammenstoßen. Welche Schimpfwörter sie wohl füreinander in petto haben!

Für jeden von uns ist München eine gänzlich andere Stadt. Jacqueline kennt sie aus der Perspektive des Lastwagenfahrers, der die Gewerbegebiete ansteuert; die innere Stadt ist ihr, besonders im Winter, verhasst: Die Straßen sind schmal, die seitlichen Schneeberge hoch, überall stehen Autos herum, es erfordert höchste Konzentration, nicht irgendwo hängenzubleiben; und unter diesen Umständen noch etwas mit dem großen Wagen suchen zu müssen, bedeutet Stress. Ich hingegen habe München immer von der Warte des mit der Bahn angereisten Fußgängers gesehen. Jetzt erleben wir es beide neu im Pkw. Nachdem wir einen Parkplatz gefunden haben, reicht unsere Zeit für einen zweieinhalbstündigen Rundgang am späten Nachmittag, was in Ordnung ist. In dieser Zeit hat man wirklich schon einen erklecklichen Teil der Stadt gesehen: Marienplatz, Theatinerkirche, Feldherrnhalle, Hofgarten, Staatskanzlei, Englischer Garten, Maximilianstraße, Hofbräuhaus – fehlt was? Wenn, nicht viel.

Jacqueline genießt die Rolle des östlichen Underdogs vor den Auslagen der Maximilianstraße, wo Colliers für zweihunderttausend Euro angeboten werden; genauer ist es ein Vergnügen wie das der alten kynischen Philosophen, die sich aktiv zu freuen vermochten, was sie alles *nicht* brauchten, und darum dessen Anblick nicht missen mochten.

Wir kommen an einem Briefmarkengeschäft vorbei; wir gönnen uns die Muße, auch eine solche etwas abseitige Sache zu betrachten, und sehen Serien von Postwertzeichen des faschistischen Deutschen Reichs und seiner Nebengebiete. Das Porträt Hitlers ist durchgängig von einer Art Bartbinde entstellt, die Augen und Kinn freilässt, aber ihm die Gesichtsmitte maskiert wie ein nach unten verrutschter Anonymitätsbalken. Was ist hier passiert? Ein klagender Kommentar des Händlers im Schaufenster erklärt es uns: Ein Gericht hatte ihn zur Zahlung einer Geldstrafe von über dreitausend Euro verurteilt, weil er faschistische Symbole gezeigt hatte, was in Deutschland unstatthaft ist. Zu diesen Symbolen wurde ausdrücklich das Antlitz Hitlers gerechnet. Es musste unkenntlich gemacht werden – und dies wiederum ließ sich am besten so bewerkstelligen, dass man sein charakteristischstes Körperteil, das Oberlippenbärtchen, verdeckte. Nunmehr können alle zufrieden sein.

Der Englische Garten hält für Wassersportler eine besondere Attraktion bereit: ein Seitenarm der Isar gleitet über irgendein unsichtbares Hindernis und erzeugt dabei, direkt vor einer kleinen Brücke, eine stehende Welle, einmalige Gelegenheit für die Surfer des Binnenlandes. Im Prinzip kann hier einer ewig auf seinem Brett reiten. Aber er tut es nicht, weil hinter ihm schon eine Schlange wartet. Auch scheint es schwierig, diesem bei aller Kleinheit doch recht wilden Gewässer mehr als dreißig Sekunden stehende Fahrt abzutrotzen. Konzentriert und entspannt zugleich kauern die balancierenden Aktivisten auf ihrem Board, auf der Stelle verharrend, in Neopren-Anzügen, denn die Isar ist eisig selbst im Hochsommer. Hier gedeihen ozeanische Erlebnisse auf engstem Raum, die auch das spontan zusammengekommene Publikum zu würdigen weiß. Damit haben wir nicht gerechnet; aber wo es nun schon einmal da ist, sehen auch wir für einen sehr verlängerten Augenblick gern zu.

So zerlegt sich uns das ganze München, während wir herumspazieren, in eine Reihe von Anekdoten im Sonnenschein unter dem spezialblauen Himmel, den die Münchner als ihr Privileg in Anspruch nehmen und der in der Tat besonders vorteilhaft mit dem Eierlikörgelb der Theatinerkirche kontrastiert. Nahr- und schmackhaft sieht es aus, wie eine verruchte Nachspeise.

Und doch verfährt dieses heitere München ungnädiger mit seinen vielen Touristen als Berlin. Sie fallen ab gegen Fassaden und Einheimische, sie blamieren sich vor dem ortsansässig Schönen und Feinen. Eine aufgekrempelte Army-Hose besteht gegen die Spree, aber nicht gegen Dallmayr. Ein Dicker (richtig dick) mit blockhaft quergestreifem T-Shirt wie ein Zirkuszelt und zeppelinhaften Shorts lässt sich ausgerechnet vor den schlanken Bronzeengelchen am Fuß der Mariensäule knipsen. Eine zähe Bergwanderin mit Rucksack (zweiriemig, einer für die Schultern und einer um den nicht vorhandenen Bauch) hält Ausschau, die Augen mit der Hand überschattend wie Winnetou am hohen Kliff: So steht sie vor dem Hugendubel am Marienplatz. Hier haben auch ungefähr dreißig stille Demonstranten ihren Auftritt, die verlangen: Free Tibet! Sie haben es schwer, als Veranstaltung eigener Art wahrgenommen zu werden. Den knipsenden Touristen erklärt eine Deutsche: Sie sind unter Lebensgefahr aus Tibet geflohen! Sie sind nicht pittoresk! Aber pittoresk sind sie genau genommen schon, jedenfalls nicht weniger als der Schefflertanz am Glockenturm des Rathauses. Wer für seine Sache die besondere Öffentlichkeit des Marienplatzes in Anspruch nimmt, hat sich der Ordnung des Pittoresken unterworfen und sollte sich nicht beschweren.

Drei Orientalinnen in der Sendlinger Straße, schwarz gewandet und das Haupt (obschon nicht das Gesicht) verhüllt wie Nornen, zahlreiche kleine Täschchen in den Händen, stehen jenseits dieser Probleme. Sie wissen in ihr an sich unvorteilhaft dezentes Kleid so viel Eleganz hineinzulegen, dass man ahnt, wie sehr das Erotische an seinen Hindernissen wächst. Die shoppenden Eliten vom Persisch-Arabischen Golf, heißt es, kämen in letzter Zeit, statt nach London, verstärkt nach München, das so viel biete, so freundlich sei und so gänzlich ungefährlich. Hoffen wir, dass es stimmt.

Von München fahren wir in Richtung des Starnberger Sees, geraten in einen furchtbaren Hagel, dass wir glauben, unser Auto müsste hinterher wie ein Golfball aussehen (ist aber alles in Ordnung), und übernachten in einem Landgasthof in Pöcking. Dann nähern wir uns den Alpen. Wie eine Kulisse steht das Wettersteingebirge im Hintergrund, eine nicht ganz glaubwürdige Behauptung. Die Kuhweiden beginnen, immer grobzackiger machen sich unter der Haut des grünen Grases die zugrundeliegenden abgestürzten Felsmassen bemerkbar.

Es geht weiter hinauf. Die Stadel treten ins Landschaftsbild, jene kleinen Hütten, in die man das gemähte Gras zum Trocknen brachte, in ungebremster Fülle wie Häuser und Hotels auf dem Spielbrett eines Monopoly-Spiels in der Schlussphase. Es muss ein elendes Leben gewesen sein. Wir kommen nach Garmisch-Partenkirchen. Es ist eigentlich eine ganz normale Kleinstadt, die, wie alle derartigen Städte, über ihr altes enges Maß hinausgewachsen ist, reicher und größer wurde, bestimmte alte Restbestände mit einbezog und ansonsten der Gegenwart angehört. Aber sie verfährt dabei frecher und unglücklicher. Das Maß, an dem sie sich orientiert, ist das alpenländische Bauernhaus, also ein vor- oder außerstädtischer Bautyp, der in einer selbst kleinen Stadt keinen Ort haben kann. Auf ihm aber beharrt sie, gerade in den Neubauten. Das Erste, was uns begegnet, ist ein mehrstöckiger Betonbau, der C&A, die Barmer und noch so dies und jenes beherbergt – aber durchgeführt mit breitem hölzernem Alpendach, mit Laubengängen und Arkaden (immer in Beton) wie etwas viel Älteres, dazu mit einem aufgemalten hell- und dunkelgrauen bayrischen Rautenmuster. Spezialität des Ortes ist die Lüftlmalerei an den Hauswänden. Das sind nicht etwa aufgefrischte Fresken, sondern nagelneue Frömmigkeiten und Idyllen. Sie steht oft in krassem Kontrast zur Gebäudenutzung.

Die HypoVereinsbank gönnt sich zwischen den hölzernen Fensterläden eine Madonna mit Kind, beide mit Heiligenscheinen, die verschmelzen; links und rechts davon plagen sich schwere ochsengezogene Planwagen durchs Bild. Über dem Aldi prangt eine biblische Szene, die ich nur mit Mühe entschlüssele, die jedenfalls mit einer knienden Hauptfigur und niederfahrenden Engeln zu tun hat. Über einer Boutique tummelt sich eine breitformatige schäferhafte Almszene. Jacqueline meint, halb entzückt und halb entsetzt: Das ist ja wie sozialistischer Realismus! Nein, sage ich, das ist viel schlimmer. Der sozialistische Realismus hatte es mit der Gegenwart und der Zukunft zu tun. Die stellte er dar, wie er sie sich dachte und hoffte. Aber die hier wollen eine Vergangenheit durchsetzen, die es nie gegeben hat.

Und wo die Kraft der Heuchelei erlahmt, ist dieses Städtchen tatsächlich härter als andere. Wir kehren durch eine Unterführung zum Auto zurück, eine klaustrophobische, böse, mit Kacheln, Beton und lackierten Gittern bewehrte Röhre, die viereckigen Querschnitt hat. Dies gönnt sich Garmisch-Partenkirchen als Ausgleich dafür, dass es die ganze Zeit so plakativ und bodenständig nett sein musste, wie ein Angestellter, der den ganzen Tag vor den Kunden schöngetan hat und am Abend seine Frau anbrüllt.

Wir sind fast am Ende. Zum Schluss zieht die Straße noch einmal steil an, wir kommen nun ernsthaft in die Alpen hinein. Aber zum Glück nicht zu weit, denn Deutschland besitzt von den Alpen selbst nur einen äußersten Rand, der innerhalb von zehn oder zwanzig Kilometern an die nationale Grenze stößt. Wir gehen noch ein kleines Stück hinüber, bis zum nächsten Ort auf der Tiroler Seite, Scharnitz, wo wir die beklemmende Gewalt dieser gar nicht so hohen Berge zu spüren kriegen. In diesem Tal muss selbst im Hochsommer ab drei Uhr nachmittags Schatten herrschen. Wir sitzen auf einer Bank und schauen auf das mauerhafte grau-dunkelgrüne Gemenge vor uns aus Felsen und Nadelbäumen, und sind froh, dass wir jetzt gleich ganz weit weg fahren werden.

Die B 6 ist eine von drei unserer Straßen, die ihren Anfang an der polnischen Grenze nehmen, um von dort weit in den alten Westen Deutschlands zu führen. Alle drei beginnen mit einer Schnittwunde, denn bis 1945 hatten sie sich tief in den verlorenen deutschen Osten fortgesetzt. Erst in den letzten Jahren hat diese Wunde angefangen zu heilen, als Polen zunächst der EU beitrat und dann dem Schengener Abkommen, das alle Grenzkontrollen aufhob. Ich erinnere mich an meine erste Fahrt nach Polen, mit der Eisenbahn, etwa 1995: wie der Görlitzer Bahnsteig, von dem der Zug nach Breslau abging, als Raubtierkäfig gestaltet war, mit

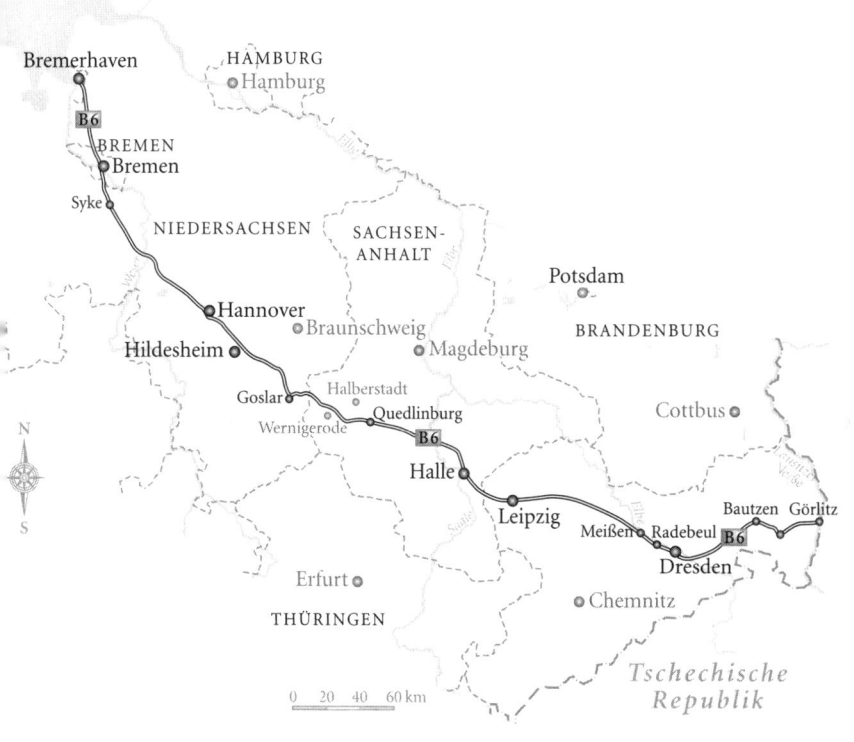

mehrere Meter hohen Gittern; wie die drei oder vier Passagiere, die einstiegen, vor der Schar deutscher und polnischer Uniformierter, Polizisten, Grenzschützern, Zöllnern, Eisenbahnern verblassten. Die ganze Stadt Görlitz war mir damals wie ein Vorposten erschienen. Es war Dezember gewesen, wir waren abends schon bei Dunkelheit angekommen und früh noch im Dunkeln weitergefahren, die Stadt lag in Finsternis, und wo es Licht gab, da glomm es wie die Feuer eines Feldlagers, die eben erkennen ließen, wie ruinenhaft verfallen hier alles war. Einzig das prächtige hundertjährige Kaufhaus mit seinem monumentalen inneren Treppenaufgang erglänzte weihnachtlich wie die Stube, in die Hans Christian Andersens Mädchen mit den Schwefelhölzern blickt. Die Pension, in der wir Quartier nahmen, schien in einem großen alten Gebäude eher zu biwakieren als zu residieren; das Treppenhaus zu unserem Zimmer hatte einen aberwitzigen triangulären Grundriss, es sprang im Dreieck nach oben. Nur mit Mühe fanden wir damals ein Restaurant, einen Griechen, der neu geöffnet hatte, wir waren die einzigen Gäste, und die verzweifelte Liebenswürdigkeit, mit der uns die Wirtsfamilie überhäufte, ließ ahnen, dass ihre Wirtschaft sich nicht lang halten würde. Danach stiegen wir an den Grenzfluss Neiße hinab wie an einen der Flüsse, die die Unterwelt gürten, den Styx oder Acheron, zu Fuß vorbei an einer endlosen Schlange von Autos, die alle auf ihren Anhängern gleichfalls Autos stehen hatten, Unfallwagen, für die es im Osten einen unbeschränkten Markt zu geben schien; und auf der anderen, gegenüberliegenden Seite empfingen uns Buden, in denen Schnaps und Zigaretten verkauft wurden.

Wie ewig lang scheint das her! Ich reise diesmal wieder mit Heike und Jona, gemietet haben wir einen Opel Zafira, in den auch der sperrige Kinderwagen hineinpasst; und diesen schieben wir, ohne dass irgendwer uns aufhielte, über die Fußgängerbrücke von Görlitz nach Zgorzelec. Da drüben gibt es jetzt keinen «Polenmarkt» mehr, deutlichstes Zeichen, dass das Wirtschaftsgefälle sich auszugleichen beginnt. Die Gebäude hinken wie gewöhnlich etwas hinterher; hier findet sich viel unsanierter Plattenbaubestand, der fünfhundert Meter weiter westlich bestimmt schon «rekonstruiert» wäre, wie der ostdeutsche Ausdruck lautet. (In Westdeutschland führt dieser Ausdruck öfter zu Missverständnissen, denn unter einer Rekonstruktion stellt man sich dort die Wiederherstellung von etwas gänzlich Verlorenem vor. Niemand im Osten würde sagen, die Dresdner Frauenkirche sei «rekonstruiert» worden.) Doch wie bunt und lebendig dafür die Balkons dieser bröckelnden Zehnstöcker aussehen! Ja, sagt Heike, aber schau mal genau hin: Auf jedem Balkon steht ein Fahrrad. In Zgorzelec genügt es offenbar nicht, sein Fahrrad auf der Straße oder im Hausflur abzuschließen; man muss es mit in die Wohnung nehmen, sonst ist es fremdem Zugriff ausgeliefert. Nicht obwohl, sondern weil der öffentliche Raum, der Raum, der allen gehört, hier so grau und vernachlässigt ist, erscheint das Private so vital und farbenfroh.

In der deutschen Stadt Görlitz verhält es sich gerade andersherum. Dort wurde mit öffentlichem Geld nicht gespart, die ganze malerische Altstadt mit ihrem reichen Schatz an Renaissance-Häusern ist mittlerweile aufwendig hergerichtet; aber die Kraft der einzelnen Mitglieder dieses Gemeinwesens scheint nicht hinzureichen, alles das seinem Umfang und Wert entsprechend auch zu nutzen. Der Leerstand auch der sanierten Bauten ist beträchtlich, und in den Erdgeschossen schlossartiger Anwesen hausen Imbissstände. Auch das alte Kaufhaus, das mir damals wie ein Weihnachtsbaum in der Winternacht entgegenleuchtete, gibt es noch; es steht vor der Geschäftsaufgabe und verramscht alles, was es noch hat. Am schärfsten tritt uns diese klägliche Unternutzung des alten Bestands bei der Post entgegen. Ein schmucker Stein- und Ziegelbau der vorletzten Jahrhundertwende mit der Inschrift «Postamt» in goldenen Lettern unter einer Uhr, welche Flügel trägt, beherbergt es jetzt nur noch rechts unten das, was vom einstigen stolzen Staatsbetrieb geblieben ist, kenntlich an ein paar grellen Accessoires wie vergessenem Kinderspielzeug. Auf die noble alte Farbgebung des Baus nehmen sie keine Rücksicht und machen den Eindruck, als würden sie vom nächsten Herbststurm davongeweht. Der Weg vom Gold zum Gelb war jedenfalls ein Abstieg.

Was wird mit dieser Stadt geschehen? In früheren Jahrhunderten bedeutete ihre Lage zwischen Sachsen, Böhmen und Schlesien, an der Via Regia, der großen europäischen Fernstraße vom Rhein nach Krakau, einen Standortvorteil, und ihr Reichtum schlug sich im Stadtbild nieder. Dann kamen Krieg und Sozialismus, die Grenzen, deren Nähe vorher belebend gewirkt hatte, wurden undurchlässig, die Mitte wandelte sich zum Rand, und die Stadt fiel in einen tiefen Schlaf. Aus diesem ist sie erst halb und ungleichmäßig wieder erwacht und hat, was sie von früher her besitzt, noch nicht wieder recht in Gebrauch genommen. Aber auf lange Sicht wird Polen, das noch so anders, aber so nah ist, wohl zu ihrem Tor in ein neues Leben werden.

Dass wir, indem wir von Görlitz westwärts fahren, dem Lauf der Via Regia, der alten «Königsstraße», folgen, muss man wissen; nichts an der Straße selbst weist darauf hin. Landstraßen haben, anders als ihr Gegenstück in den Städten, kein sichtbares Gedächtnis; sie sind imaginäre Linien von schwankendem Verlauf, deren bauliche Umsetzung häufig wechselt. Wir reisen jetzt durch das *andere* Sachsen, an das, wer im kernsächsischen Dreieck Chemnitz – Dresden – Leipzig wohnt, selten denkt, das Sachsen jenseits der Elbe. Leicht gewellt ziehen sich die Felder hin, mit dem Lausitzer Gebirge im Hintergrund, das mit seinen bis zu tausend Meter Höhe den Blick fasst und ihn hindert, in der Weite verloren zu gehen. Hier ist die Bevölkerungsdichte niedrig, die Städte spielen keine herausragende Rolle, das Land wirkt lieblich und abgeschieden. Hier sind die Sorben daheim, hier tragen die Schilder den Ortsnamen in zwei Sprachen. Man bekommt Lust, sich für einen ganzen Sommer in eines der kleinen Dörfer zurückzuziehen; im Winter möchte ich dann aber wieder zurück in die Stadt, denn die Stille, die im Sommer erquickt, muss im Winter so lastend werden wie der Schnee auf den Ästen der Bäume.

Wir queren Bautzen mit seinen vielen Türmen und erreichen Dresden vom Osten her, von jener Seite also, die ich gar nicht kenne. Ich staune über die Schönheit dieser alten Stadt in ihren Vororten, die großbürgerlichen Villen inmitten ihres fast waldartigen Baumareals. Die Zerstörung von 1945 ist hier weit weg. Dresden wirkt wie ein sehr großer Ort, der verschont wurde.

Aber natürlich bleibt der Feuersturm vom 13. und 14. Februar 1945 das große Trauma der Stadt. Viele andere Städte, die im Luftkrieg nicht weniger gründlich zerstört wurden, scheinen dieses Ereignis ganz gut weggesteckt zu haben, zuerst weil sie ans unmittelbare Überleben zu denken hatten, später weil es ihnen schon wieder ganz gutging, genau genommen besser als vorher, und das Hinterherseufzen sowieso nichts geholfen hätte. Bei Städten wie Hamburg und Hannover, Totalschäden vergleichbarer Größenordnung, kann man fragen, ob sie heute sehr viel anders aussähen, wenn auf sie keine einzige feindliche Bombe gefallen wäre. Es sind Städte, die von jeher, indem sie fortschritten, ihre Geschichte nebenher aufaßen wie eine Wegzehrung.

Anders Dresden: Es wollte weder vorliebnehmen noch sich trösten lassen. Dresden blieb im Schmerz erstarrt. Andere Städte behandeln ihre Sehenswürdigkeiten lässig als das, was aus der Vergangenheit übrig bleibt, wenn man weiter nichts tut. Dresden jedoch erlebt seine baulichen Attraktionen – den Zwinger, die Hofkirche, die Augustusbrücke, die Brühlsche Terrasse, vor allem die Frauenkirche – als ein festes Ensemble, einen ein für alle Mal überlieferten und zu bewahrenden Schatz. Denn alles war das Werk und der Entschluss eines einzelnen Mannes, Augusts des

Starken, des sächsischen Kurfürsten und Königs von Polen, der in einer ungeheuren Kraftanstrengung vor dreihundert Jahren die Schönheit aus dem Boden stampfte. In der Gemäldegalerie des Zwingers trägt bis heute jedes Bild auf dem vergoldeten Rahmen die Initialen «AR», für Augustus Rex; sie stempeln unsichtbar auch die Bauten dieser barocken Stadt. Die Dresdner haben zu ihnen ein Verhältnis wie eine alte Dame, die den Abstieg ihrer Familie bewältigen muss, aber aus allen Fährnissen das Tafelsilber retten konnte. Sie nehmen jede Kuchengabel sehr persönlich.

Wir sitzen in einem Café auf dem Platz vor der Frauenkirche und erörtern dieses nunmehr abgeschlossene Bauprojekt. Heike hält es für unbedingt richtig, dass die Kirche wieder aufgebaut wurde. Selbst wenn es sich natürlich nicht um das Original handelt, sei noch die Nachbildung fraglos besser als alles, was unsere Zeit aus eigener Kraft an diese Stelle hätte setzen können. Ob ich mir wünschte, dass es hier aussähe wie in der Prager Straße? Dort nämlich, an Dresdens Hauptachse vom Bahnhof zur Elbe, hatte die DDR den Aufbau auf eigene Rechnung in Plattenbauweise durchgeführt.

Was habe ich dem entgegenzusetzen? Mir ist nicht wohl dabei. An der Frauenkirche ist technisch zweifellos mit höchsten Standards gearbeitet worden, alles dem Original detail- und materialgetreu nachgeformt. Das ist mehr, als man vom Rest des Platzes sagen kann, der tut, als wären die vernichteten Fluchten der barocken Stadthäuser unverändert neu hervorgezaubert worden, obwohl schon ein beiläufiger Blick auf die Fassaden klarmacht, dass sich unter ihrer bunten Haut nicht Ziegel oder Stein, sondern der blanke Beton befindet; alles ist piekfein und nagelneu, man glaubt sich in eine Puppenstube versetzt, die nur zufällig in Übergröße ausfiel. Die Frauenkirche immerhin versagt sich derartigem Etikettenschwindel.

Und doch wurde auch bei ihr nicht mit völliger Aufrichtigkeit verfahren. Als man in den Neunzigern diskutierte, ob man sie wieder aufbauen sollte, da hieß es, dies wäre durchaus möglich, indem man ausschließlich zu den alten Steinen, die als Trümmerberg noch herumlagen, und zu privaten Spendengeldern greifen würde. Bald erwies sich, dass beides noch nicht mal zur Hälfte hinreichte. So schaltete sich die öffentliche Hand ein, und das Mauerwerk geriet zu einem Flickwerk alter dunkler und ergänzter heller Steine wie ein Gesicht, dessen feine Schönheit von Pigmentstörungen entstellt wird.

Je näher man an sie herangeht, desto mehr wachsen die Zweifel. Vom anderen Elbufer aus bemerkt man vor allem, dass durch sie die Silhouette der Stadt wieder ihre große Schönheitslinie zurückgewonnen hat. Hier, auf dem Platz direkt vor ihr, sieht man die grobscheckige Oberfläche. Wer aber eintritt und emporblickt zu den nachempfundenen barocken Deckengemälden, erkennt, wie uneinholbar die vergangene Zeit trotz allen Aufwands bleiben muss. Ein alter Meißelhieb lässt sich bei strikter Treue zum vorgefundenen geometrischen Plan sicher genau so führen, wie das vor Jahrhunderten geschah. Aber ein vergangener Pinselschwung, worin sich auf so unmittelbare wie unberechenbare Weise ein menschlicher Geist äußerte, wird in der Nachahmung nie exakt so ausfallen wie damals. Immer wird es da ein Winziges geben, das stutzig macht und das Vorhaben als Täuschungsmanöver enthüllt. Zum allermindesten fehlen die dreihundert Jahre, die auch bei sorgsamer Pflege ihre Spur hinterlassen hätten.

Das Ganze wirkt so knallig, wie dies bei etwas wahrhaft Altem nie der Fall wäre. Geleugnet und vernichtet wird der Unterschied zwischen Raum und Zeit: In der Zeit geschah etwas, ein einziges Mal, und blieb dann geschehen, unberührbar – während für den Raum gilt, dass man umwenden und nach Belieben viele Male wieder eintreten kann. Jetzt ist dies scheinbar auch für die Zeit ermöglicht worden. Steht man im Inneren unter der gewaltigen

Kuppel und schaut hinauf, so bietet sie sich dar wie ein Osterei mit nach innen gewendeter Schale.

Zwischen zwanzig- und dreißigtausend Menschen kamen damals im Feuersturm ums Leben, sie erstickten in ihren Kellern, verbrannten lebendigen Leibes oder ertranken, als sie sich brennend in die Elbe stürzten. Sie jedenfalls werden nicht zurückkehren, auch wenn man die Stadt so herrichtet, als hätten die zwei Tage im Februar nie stattgefunden. Wer glaubt, die geschichtliche Zerstörung rückgängig machen zu können, erklärt die Toten zum Kollateralschaden: Auf sie kommt es nicht an. Die Frauenkirche ist auferstanden aus dem Geist der Neutronenbombe, mit der in den Achtzigern der Krieg führbar gemacht werden sollte; denn sie sollte nur die Menschen töten und die Infrastruktur nicht antasten. Die DDR hatte die Trümmer der Frauenkirche einfach jahrzehntelang liegen lassen, wo sie lagen; ich habe sie selber noch so gesehen, als ich die Stadt in den Achtzigern das erste Mal besuchte. Man kann das diesem Staat auch als schlichte Indolenz auslegen. Aber er tat nicht, als wäre der Untergang der Stadt nie geschehen.

Was alles Heikes Argument nicht außer Kraft setzt: Etwas Besseres als das, was wir jetzt ersatzweise haben, wäre durch die genuin zeitgenössische Anstrengung schwerlich zustande gekommen. Vielleicht sollte ich darum doch meinen Frieden mit diesem Bauwerk schließen, indem ich es, wenn schon nicht als Denkmal des 18., so bestimmt des 21. Jahrhunderts akzeptiere.

Wo wir schon in Dresden sind, wollen wir uns auch das andere kontroverse Großprojekt nicht entgehen lassen. Wir gehen die Baustelle der Waldschlösschenbrücke besichtigen, um derentwillen dem Dresdner Elbtal soeben – ein beispielloser Fall – der Status des Weltkulturerbes aberkannt worden ist. Die Debatten hierüber waren in auffälliger Weise bilderarm verlaufen; und der eigene Lokalaugenschein kann jedenfalls nicht schaden.

Vorerst ist von der Brücke selbst wenig zu sehen; lediglich die Fundamentierungs- und Anbahnungsarbeiten an beiden Ufern sind schon ziemlich fortgeschritten, und es müssen große Erdmassen bewegt worden sein. Die Auffahrt dürfte ein ziemliches Loch ins Gelände reißen. Aber es lässt sich schwer ausmachen, worin genau die beklagte Schändung des Gesamtpanoramas bestünde. Die Brücke wird nicht gigantischer ausfallen als der Fluss, den sie zu überspannen hat; und der ist höchstens mittelgroß. Ich stehe auf dem rechten Ufer und blicke hinüber; die Brücke wird ihren jenseitigen Fuß auf einer Wiese neben einem mehrstöckigen DDR-Plattenbau aufsetzen, der dem Tal auch nicht eben zur Zierde gereicht. Und auf dem Weg vom Zentrum hierher sind wir an Brücken der Nachkriegszeit vorbeigekommen, die ästhetisch um nichts besser waren, als die neue Brücke schlimmstenfalls werden könnte. Sie haben freilich das Gewohnheitsrecht auf ihrer Seite; der Neubau indessen den Präzedenzfall.

Wie sehr kann eine Brücke das Bild eines Tales wirklich stören? Ihr Zweck ist von einer solchen Schlichtheit, er erklärt sich in ihren Formen mit solcher Unmissverständlichkeit, er weist eitle Wucherungen schon aus statischen Gründen so nachdrücklich ab, dass ein Architekt oder Ingenieur sich arg anstrengen muss, damit die Sache völlig schiefgeht. An manchen Bauaufgaben, sagen wir dem Kühlturm eines Großkraftwerks, müssen auch die fähigsten Baumeister verzweifeln; eine Brücke (sofern sie nur stehen bleibt und nicht umfällt) glückt fast von selbst.

Während ich mich an der Baustelle umsehe, komme ich mit zwei älteren Damen ins Gespräch, die sich gleichfalls selber einen Eindruck verschaffen wollen. Sie verstehen überhaupt nicht, wie man gegen die Brücke sein kann, die sei einfach notwendig! Die eine von ihnen stammt aus Blasewitz, ihr Cousin wohnt heute noch da und kann den katastrophalen Durchgangsverkehr kaum noch aushalten. Als Kinder hätten sie dort noch auf der Straße

Kreisel gespielt … Dass der Bau vorübergehend eingestellt worden ist, weil genau hier ein Vorkommen seltener Fledermäuse entdeckt wurde, dafür haben sie nur Hohn übrig: Die hätte doch jemand heimlich nachts ausgesetzt! Jede andere Stadt dieser Größe an einem Fluss bekomme alle Brücken, die sie wolle, nur bei Dresden stelle man sich so an!

Dass diese Stadt allerdings etwas Besonderes sei, geben sie gerne zu. Beide sind sie gebürtige Dresdnerinnen, wenngleich die eine, die gegenwärtig bei der anderen zu Besuch weilt, seit einem guten halben Jahrhundert in Westfalen lebt; aber was einmal eine Dresdnerin war, bleibt es für immer. Heike würde die beiden zu den «Elbsirenen» rechnen, ihr leicht spöttischer Ausdruck für einen hiesigen weiblichen Typus, in dem sich erheblicher Charme mit einer stets abrufbaren Begeisterung für ihren Heimatort verbindet. Der Elbsirene steht am anderen Ende des Flusses die Elbschnitte gegenüber. Diesen Ausdruck hörte ich einmal den Hamburger Schriftsteller Peter Rühmkorf verwenden, um seine hanseatischen Landsmänninnen zu charakterisieren. Die typische Elbschnitte, erklärte er auf Nachfrage, zeichne sich, außer durch hamburgischen Patriotismus, durch schlanke Gestalt, Blondheit und kühlen Verstand in allen Lagen sowie durch die Vorliebe für Kostüme im englischen Geschmack. Zwischen diesen zwei Typen also nimmt Deutschlands mittlerer Strom seinen Lauf.

Wir fahren noch ein kleines Stück weiter, um uns das Blaue Wunder anzusehen. Auch dieses ist eine Elbbrücke, aber eine, die als Schönheit und Bereicherung des Tales gilt. War das immer so? Es handelt sich um ein Gebilde aus vielen kleinteiligen Eisenstreben, dessen konstruktive Nacktheit vor hundert Jahren vielleicht als genauso abscheulich angesehen wurde, wie man es heute der Waldschlösschenbrücke nicht durchgehen lassen will. Ein Wunder heißt sie, weil sie damals offenbar eine bedeutende Ingenieursleistung dargestellt hat; das Blau ihres Anstrichs aber ist zu einem zarten Bleu verblasst, das ihr Gespinst noch fragiler erscheinen lässt (obwohl es sich aus der Nähe doch ziemlich robust ausnimmt). Auch Fußgänger können sie benützen – dies wird bei der Waldschlösschenbrücke leider vermutlich nicht so sein –, und so gehen wir hinauf und vor bis zur Flussmitte. Von hier aus bietet sich das Tal wirklich als ein herrliches Panorama dar, flussauf und flussab. Unter uns fährt ein Ausflugsdampfer durch, der, um die Brücke nicht zu streifen, seinen hohen schwarzen Schlot umklappt, was aussieht, als würde er, mit altertümlicher Höflichkeit grüßend, vor ihr seinen Hut ziehen.

Die B 6 folgt nun dem Tal der Elbe, und da sich auch Dresden in diese Richtung zieht, bleiben wir noch lang innerhalb der Stadt. Wir passieren die Tabakmoschee, eine frühere Zigarettenfabrik, deren Erbauer (anders als es heute geschähe) auf beides, Fabrik wie Zigaretten, so stolz war, dass er zur prunkvollen pseudomuselmanischen Architektur griff. Zu Zeiten der DDR hieß die B 6 natürlich noch nicht so, sondern F 6, F für Fernstraße. Sollte es wirklich stimmen, dass die Ost-Zigarettenmarke f6 von dieser Nachbarschaft ihren Namen erhielt? Das ist die östliche Ursprungserzählung. Die westliche aber lautet so, dass der Name f6 einfach ein schamloses Plagiat an der bundesdeutschen R6 gewesen sei (wobei das R für Reemtsma stand). Welche trifft zu? Möglicherweise doch die zweite. Aber selbst wenn es sich so verhalten sollte, gehört die f6 heute dennoch zu den wenigen Ostprodukten, die den Untergang ihres sozialistischen Heimatlands und die scharfe Luft der Konkurrenz, die damit einsetzte, überstanden haben. Plakate, die überall im Osten für sie werben und die wir auch hier sehen, halten trotzig eine bescheidenere, aber fröhlichere Form des Ostkonsums hoch, indem sie je drei Pärchen beim Campen oder Grillen zeigen. Um die R6 ist es hingegen still geworden; in Zigarettenautomaten kommt sie kaum noch vor.

In Radebeul statten wir dem Ensemble aus Villa Bärenfett und Villa Shatterhand einen Besuch ab. Zwischen dem Schmunzelhumor des einen und dem sentimentalen Pathos des anderen Namens entfaltet sich die Welt des Autors Karl May, der sie beide gebaut hat. Wie bitterarm er sein Leben als Kind von Webern in Ernstthal bei Chemnitz angefangen hat, wo er und seine Geschwister sich für eine Suppe Kartoffelschalen von den Nachbarn erbetteln mussten, hat er in seinen Erinnerungen eindringlich beschrieben. Wegen Brandstiftung, Diebstahls, Amtsanmaßung und Betrugs saß er wiederholt in Haft, wovon seine Berichte ein teils gekränktes, teils verwirrtes, in jedem Fall völlig distanzloses Bild zeichnen. Es lässt erkennen, aus welchen Finsternissen und welcher seelischen Gefährdung er seinen Weg zu Ruhm und Reichtum genommen hat. Man hätte es dem jungen Mann nicht zu prophezeien gewagt. Die Vorstellungskraft, die so stark aus seinen unzähligen Büchern spricht, rang sich von persönlichen Größenphantasien nie los. Karl May wurde Old Shatterhand so, wie er in seiner Jugend Polizeikommissar geworden war, durch Selbsternennung, eines der Delikte, für die er ins Gefängnis ging. Auf jede Weise förderte er den falschen Eindruck, er sei persönlich als sein Held im Wilden Westen und im Orient unterwegs gewesen, ließ sich im entsprechenden Kostüm ablichten und gab Autogramme im Namen von Old Shatterhand und Kara Ben Nemsi. Dies rief den hämischen Zweifel auf den Plan, und eines Tages flogen ihm seine geträumten Identitäten um die Ohren. Karl Mays letzte Lebensjahre, ausgefüllt von juristischen und publizistischen Kämpfen, verdüsterten sich ihm fast so sehr wie seine Anfänge.

Man erschrickt für ihn, wenn man die Geschichte von der Silberbüchse hört. Diese war das Gewehr Winnetous gewesen. Zusammen mit Old Shatterhands Henrystutzen stellt sie eins der wichtigen Exponate der Villa Shatterhand dar, eine über und über mit Silbernägeln gespickte alte Flinte. Doch wie, fragten Karl

Mays Feinde, konnte sie hierher ans Ufer der Elbe gelangt sein? Lasen sie nicht beim Autor selbst, er habe sie seinem Blutsbruder Winnetou mit ins Grab in den Weiten der amerikanischen Prärie gegeben? Karl May verpasste die Chance, die Dinge ein für alle Mal geradezurücken, und erfand eine konfuse, panische Story: Er sei aus Europa noch einmal in den Westen aufgebrochen, da er gehört habe, Winnetous Grab sei von Schändung durch die Hand der Komantschen bedroht, und wenigstens dieses Unterpfand habe er retten wollen. Es klingt so traurig, wenn ein großer Autor und alter Mann wieder in die ungeschickte Lüge des trotzigen Kindes versinkt, der keiner Glauben schenkt. Die Silberbüchse also lässt sich immer noch in Augenschein nehmen; und sie scheint, dürftiges Ding, das sie ist, so viel Verstrickung nicht wert.

Das Zwillingshaus, die Villa Bärenfett, ist als Völkerkundemuseum der Indianer Nordamerikas eingerichtet. Wie kümmerlich diese Völker lebten. Das Maß ihres Lebens ergab sich aus der Haut des Büffels, aus der sie nicht nur ihre Kleidung, sondern auch ihre winzigen Zelte verfertigten. Ihre Habseligkeiten schleppten sie mit einer Art Rollkoffer hinter sich her, nur dass diesem die Rollen fehlten und seine Enden einfach durchs Präriegras schleiften, bestimmt eine böse Schinderei. Ihre kleinen Kinder zurrten sie derweil in Tragen auf dem Rücken so fest, dass diese kein Glied mehr rühren konnten. Ein paar bemerkenswerte Einzelstücke aber gibt es doch, zum Beispiel den Tomahawk des Häuptlings Red Cloud. Die Beischrift hebt dessen «Nutzglanz» hervor, fein poliert ist das Beil vom Hieb in nicht weniger als vierunddreißig rote und weiße Hirnschalen (innen waren sie alle rot); die Zahl ergibt sich aus den Kerben, die in den Schaft geritzt sind. Nach all dem Nebel um die Silberbüchse wirkt die Klarheit dieses Geräts erfrischend.

Das Reisen mit Jona bringt es mit sich, dass wir an ungeplanten Stellen halten. Ein Schaden ist das nicht. Diese Zwischenaufenthalte funktionieren als ein Zufallsgenerator; während Mutter und Kind beschäftigt sind, bleibt mir eine halbe Stunde, um mich umzutun.

Zum Beispiel an einem Parkplatz an der Elbe kurz vor Meißen. Dies ist ein besonders schöner Abschnitt des Tals, der Großraum Dresden hat nunmehr doch aufgehört, es gibt wieder Raum für Felder und Wälder, die Hänge steigen an, doch ohne sich gegen das Hinterland zu verschließen. Ich nehme den Weg in der Richtung zum Fluss. Dicht an seinem Ufer herrscht ein Gestrüpp, durch das man nur schwer hindurchkommt; es endet der landschaftende Wille, der sonst fast jeden Quadratmeter Deutschlands durchwaltet, und es wächst und gedeiht, was am stärksten ist. Am stärksten ist die Riesenbalsamine.

Ich glaube, dass jeder diese Pflanze kennt, obwohl nicht unbedingt ihren Namen. Es handelt sich um ein stämmiges, deutlich übermannshohes Kraut, das jedes Jahr wächst und wieder vergeht – was für ein Einsatz von vegetativer Kraft für nur ein einziges Jahr! Die Blüten, oberflächlich denen einer Orchidee ähnlich, sind groß und exotisch, von einem hellen bis dunklen glänzenden Purpur, mit Sporn und weiter Öffnung vorne, an dünnen Fäden aufgehängt wie die Elemente eines Mobiles. Später werden sie sich in Fruchtschoten verwandeln und auf die leiseste Berührung explodieren, um die Samenkörner etliche Meter weit um sich her zu zerstreuen. Man staunt jedes Mal, wenn eine Pflanze sich plötzlicher Bewegung fähig erweist, als wäre sie ein Tier. Dennoch liebt niemand die Riesenbalsamine. Denn sie ist ein Fremdling, der, aus dem Himalaja stammend, sich erst seit einigen Jahrzehnten massenhaft bei uns ausgebreitet hat, um die begehrten Standorte am Rand der Fließgewässer zu besetzen. Erst während der Lebenszeit der meisten von uns ist sie so häufig geworden; darum begegnen ihr alle mit Argwohn. Als natürlichen Bestandteil der Landschaft anerkennt man Weidenröschen und Goldrute, ähnlich robuste, in großen Mengen auftretende, unverkennbare Blumen – nur dass sie nicht erst seit dreißig, sondern schon seit hundert Jahren eingebürgert sind und also schon da waren, als die heute lebende Menschheit die Augen aufschlug. Niemand sah sie kommen, also hegt niemand Groll und Furcht vor den Invasoren, sie gehören dazu, und man freut sich ihrer Schönheit.

Als wir uns Meißen nähern, präsentiert es sich von seiner aquarellenen Seite. Halbherzig regnet es noch, aber die Sonne, kurz vor dem Sinken, scheint fast waagrecht dazu; und so resultiert ein Regenbogen. Er zeigt sich in seinen freundlichen, sauber gezirkelten Grundfarben wie etwas völlig Beständiges und Notwendiges, und hängt doch in jedem Stück so sehr von den Zufällen der herumwirbelnden Partikel ab, von Licht und Wolken und Wasser. Unablässig muss sich seine Dauer in den wirrsten Geschehnissen erneuern, er existiert stoffwechselnd wie ein Mensch. Aber da seine Existenz sich ganz und gar keinen Körper baut (der sich doch aus der Nahrung seinen kleinen Vorrat anlegen würde) und nur von Sekunde zu Sekunde währt, so lässt sich der Regenbogen vielleicht am ehesten, statt mit einem Menschen überhaupt, mit dessen Lächeln vergleichen.

Ich habe Meißen, von Dresden kommend, vor einem Vierteljahrhundert schon einmal besucht. Die Straße am Fluss entlang bestand damals aus gröbsten Pflastersteinen, die auch bei Tempo 30 einen röhrenden Lärm verursachten. Aber die Stadt selber ist mir in sehr angenehmer Erinnerung. Der Verfall war hier nicht so weit vorangeschritten wie in anderen Städten der DDR, er brachte den historischen Charme des Orts zur Geltung. Und es war alles so billig! Damals gab es zwar für Westreisende den Mindest-Zwangsumtausch, eine Mark West für eine Mark Ost. Einerseits muss man das als fairen Deal bezeichnen, denn man bekam, was es gab, auf diese Weise immer noch preiswerter als daheim. Auf der anderen Seite war jeder im Osten blindlings

bereit, für eine Mark West vier Mark Ost zu tauschen, denn bestimmte Luxusgüter waren eben nur für «Währung» zu haben.
Ostgeld wurde nicht als Währung angesehen. Es gab damals viele
Klagen über den katastrophalen Zustand der ostdeutschen Gas-
tronomie. In Meißen stand es damit aus irgendwelchen Gründen
besser. Wir bekamen immer einen Platz in den Restaurants und
wählten, obwohl wir noch studierten und eher knapp bei Kasse
waren, stets das teuerste und beste Gericht von der Karte, denn
es kostete nicht mehr als fünf Mark – Ost. Das machte für uns
eine Mark fünfundzwanzig; das Glas Bier dazu belief sich auf
siebzig respektive siebzehn Pfennig. Dass etwas mit einer Volks-
wirtschaft, die ihre durchaus soliden Produkte auf diese Weise
verschleudern musste, sehr im Argen lag, war uns durchaus bewusst; doch es beeinträchtigte nicht unsere Lust am Vorteil, die
größer war als der kleine befristete Vorteil selbst.

In Meißen hat sich seit damals nicht gar so viel geändert;
zum Glück. Damals war es, wie gesagt, nicht ganz so heruntergekommen; heute ist es nicht ganz so hochpoliert. Der mittlere
Zustand ist der angenehme. Wir promenieren die Elbe entlang, vorbei an vielen schönen Häusern, von denen etliche leer-
stehen, und steigen auf zu Burg und Dom, die ein wunderbar
verschachteltes Ensemble bilden. In einem Restaurant mit Blick
von hoch droben über die Elbe essen wir zu Abend. Die Preise
auf der Speisekarte haben sich seit meinem Besuch vor einem
Vierteljahrhundert grob gerechnet versechzehnfacht: um den
Faktor vier, weil der Schwarzumtausch wegfiel; um den Faktor
zwei, da der Osten nach der Vereinigung allmählich auf West-
niveau anzog; und nochmals um den Faktor zwei durch die seither eingetretene Inflation. So kostet ein gutes Hauptgericht statt
einer Westmark und fünfundzwanzig nunmehr rund zehn Euro,
was sehr in Ordnung ist. Der Kellner verhält sich, obwohl er immerfort hasten muss, sehr freundlich. Er sagt uns: Ich bräuchte,
um hier durchzukommen, nicht zwei Arme, sondern drei; und

korrigiert sich: Nein, besser doch nicht, denn dann würde mein Kollege entlassen, und ich müsste es ganz allein schaffen.

Zu den erstaunlichsten Überbleibseln der alten DDR zählen ihre Autos. Das Modell Trabant fährt, zwanzig Jahre nachdem das letzte Exemplar vom Zwickauer Band gelaufen ist, noch immer. Das hätte man ihm nicht vorhergesagt – zum einen weil die neuen Westwagen so viel attraktiver schienen, zum anderen weil man es der labilen Konstruktionsweise der «Rennpappe», wie der Trabant auch hieß, nicht zugetraut hätte. In beiden Punkten hat man die Liebe der Besitzer unterschätzt. Das Auto und der Garten, das waren die beiden Dinge, die ein Bürger im Sozialismus wahrhaft die seinen nennen durfte. Sie verlangten ihm die immerwährende Pflege ab; aber diese Pflege lieferte zugleich ein Sinnangebot und eine Existenzform, die so im Westen nicht erhältlich waren. Im Garten besteht ein Gleichgewicht zwischen der Arbeit, die er macht, und dem Genuss und Gewinn, den er spendet; und auf diese Weise hat er etwas Ganzes und Vollrundes an sich, das dem bloßen Konsumartikel abgeht. In diesem Licht betrachteten die DDR-Bürger auch ihre Fahrzeuge; und wenigstens der nostalgische Teil von ihnen tut dies wohl immer noch.

Auf dem alten Kopfsteinpflaster finden wir einen dieser unverwüstlichen Trabis geparkt; er weist sogar noch den trüben graubraunen Originallack auf, der sich von dem ebenfalls braungrauen Putz des unrenovierten Hauses, vor dem er steht, kaum abhebt. Dieses Braungrau war die Signaturfarbe der untergegangenen Republik, selbst die Luft war davon getönt, wenn man eine der langen Dresdner Straßen hinuntersah. Aber dieses Auto steht nicht einfach nur so da, es kommentiert sich auch. Auf der Hutablage befinden sich nebeneinander ein

205

plüschbezogener Plastikmops mit lose montiertem Kopf, der bei jedem Ruck auf den unebenen Straßen der Stadt ins Wackeln geraten muss; und eine Rolle Klopapier im handgehäkelten Futteral. Dieses Futteral aber weist das weiß-blaue Emblem auf, mit dem man Baudenkmäler zu kennzeichnen pflegt, um ihnen im Fall des kriegerischen Konflikts Schonung zu sichern. Es kann nicht ganz einfach gewesen sein, dieses diagonal geteilte Quadrat in ein Häkelmuster zu verwandeln. Welch kompliziert bequemer Geisteszustand sich hier Ausdruck und Rüstung verschafft hat! Er will vom Alten nicht lassen; erkennt dennoch dessen hoffnungslose Antiquiertheit; sucht nach einem Reservat, wo es darauf nicht ankäme; weiß, dass ein solches auf geradlinigem Weg nicht zu haben ist; und will sich folglich unangreifbar machen, indem er sich zum Schein unter Ironievorbehalt stellt. Der nickende Mops, das Häkelfutteral übertreiben das kleinkarierte Winkelglück gerade eben so weit, dass man sie unmöglich wörtlich nehmen kann; doch gar nicht weit unterhalb dieser Übertreibung dürfte die eigentliche Gesinnung sitzen.

Leipzig durchqueren wir diesmal, ohne anzuhalten. Es stellt in jeder Hinsicht das Gegenteil von Dresden dar. Dresden trägt die Narben im Inneren, während die Außenbezirke sich in weitgehend unversehrter Pracht darbieten; in Leipzig haben die Investoren die Innenstadt in ein Schmuckstück verwandelt, während außerhalb des alten Rings vieles vor sich hin gammelt. Dresden liegt landschaftlich sehr schön, hat aber dafür dieses leicht kaffeekränzchenhafte Flair; Leipzig befindet sich in der Mitte einer langweiligen Ebene, dafür ist hier in der Stadt selbst mehr los. Wahrscheinlich lässt sich die Menschheit recht klar in zwei ungefähr gleich große Gruppen sortieren: in die, die lieber in Dresden, und die, die lieber in Leipzig leben würde.

Halle kannte ich bislang nur als Bahnreisender. Und wer sich die Stadt vom Bahnhof aus erschließt, der bekommt sie wahrlich nicht von ihrer besten Seite zu Gesicht; hier ist (oder war bis vor kurzem noch) alles entweder Verfall oder Aufruhr des Umbaus, den man, solange er dauert, noch schlechter verträgt als Ruinen. Aber ein sonniger Tag und eine veränderte Ankunftsroute verwandeln alles. Ich kann kaum glauben, dass dies dieselbe Stadt sein soll. Zwar fahren wir, da wir von Süden hereinkommen, auch an HaNeu vorbei, der Haller Neustadt, deren monotoner Gigantismus im Osten seinesgleichen nur noch in Berlin-Marzahn hat; doch wir halten hier nicht.

Am Abend sitzen wir auf dem großen Marktplatz, der Marktkirche gegenüber, die Lyonel Feininger so gern gemalt und gezeichnet hat. Sieht man nur diese Bilder und kennt das Original nicht, so hält man Feiningers spitzige Formen für Übertreibung; aber so sieht dieser Bau wirklich aus; und speziell das gewölbte Brücklein, das sich hoch oben zwischen den Türmen spannt, wirkt wie eine expressionistische Erfindung. Feininger, nicht zufrieden mit dem, was ihm die Vertikalen der Architektur boten, hat sie in den weiten Raum darüber hineinverlängert, den allerlei Strahlen und Pfeile durchspießen. Doch selbst dieser scheinbare Manierismus hat, wenn man auf einer Terrasse sitzt und emporblickt, sein reales Vorbild: Auf dem Platz kreuzen sich die Wege der Straßenbahnen und darüber ihre kompliziert geschlungenen Oberleitungen; mehr als dieses Gespinst braucht Feiningers Phantasie nicht, um aus der sachsen-anhaltinischen Provinz den Himmel von Manhattan hervorzuzaubern.

Auf dem Platz tut sich einiges. Ein Junggesellenabschied findet statt, dieses Stück ganz neuen Brauchtums. Der Bräutigam trägt ein T-Shirt mit der Aufschrift «Franzi? Ja ich will!», während seine Freunde, wie ein griechischer Chor, Shirts tragen, auf denen steht: «Franzi? Nein danke!» Am wichtigsten ist der Leiterwagen, den sie mit sich führen und aus dem sie allerlei kleine Gegenstände ans Publikum verkaufen. Auch eine Frauengruppe, die wenig später erscheint, vielleicht spiegelbildlich Franzi und ihre Freundinnen, hat einen solchen Wagen dabei, den Luftballons und ein Schweif aus Blechbüchsen schmücken. Die Braut trägt ein Diadem wie eine Weinkönigin; es wird feierlich eine kleine Rede verlesen, von der wir nichts verstehen. In den Pausen der Heiterkeit wirkt die Gruppe ratlos, ihr Temperament ist dem Anlass nicht gewachsen. Ein Penner kommt des Weges, er grölt: «Ich weiß, dass ich eklig aussehe, aber ihr *seht* mich, ich will, dass ihr mich *seht*!» und nähert sich einer der Frauen; sie fühlt sich offenbar bedroht oder mindestens belästigt. Da geschieht etwas, das wir nicht erwartet hatten. Aus einer Gruppe von Punks, die mit ihren Hunden auf dem gepflegten Rasen vor dem Händel-Denkmal gelagert hatten (denn Halle ist die Stadt Händels), machen zwei sich los und steuern auf das Paar zu. Das Gespräch zwischen ihnen können wir nicht hören; doch ist ziemlich klar, dass die Punks den Penner des Platzes verweisen; zuletzt versetzt einer ihm einen leichten flachen Schlag ins Gesicht. Das tut seine Wirkung, der Penner zieht ab. Wer die Punks für das chaotische Element auf diesem Platz ansah, hat sich getäuscht: Das hier ist *ihr* Wohnzimmer, und wer dessen Ordnung stört, bekommt es mit ihnen zu tun.

Das Hotel in der Innenstadt, bei dem wir halten, ist geschlossen; doch hängt ein Zettel mit einer Telefonnummer an der Tür. Zehn Minuten nach unserem Anruf trifft eine Dame mit dem Auto ein, begleitet von einem schwarzen Zwergpudel, sie schließt uns auf und erklärt, eigentlich befinde sie sich seit heute im Urlaub, aber sie wolle nicht so sein; wir sind die einzigen Gäste. Noch einmal kommt sie am nächsten Morgen, einem Sonntag, um sieben Uhr früh, um für uns Kaffee zu kochen, bevor sie ins Flugzeug steigt. Die Stühle im Frühstücksraum sind hochgestellt, alles hier verkündet eine längere Betriebsruhe; dazwischen aber ist Platz für unser Gedeck. Sie setzt sich zu mir und leistet mir Gesellschaft (Heike kommt erst etwas später herunter), und sie beginnt zu erzählen.

Dieses relativ kleine Hotel ist der letzte gastronomische Betrieb, den sie in ihrem 73-jährigen Leben noch zu führen gedenkt. Zwölf Jahre hat sie als Chefstewardess der DDR-Handelsmarine gearbeitet und die Welt gesehen; auf einem norwegischen Schiff, das überführt wurde, ist sie bis nach Japan gefahren; und in Australien waren die Freudenmädchen so frech, dass sie dem Kapitän dabei helfen musste, ein besonders anhängliches Exemplar aus dem Bett zu schaffen. Dann sollte sie eine Gaststätte der Nationalen Volksarmee führen – aber das ging nicht, war sie doch im kapitalistischen Ausland gewesen und sollte nun *Waffenträger* bedienen! Doch fand sich etwas anderes; sie übernahm das größte Gartenlokal der Stadt Halle, im «baschkirischen» Stil, das eintausend Außenplätze besaß.

Dort in den Hinterzimmern kam auch gern die Führungsspitze der DDR zusammen. Sie schwärmt von Sindermann. «Sindermann, das war ein feiner Mann!», er soff nicht wie die anderen und wusste sich immer zu benehmen. Nicht so Mielke und Krenz. Egon Krenz hatte schon im Normalzustand keinen trockenen Mund. Betrunken aber sabberte er. Es half alles nichts, zum Abschied musste sie auch ihn küssen. Rechte Backe, linke Backe, das war unangenehm genug. Aber die russischen Generäle nahmen es sich als ihr nationales Vorrecht heraus, sie auf den Mund zu küssen. Widerlich! Margot Honecker war eine «olle Zicke», der sie immer in den Mantel helfen musste. Nach zwölf Jahren in der Handelsmarine lehnte sich alles in ihr gegen diesen knechtischen Dienst auf. In besagte Hinterzimmer ließen die Polit-Prominenten sich auch gern nackte Damen liefern, «na, sagen wir halbnackte». Hierüber sowie über die Verwanzung sämtlicher Hotelräume musste sie eine eidliche Schweigeverpflichtung unterzeichnen. «Die gilt ja heute Gott sei Dank nicht mehr.» Richtig schlimm war aber alles erst Ende der Siebziger geworden. In den Fünfzigern, als sie der Partei beitrat, war das noch eine echte Auszeichnung gewesen! Jetzt arbeitet sie für einen westdeutschen Chef, der sie am Anfang unbedingt loswerden wollte, «weil ihr Ossis ja alle nicht wisst, was arbeiten heißt». «*Den* habe ich vielleicht von seinen Vorurteilen kuriert!» Jetzt fleht er sie an, noch nicht in Rente zu gehen, denn sie ist es, die den Laden schmeißt. «Ich kann halt nicht nein sagen.» Auch zu uns nicht; eigentlich hat sie uns, obwohl wir sie gar nicht angingen, die ersten Stunden ihres Urlaubs geschenkt.

Ich drehe an diesem strahlenden Sonntagmorgen noch eine kleine Runde durch die Stadt. Wie konnte mir früher ihre großzügige Schönheit entgehen? Ich komme vorbei an der Moritzburg, der Universität, vielen großen Villen, am üppigen verwilderten Grün des Saale-Ufers. Kein Mensch ist auf der Straße zu sehen. Heute wirkt das nicht traurig. Ich weiß, dass alle ihren wohlverdienten Sonntagsschlaf genießen; dass sie, sofern es so etwas für sie überhaupt gibt, jetzt ihren Frieden haben.

Aber das heißt nicht, dass die Stadt völlig schwiege; sie spricht in ihren Schriftbildern. Vor der Kunsthochschule Giebichenstein hängt eine gelbe Fahne mit einem Zitat von Friedrich Dürrenmatt: «Durch die Arbeit entsteht aus einem Einfall die Welt.» Das nenne ich einen optimistischen Arbeitsbegriff! Wo hätte Dürrenmatt das Geschirrspülen einsortiert? Denn dieses gehört ja wohl auch zur Arbeit. Ein Kindergarten, der in einer Gründerzeitvilla untergebracht ist (das gibt es also noch! Nicht alles ist nach 1990 den Immobilienhaien in die Finger gefallen), nennt sich, in knallbunten Buchstaben, «Schlumpfen-Eck». Warum muss alles, was Kinder betrifft, unbedingt immer so übertrieben laut und süßlich, so knuffig daherkommen? Nur die Heuchler unter den Kindern werden darauf anspringen. Ein Fahrradladen heißt «Fahrradies». Na gut, das Wortspiel ist nicht besonders originell, aber man kann seine zwei Bestandteile noch ohne allzu große Anstrengung auseinanderlegen und neu zusammensetzen. Aber daneben gibt es, für die Kleinen, eine Dependance namens «Fahrradieschen». Und damit dürfte die Schraube der Anspielungen überdreht sein; dieses dritte Element klappert nur noch mit einer leidigen, leeren Mechanik.

Jenseits von Halle beginnt nun eindeutig Norddeutschland. Der Typus der Dörfer ändert sich. Die Straßen werden breit, die Häuser niedrig, und noch niedriger wirken sie, weil sie dem Reisenden die Längsseite mit der tiefen Traufe zuwenden. Es herrscht die Ebene. Sachsen-Anhalt, wie es sich ab Halle entfaltet, ist vor allem eins: das Land der Windräder.

Sie hätten Lyonel Feininger gefallen. Feininger war begeistert vom Menschen als Konstrukteur, vom Meer, von Schiffen und den Hochhäusern der großen Städte; und wo es diese Elemente nicht von Haus aus gab, da trug seine Kunst sie hinein. Die Windräder holen ins Binnenland eine maritime Brise. Manche haben, teils auf den Masten, teils auf den Rotorblättern, breite weiße und rote Streifen wie Leuchttürme; alle verwandeln sie mit ihren schlanken starken Rotoren die Luft und den Himmel in etwas, das Kraft und Körper hat und mindestens so viel Wirklichkeit besitzt wie das, was sich auf Erden tummelt. Wo es Windräder gibt, da ändern sie das Gesamtbild der Welt, der Blick fühlt sich nach oben gezogen, zu jenen zwei Dritteln des sichtbaren Feldes, das den Wolken und dem Wind gehört.

Freilich bleibt diese Blickverwandlung nicht ohne Folgen für die irdischen Verhältnisse. Es sollte auf Erden nicht all zu viel geben, was der Rede wert ist, wenn man den Windrädern das Regiment überlässt. Schon wo auch bloß ein Baum in der Nähe steht, merkt man, wie ihm durch diese Nachbarschaft Unrecht geschieht; er nimmt sich, und sei er noch so stattlich, nur noch aus wie ein armes Strauchgewächs.

Schon ein einzelnes Windrad greift machtvoll in die Proportionen der Landschaft ein, lässt Mittleres ins Zwerghafte schrumpfen, lieblich Komplexes ins matt Pedantische kippen. Und nun gar die riesigen Windparks hier! Zu zwanzigst, zu dreißigst, zu vierzigst stehen die Propeller; und im fernen Hintergrund grüßen schon der nächste und der übernächste Park herüber, manchmal befinden sich von Horizont zu Horizont wohl an die hundert Räder in Sichtweite. Don Quichotte gilt als Narr, weil er Windmühlen angriff, die er fälschlich für Riesen hielt. Diese Windmühlen *sind* die Riesen. Sie sprengen das Menschenmaß, worin die Landschaften Europas sich über viele Jahrhunderte herausgebildet haben.

Das festzustellen heißt nicht unbedingt, sie zu verdammen. Der Mensch ist nicht das Maß aller Dinge; und warum soll man die großen Flächen der Region nicht auf diese Weise neu in Wert setzen. Aber man sollte doch anmerken, dass mit dem Unmaß dieser Parks ein nichtmenschliches Element ins Land hereingenommen wurde, welches mit dem verdrossenen Einwand von der «Verspargelung» nur unzulänglich benannt ist. Auf den weiten Äckern Sachsen-Anhalts stehen sie, als wäre eine Saat in anderer Dimension aufgegangen, wie eine von Giganten gezogene Super-Nutzpflanze.

An einigen dieser Windparks erkenne ich die Handschrift Garniers. Er hat die Masten der Windräder behandelt, als wüchsen sie gleich den Stängeln des Maises aus dem Ackerboden hervor, in abgestuften Tönen, die unten mit einem dunklen Grün beginnen und nach oben immer lichter werden, und dadurch den Eindruck der Nutzpflanze verstärkt. Sie wachsen gewissermaßen als Brücken von der Erde in den Himmel, wie die riesige Bohne, die im Märchen empor zum Mond rankt. Das war (wie er heute selber meint) keiner seiner glücklichen Griffe. Architektur soll friedliche Nachbarschaft suchen. Aber diese Räder gehören nicht der Architektur an. Wenn es sie denn unbedingt geben muss, täten sie besser daran, die Zusammenhänge um sich herum zu zerreißen. Besser als die Erde in den Himmel zu heben wäre es, sie pflanzten den Himmel in die Erde ein.

Die B 6 verläuft hier als «gelbe Autobahn». Das bedeutet, dass sie in jeder Hinsicht dem Standard einer der «blauen» Autobahnen im System A entspricht, nur eben statt der blauen Beschilderung die gelbe der Bundesstraßen behält. Die verwaltungstechnischen Verzwicktheiten, die hinter dieser Unterscheidung stehen, bleiben uns ein Geheimnis. Links von uns erhebt sich, scharfe Grenzlinie Nord- und Mitteldeutschlands, die gewaltige Linie des Harzes; der Brocken in der Mitte, aus der Ebene mehr als tausend Meter emporragend, bietet sich als eine riesige Halbkugel dar, die uns über eine erstaunlich lange Wegstrecke hin begleitet. Nur als Ausfahrtschilder nehmen wir Halberstadt, Wernigerode, Quedlinburg zur Kenntnis. Und dann sind wir wieder im Alten Westen.

Die Betonung liegt eindeutig auf «Alt». Im Gegensatz zum Osten, wo so vieles seine endgültige Bestimmung noch nicht wieder gefunden hat, wo es Luft gab durch Wegzüge und Industriebrachen, wo überall das teure Nagelneue neben dem ganz und gar Verrotteten und Unbrauchbaren steht und nichts Mittleres dazwischen, ein in jeder Hinsicht zerklüftetes Land – kennt im Westen ein jedes Ding seinen Platz schon so lange so genau, dass keine Leerstellen bleiben und man nicht mit Überraschungen zu rechnen hat. Die BRD ist jetzt genau sechzig Jahre alt; und so wirkt sie auch, wenn man sie von Osten her betritt: wie ein Mensch, der noch im Erwerbsleben steht, aber sich innerlich schon auf die Rente vorbereitet.

Die Stadt Goslar ist schmuck hergerichtet mit ihren Fachwerkhäusern; ihre Kaiserpfalz und die Überreste ihres mittel-

alterlichen Silberbergbaus genießen den Rang eines Weltkulturerbes – das wievielte auf dieser Reise? Auf dem Marktplatz steht
eine große Zahl von Touristen, blickt angestrengt am Rathaus
empor und wartet auf das Erscheinen des Glockenspiels zur
vollen Stunde. Endlich ist es so weit: Ein Türlein öffnet sich, eine
Scheibe beginnt sich zu drehen, darauf sind Figuren in alten
Bergmannskostümen angebracht, es ertönen dazu die Klänge
von «Glückauf, der Steiger kommt», alle knipsen, nach einer
Minute ist der Spuk vorbei. Es war so wenig, was es hier zu sehen
und zu hören gab! Und dennoch scheinen die Leute zufrieden,
denn es ist etwas *passiert*, ein winziges Körnchen, um das sich
das Erlebnis des Ausflugs kristallieren kann.

Was käme da noch in Betracht? Zum Beispiel kann man aus
großen Glasbehältern, die nach dem Muster alter Kaugummi-
Automaten funktionieren, mit Münzeinwurf und Drehknauf,
polierte Halbedelsteine ziehen, das Ganze wird als «Sammel-
spaß» deklariert. Man kann auch Hexenpuppen (der Brocken
ist nicht allzu weit) erwerben oder eins dieser lustigen gelben
Warnschilder, auf denen steht: «Ich habe keine Probleme mit
Alkohol – Nur OHNE!» oder: «AZUBI – Arsch zum Bierholen»,
was nun endgültig gar keinen lokalen Bezug mehr erkennen lässt
und sich nur ganz allgemein ins Zubehör des Tagesausflugs ein-
reiht.

Am schlimmsten hat es im Krieg jene deutschen Städte erwischt,
die aus Fachwerk errichtet waren: Sie brannten herunter bis zum
letzten Balken. Zu ihnen gehört unsere nächste Station, Hildesheim. Es hatte einige der prachtvollsten Fachwerkbauten im ganzen Land besessen und war nicht bereit, seinen Schatz ganz und
gar verloren zu geben. Wenigstens die schönsten sollten wiedererstehen. Und so zieren denn den Hauptplatz die Sieben- und
Achtstöcker als Komplett-Rekonstruktionen (das Wort im westdeutschen Sinn verwendet), das «Knochenhauerhaus» zum Bei-

spiel, Wale ihrer Gattung, jeden Quadratzentimeter mit Schnitzereien überzogen, mit Allegorien der Justitia und der Tugenden und der Laster und mit vergoldeten Sinnsprüchen in Fraktur, wie gesunkene Schiffe, die sich komplett mit Meeresorganismen überkrustet haben. Dem Gesamtmaß widerspricht das kleinteilige Konstruktionsprinzip, schachtelhaft fügt sich alles aus kleineren Holzteilen; auch der Raumgeiz passt nicht recht dazu, der auf einer möglichst geringen Grundfläche möglichst viel Platz herausschlagen möchte und darum Stockwerk für Stockwerk über reichprofiliertem Balkenschmuck eine gute Spanne weit nach vorn springt, um mit dem Luftraum über jeden Zoll zu feilschen. Beängstigend überlastig wirken sie, und zugleich verschwörerisch, als würden sie oberhalb der Menschen, die in den Cafés des Platzes sitzen, die Köpfe zusammenstecken.

Auch die vielen romanischen Kirchen der Stadt haben schweren Schaden gelitten. Der Wiederaufbau geschah sorgsam; teils übersorgsam, denn wenn man die Steine mit modernem Werkzeug allzu glatt zuhaut, dann geraten diese alten Baupläne leicht ein bisschen langweilig. Zu 88 Prozent zerstört war der Dom. Und es verbrannte 1945 mit ihm auch Hildesheims kostbarstes Kleinod, sein Wahrzeichen, der Tausendjährige Rosenstock im Innenhof des Kreuzgangs. Er verbrannte hinab bis zu den Wurzeln. Wenn es unter allen Verlusten einen ganz und gar unersetzlichen zu geben schien, dann diesen. Aber noch im Sommer desselben Jahres schlugen aus dem Wurzelwerk zwei Dutzend neue Triebe aus, und machtvoll wuchs die neue alte Pflanze. Auch sie hat nun schon wieder zwei Drittel eines Jahrhunderts Zeit gehabt, sich zu entfalten, und bietet einen recht stattlichen Anblick. Dürfen die Hildesheimer sie immer noch als einen tausendjährigen Rosenstock bezeichnen? Mehr Verbindung zu dem, was früher war, hat er als das Knochenhauerhaus: Sein unwillkürlicher Wuchs steigt aus den verkohlten Trümmern als eine dünne, aber zähe, niemals unterbrochene Linie; und so gibt seine pflanzliche Art fortzuleben das wahre Bild dessen ab, was Tradition ist, besser als die Menschen selbst oder ihre Häuser es könnten.

Zwischen Hannover und Hildesheim dürfte es, wie die Landkarte uns anzeigt, eine ziemlich kontinuierliche Bebauung geben. Wenn man aber der auch hier zur Schnellstraße ausgebauten Bundesstraße folgt, die hoch und blickdicht von Bäumen begleitet wird, resultiert ein anderer Eindruck: als führe man durch einen geschlossenen großen Wald. Ja, die Bäume trennen selbst die Fahrspuren, sodass der Gegenverkehr ausgeblendet wird und man wie mit der Strömung eines Flusses fährt. Und dennoch macht sich auch hier die absolute Perfektion des deutschen Straßensystems geltend. Es ist kybernetisch makellos zu nennen. Alle in ihm möglichen Verhaltensweisen nimmt es vorweg und leitet sie an, durch Trassenführung, Fahrbahnpfeile, Ge- und Verbotsschilder, Orts- und Kilometerangaben, Beampelung, Aus- und Auffahrten – nichts, was im Unklaren bliebe. Mir fällt der französische Schriftsteller Michel Houellebecq ein, der eine seiner Figuren, befragt nach ihrem Aufenthalt in Deutschland, antworten lässt: Die Deutschen sind Schweine, aber Straßen bauen können sie. Sollten wir über diese widerwillige Respektsbekundung stolz sein? Die Schweine gehören zum abstrakten Ressentiment; das Urteil über die Straßen jedoch speist sich aus dem konkreten Erlebnis.

Und doch bleibt auch auf deutschen Straßen Raum für das Abenteuer, wenigstens jenes von der banalen Sorte, das Zeit und Nerven kostet, ohne doch den Erfahrungsschatz im Grundsätzlichen zu erweitern; für Staus, Umleitungen, Baustellen, Auffahrunfälle. Und man muss immer mit vollkommener Konzentration bei der Sache sein (eigentlich in höherem Grad, als ein Einzelner es für längere Zeit durchzuhalten vermag), denn die meisten Dinge bekommt man nur einmal mitgeteilt und muss sofort reagieren, besonders wenn man durch die großen Städte fährt, von denen uns auf unserer Strecke noch zwei bevorstehen: Hannover und Bremen.

Man muss nicht in allen Städten alles sehen. In Hannover beschließen wir, da nun endlich nicht nur die Sonne, sondern auch die Luft hinlänglich von Wärme gesättigt ist, unserer Lust zum Sommer nachzugeben. Zufällig kommen wir am Maschsee heraus, diesem erstaunlich großen Gewässer mitten in der Stadt, einem Geschenk, mit dem wir nicht gerechnet hatten. Den Eindruck des Südens erwecken Palmen und andere Gewächse, die man in Kübeln ins Freie gebracht hat, den Eindruck der Weite die Segler auf dem See. Ringsherum dehnt sich ein Park mit großen alten Bäumen, Pappeln vor allem, die auf jede noch so leichte Brise empfindlich wie die Segelboote reagieren und so dem Wind zur Sicht- und Hörbarkeit verhelfen. Da ich wieder einmal eine halbe Stunde warten muss, gehe ich herum, bis ich eine Weide finde, deren dicker Stamm sich fast waagrecht über die Wasserfläche neigt, und lasse mich darauf nieder, während die goldenen Reflexe, die das Wasser wirft, wie ein Netz mit lockeren Maschen über die Äste, die Blätter und mich hinwegziehen. Das soll für Hannover langen.

Wir machen eine Pause in Syke und verproviantieren uns in einem riesenhaften Supermarkt mit Kuchen, den wir sodann auf dem nicht minder riesenhaften Parkplatz verzehren. Wir können kaum glauben, dass wir uns hier in einer Stadt befinden, die zehn- oder vielleicht sogar zwanzigtausend Einwohner zählt. Die Häuser sind so niedrig, alles aus Ziegeln, die Wände, die Dächer, ja sogar die Fußwege und der Platz im Zentrum. Es ist nicht nur eine Frage der Größe und Anordnung der Gebäude (auf irgend repräsentative Bauten wird hier allerdings ersichtlich auch kein Wert gelegt, selbst das Rathaus bescheidet sich als ebenerdige Anlage). Sondern diese Gleichheit des vielfach wiederholten Grundbausteins verleiht dem ganzen Ort etwas nicht ganz Ernstzunehmendes, als handelte es sich um die Nachbildung eines wirklichen Gebildes in der spielerischen und zugleich monotonen Weise, wie man so etwas mit Legosteinen machen kann. Man kann des Ziegels, des nackten Ziegels, der gut genug für alles ist, hier wahrhaft überdrüssig werden. Nein, nicht nur nackt wirkt er; er wirkt, als wäre den Häusern die Haut abgezogen und es käme darunter die Rohheit ihres Fleischs zum Vorschein.

Die Ankunft in Bremen wird zur Qual. Nicht nur schleichen wir stundenlang im Stau durch die große fremde Stadt; sondern wir haben auch Schwierigkeiten, ein Quartier zu finden. Ein Hotel nach dem anderen weist uns ab; endlich finden wir etwas am Rand, in der Nähe des Weser-Strandbads, was uns für die Mühen des Tages entschädigt. Ich sitze am Abend noch allein im Wirtsgarten und schaue zum zweiten Mal an diesem Tag zu, wie der Wind die großen Bäume braucht, um in die räumliche Erfahrbarkeit überzutreten; wie er an nah beieinanderliegenden Stellen auf ganz unterschiedliche Weise tätig wird, den einen Baum packt und schüttelt und dem anderen daneben sozusagen nur sanft durchs Haar streicht, nicht einheitlich in seiner Präsenz, sondern eher wie eine Wolke voller Bäusche und Schattierungen, aber nicht passiv wie diese, sondern unberechenbar muskulös.

Mit dem Ziegel, genauer dem dunklen Klinker, diesem Charakterstein des deutschen Nordwestens, muss man irgendwie seinen Frieden schließen, wenn man in einer Stadt wie Bremen herumgeht: Sonst hält man sie einfach nicht aus. Auch die berühmte Böttcherstraße mit ihren eigenwilligen künstlerischen Häusern ist eine Orgie in Ziegel, Wände und Boden bestehen in nichts anderem. Ich sage es besser geradeheraus: Ich mag den Nordwesten nicht, der überall, wo Menschen wohnen, von einem einförmigen Rot, und wo sie fehlen, von einem ebensolchen Grün ist. Alles ist hier so formenarm, nicht nur die Häuser und die ewigen Kuh- und Pferdeweiden, sondern selbst die Flüsse. Überall sonst haben sie ihre Täler, in denen sich ihr schmales Band als breites Echo in die Landschaft fortsetzt. Hier scheinen die Flussläufe sich nicht durch, sondern *über* das Land zu bewegen, als würden sie in geringer Tiefe von einer Plastikfolie gefasst, ohne jede gestaltende Kraft, und ihre Ufer überzeugen nicht.

Wir kommen an einer bronzenen Figurengruppe der Bremer Stadtmusikanten vorbei, diesem erfrischend unwahrscheinlichen Kollektiv, Esel, Hund, Katze und Hahn, einer immer auf dem Rücken des anderen, wie sie lärmend die Räuber in die Flucht schlagen. Was mir an diesem Märchen immer besonders gefallen hat, das war die Losung, mit der sie einander dazu brachten, sich aus ihrer je trostlosen Lage aufzumachen und mitzuziehen: Etwas Besseres als den Tod finden wir überall! Dieses Überall schließt auch Bremen ein.

Den Tod finden wir freilich in Bremen auch. An den Dom angeschlossen ist der Bremer Bleikeller, in dem eine ganze Reihe geöffneter Särge mit mumifizierten Leichen stehen. Dass sie unverwest geblieben sind, hat nichts mit Blei zu tun (von dem man hier auch gar nichts sieht), sondern mit dem Sandboden des Friedhofs, wo man sie beisetzte und der die Feuchtigkeit von ihnen fernhielt so gut wie in Ägypten. Unter Glas, auf weißen Tüchern und sehr säuberlich gehalten, bieten sich dar: ein abgestürzter Dachdecker; ein im Duell getöteter Student; ein schwedischer Obrist aus dem Dreißigjährigen Krieg, der bei einer Explosion ums Leben kam; der schwedische Administrator Bremens nach diesem Krieg, zusammen mit seiner Frau; eine geheimnisvolle englische Gräfin; aber auch ein schlichter alter Tagelöhner.

Der erste Eindruck ist natürlich einer des Grässlichen; denn die unverweste Wohlbehaltenheit schließt dennoch die komplette Dehydrierung ein. Die Haut sitzt an ihnen allen wie ein kräftiges und zu weites Hemd, der Schädelknochen hat sich machtvoll durch die Züge des Gesichts an die Oberfläche gearbeitet, die Zähne sind durch den Schwund der Lippen gebleckt, und was vom Auge bleibt, wenn ihm alles Wasser entzogen worden ist, ist nicht schön; nur bei den Händen kann es scheinen, als würde der Verlust der Fleischs die Feinheit ihres Ausdrucks erhöhen und den Tagelöhner der Gräfin annähern. Doch je länger man sie anschaut, desto mehr wiegt das Friedliche vor, auch bei denjenigen Toten, deren Ende ein gewaltsames war, dem Obristen, dem Studenten. Man kann sich von ihnen nicht vorstellen, dass in ihren verdorrten Gehirnen Raum für böse Gedanken wäre und sie voll Missgunst nachts herumgingen, um denen zu schaden, die in der Sonne wandeln dürfen. Auch die Empfindung, dass es schamlos sei, etwas auszustellen, das den Blicken verborgen bleiben und in der Dunkelheit ruhen sollte, löst sich auf; man spürt, dass es mit dem Respekt vor diesen Menschen vereinbar ist, sie in diesem Zustand zu betrachten. Sie müssen sich ja nicht schämen für das, was sie geworden sind; ihr Erscheinungsbild ist den Umständen angemessen.

Was hätte wohl der Freiherr von Knigge, der die Lehre vom sicheren Takt im Umgang mit Menschen zu seiner Lebensaufgabe gemacht hatte, zur Veranstaltung dieses offenen Friedhofs gesagt? Er selbst liegt unter einer Sandsteinplatte, die seine Überreste wohl verwahrt, nur ein paar Schritte weiter im Dom begraben. So flach ist das Relief seines Grabes von den vielen Füßen geworden, die darüber gegangen sind, dass man die Schrift darauf nur mit Mühe lesen kann.

Davon, dass Bremen ein Seehafen ist, merkt man in der Stadt relativ wenig. Tatsächlich befindet sie sich ja rund hundert Kilometer tief im Binnenland. Am Meer liegt erst Bremerhaven, Deutschlands größter Umschlagplatz für Schiffscontainer.

Bremerhaven ist zu unserer Überraschung nicht bloß ein Gewerbegebiet, sondern eine richtige, gar nicht so kleine Stadt, wenngleich eine nördliche und neue. Dennoch: Eine Unterkunft finden wir nicht. Das einzige Hotel in der Innenstadt, auf das wir stoßen, hat geschlossen, ein größeres «Boatinghome» am Jachthafen ist ausgebucht. Heike fragt im «Seemannsheim» nach, wo man sie sehr freundlich behandelt; aber es geht nicht. So beschließen wir, es bei einer Stippvisite bewenden zu lassen. Nur die Unterweser, das heißt hier bereits die offene Nordsee, würden wir gern einmal erblicken. Wir kommen am Jachthafen wohl bis auf fünfzig Meter an sie heran; doch zwischen uns und sie schiebt sich ein sichtversperrender und abgezäunter Deich. Es wäre befriedigend gewesen, den Fuß ans Ufer des Meeres zu setzen, im Gefühl, dieser langen Straße bis an ihr äußerstes Ende gefolgt zu sein. Allzu traurig sind wir gleichwohl nicht; denn dass wir trotz so großer Nähe nicht an die Nordsee kommen, dürfen wir wohl als bezeichnend für dieses Meer buchen. Gerade unsere Misserfolge tragen das Gepräge des Erlebnisses. Der Stadtplan zeigt uns, was für riesige Hafenanlagen sich weiter draußen befinden; aber wir vermuten, dass sie für unseren Zutritt ohnehin geschlossen wären, und verspüren sowieso nur geringe Lust zu weiteren Vorstößen.

Noch einen weiteren aufschlussreichen Misserfolg darf ich verzeichnen. Ich möchte die Stadt nicht ohne wenigstens ein winziges Unterpfand des Meeres verlassen und mache mich noch einmal allein auf, um in der Fußgängerzone, die sich unter bunter Bewimpelung bestimmt über eine Länge von mehr als einem Kilometer erstreckt, ein Fischbrötchen zu kaufen. In jeder anderen deutschen Fußgängerzone wäre ich spätestens nach dreihundert Metern einer «Nordsee» begegnet und hätte das Gewünschte gefunden. Hier aber gehe und gehe ich, ohne fündig zu werden; und erst fast ganz am Ende stoße ich auf einen kleinen fahrbaren Stand, wo ich ein Brötchen mit Matjes kaufe. Kann man mit der «Nordsee» an der Nordsee niemanden locken? Mögen Fischer keinen Fisch? Alexander von Humboldt hält es mit einem Seufzer, aber wie etwas Unvermeidliches fest, dass er auf den Zuckerplantagen Südamerikas auch nicht einen

Löffel Zucker für seinen Kaffee habe erhalten können: So sei das eben immer. In Bremerhaven offenbar auch.

Am Nachmittag machen wir uns auf den Rückweg, 570 Kilometer über die Autobahn am Stück. Dazu eben sind die Autobahnen gut: Sie geben die Garantie, dass von jedem Punkt Deutschlands aus jeder andere Punkt des Landes innerhalb eines einzigen Tages erreicht werden kann; ein äußerst verlässliches und brauchbares Angebot. Der Preis, den wir auch diesmal zahlen, besteht in der Langeweile währenddessen und der Erschöpfung danach, als wir um 22 Uhr in Chemnitz eintreffen.

Die Reise auf der B 5 beginnt am heißesten Tag des Jahres. Das macht sie zugleich anstrengender und fröhlicher, wie ein strapaziöser Urlaub. Peggy holt mich von Rügen aus, wo sie mit ihrer Familie wohnt, vom Bahnhof in Frankfurt an der Oder ab – mit einem ziemlich schnittigen Gefährt, einem Ford Cougar, den sie sich von ihrer Mutter geliehen hat. Die passt so lange auf die beiden Kinder auf: Julius, fünf, und Livia, knapp zwei Jahre alt. Wie das dritte Kind heißen wird, das im Januar kommen soll, steht noch nicht fest, doch soll es auch was Lateinisches sein.

Frankfurt erinnert mich, obwohl es viel kleiner ist, an Chemnitz: Auch hier haben die Kriegszerstörungen und der sozialisti-

Dänemark

Tondern/Tønder
Seebüll • • Niebüll
B5
Nordstrand • Husum

Ostsee
Ostsee

• Kiel
Rostock

• Heide
ordsee · SCHLESWIG-HOLSTEIN

MECKLENBURG-
VORPOMMERN

Lübeck

• Schwerin

Bremerhaven
HAMBURG • Hamburg
B5 • Redefin
• Stettin

BREMEN • Bremen
Lüneburg
Dannenberg
• Ludwigslust

Kyritz

Polen

NIEDERSACHSEN

N
S

SACHSEN-
ANHALT

Ribbeck • • Nauen
BERLIN
B5
• Potsdam
Berlin
• Frankfurt
an der Oder

BRANDENBURG

0 20 40 60 km

sche Wiederaufbau bewirkt, dass sie zu einer Stadt geworden ist, die nach ihrer Mitte hin nicht an baulicher Dichte gewinnt. Man weiß nicht, in welcher Richtung sich das Zentrum befindet, weil es allseits gleich viele offene Flächen gibt. Über weite Boulevards fahren die Straßenbahnen, darüber erhebt sich wie ein einsamer Urwaldriese, der alles Maß um sich herum sprengt, ein fünfundzwanzigstöckiges Hochhaus, der Oder-Turm. Der weite Marktplatz ist als Parkplatz hergerichtet, eingetieft und abgeschirmt gegen seine Umgebung, sodass man kaum weiß, wie man ihn betreten soll. Wie rasch je nach Interessenlage die Perspektive wechselt! Eben noch waren wir froh, hier leicht parken zu können, jetzt sind wir Fußgänger und beklagen die servile Autogerechtigkeit der Städte.

Im Bilde ist man über die Stadt erst, wenn man den Fluss erreicht hat. Zu ihm öffnet sie sich so, wie man es nur wünschen kann, mit einem Spazierweg, Treppen, die hinabführen, und unten Buhnen, die die Uferlinie geschwungen verlängern. Das diesseitige Ufer gehört zur Stadt, aber das jenseitige, unregelmäßig geformt, mit hohen Bäumen, wirkt verheißungsvoll wild. Dort ist Polen, samt Frankfurts sehr viel kleinerem Schwesterort Słubice. Lang war die Oder für Westler wie mich ja fast ein Phantomfluss, nicht nur um eine, sondern um zwei schwer durchdringliche Grenzen von der alten BRD entfernt; die zweite war sie selbst. Sie war mit ihrem wichtigsten linken Nebenfluss zur Zwillingsformel Oder / Neiße erstarrt, nicht als Gewässer wahrgenommen, sondern als Schnittkante, die man in ihrer schmerzlichen Faktizität entweder anerkannte oder aber wütend zurückwies. Fühlbar absent war sie, wie für den römischen Historiker Tacitus die Elbe, zu der die römischen Truppen einst vorgedrungen waren, ehe die Schlacht im Teutoburger Wald sie zwang, sich auf die Rheinlinie zurückzuziehen: ein Fluss, wie Tacitus trauernd schrieb, dessen Name einst vertraut gewesen war und nunmehr ganz verschollen klang. Dann machte sogar die DDR die Grenze dicht, denn die Beziehungen zum sozialistischen Bruderland im Osten, das von bedrohlichen Umtrieben erschüttert wurde, verschlechterten sich in den Achtzigern. Eine ausgedehnte, hässliche, die Straße an der Brückenauffahrt überdachende Anlage aus Metall und Glas erinnert noch an diese Zeiten; sie sieht aus, als hätte man dort in beiden Richtungen mindestens eine Stunde warten müssen. Heute ist all das vorbei, nicht einmal eine einfache Passkontrolle hält uns auf, als wir über die Brücke hinüberspazieren. Heute ist die Oder wieder ein kleiner Strom, der von Süd nach Nord fließt, statt ein großes Problem zwischen West und Ost. «Sie überschreiten die Preisgrenze», verkündet eine Reklametafel. Es ist ein kleiner Witz, den man sich, obwohl er eigentlich ziemlich plump ist, doch gefallen lässt, einfach weil man an dieser Stelle jetzt solche Witze machen kann.

Von hier aus sind es noch ungefähr achtzig Kilometer bis Berlin. Die B 5 läuft als Landstraße dahin, zumeist als Allee, das Land ist siedlungsarm und unspektakulär, aber angenehm anzuschauen, wenigstens an einem Tag wie heute. Noch immer hat man ja im Westen das Gefühl, Deutschland ende mit Berlin und dahinter beginne eine Art nicht näher zu bedenkendes Jenseits. Vom «Vorpolnischen» sprechen selbst die Einheimischen.

Und wieder queren wir die deutsche Hauptstadt in voller Länge. Die B 5 stellt ihre Zentralachse dar, zu der sich hintereinander alle Haupt- und Prachtstraßen der Metropole reihen, die alten des preußischen und reichsdeutschen Berlin und in deren Verlängerung die neueren, bei deren Ausbau die beiden feindlichen Systeme in Wettstreit traten.

Es gibt eine zweite, annähernd parallele Achse, die der Reisende erlebt, wenn er mit der Eisenbahn über Schönefeld hereinfährt. Diese schenkt einem das malerische Berlin, schon in den Außenbezirken bezaubernd durch das viele Wasser, dann, wie in einem 3-D-Film vorübergleitend, die sich gegeneinander verschiebenden Hauptattraktionen, indem die Gleise sich zum weitesten Bogen schwingen, Alexanderplatz, Reichstag, Kanzleramt, Zoo, die Trasse schneidet durch die Museumsinsel, so dicht vorbei an der Wucht der klassizistischen Mauern, dass man sie, wäre das Fenster offen, mit den Händen streifen könnte. Wer auf diesem Weg hierherkommt, wird Berlin ohne weiteres seine neue Harmlosigkeit glauben. Die B 5 aber folgt der Linie der Macht und der betonierten sozialen Verhältnisse.

Wieder lässt Berlin in seinem ländlich verschlafenen Vorfeld wenig von sich ahnen, bis man die Stadtgrenze passiert hat. Als Erstes treten wir – denn diesmal nähern wir uns von Osten – in die Zone der Baumärkte ein. Der Baumarkt muss für die ausgehungerten DDR-Bürger nach der Wende das gewesen sein, was in der jungen BRD um 1950 die Fresswelle war: Endlich genug vom ewig Entbehrten! Fliesen satt, und das einfach so und sofort und bloß für Geld! Denn Geld war in der DDR bekanntermaßen nie das Problem; nur wie man es ausgeben sollte. Und so fahren wir kilometerlang vorbei an Obi und Roller und zweimal Hellweg, alle mit wandfüllenden Namenszügen versehen, die den riesigen Maßstab noch einmal nach oben treiben, als sollte Beduinen aus der Sahara die Unerschöpflichkeit eines Wasserfalls gepredigt werden.

Dies sind die Spuren der Neunziger. Dann geht es, wie durch die Jahresringe eines Baums, weiter durch Berlin-Marzahn, das Hochhausprojekt der mittleren DDR in den sechziger und siebziger Jahren. Was immer man über die Unzulänglichkeiten dieses Staates sagen mag: Damals besaß er die Kraft, in großem Stil zu bauen, und war dem Westen wenigstens im Überschwang seiner Fehler spiegelbildlich gleich. Ein System, das Marzahn auf die Reihe kriegte, war jedenfalls ein ernstzunehmender Widersacher, auch wenn es vielleicht mit dem Nachschub an Nylonstrümpfen und Ananas haperte.

Die Zeitreise setzt sich nach innen fort in die fünfziger Jahre.

Wir erreichen die Karl-Marx-Allee. Als sie gebaut wurde, hieß sie Stalin-Allee. Wer von Marzahn kommt, sieht vor allem eins: wie viel besser hier gebaut wurde. Die Marx-Allee bemüht sich im Ernst um urbanen Zusammenhang. Man mag bei der Verwirklichung dieser Aufgabe ein wenig mechanisch zu Werke gegangen sein; aber man wusste, in welchem Maß Dichte als solche städtische Qualität besitzt, noch bevor die Bäckereien und Kinos einziehen. Diese kompakten Großbauten haben ein Selbst- und begünstigen ein Sozialgefühl, sie wissen, was sie sich und was sie ihrem Nachbarn schuldig sind. Der karge Klassizismus der frühen Fünfziger kennt sich aus mit der Bedeutung von Sockelzonen und oberen Abschlüssen, Eingängen, Risaliten und Ornamenten. Schlicht und groß kann dennoch im Detail gut sein. Wenn man einen Baum an seinen Früchten erkennen soll und ein Gesellschaftssystem an seiner Architektur, hätte ich damals die Prognose gestellt: Ja, der Sozialismus kann funktionieren.

Doch geschah es genau hier, dass der Aufstand vom 17. Juni 1953 losbrach, als die Arbeitsnormen erhöht wurden. Das Vorhaben ließ sich in dem gewünschten Tempo nur durch gesteigerte Ausbeutung verwirklichen; und dagegen begehrten die Arbeiter auf. Der Weg zu den großen und eigentlich unerschwinglichen infrastrukturellen Leistungen geht allerorten durch die Gewalt oder die Pleite hindurch. In Leipzig war es nach der Wende der Baulöwe Schneider, der die gründliche Überholung der Innenstadt besorgte. Er ging bankrott; und Millionen sahen im Fernsehen zu, wie er verhaftet wurde, in tiefster Schmach und ohne sein Toupet. Aber um den Preis dieses Bankrotts stehen die im Grunde unfinanzierbaren großen Projekte noch immer. Die Insolvenz ist der Russenpanzer des Freien Westens: damit die Gesellschaft jetzt gleich, um den Preis vernichteter Einzelexistenzen, kriegt, was sie haben will, obwohl sie es sich eigentlich gar nicht leisten kann.

Die Große Straße setzt sich fort «Unter den Linden». Auf

diesem Teilstück können wir ihr leider mit dem Auto nicht folgen, weil gerade irgendein Leichtathletik-Ereignis stattfindet. So entgeht uns das preußische Stück dieser Achse der Macht; und wir müssen einen beträchtlichen Umweg fahren. Dasselbe passiert uns bei der Straße des 17. Juni, deren Name im Westen als empörtes Echo auf die Geschehnisse in der Stalin-Allee erklang. Sie läuft unter anderen Bedingungen dahin, als Pracht-Avenue durch Parkgelände, doch immer weiter stichgerade. Erst jenseits der Siegessäule scheren wir wieder auf die imperiale Bahn ein und erleben, wie sie im Westen der Stadt, der sinkenden Sonne gleich, Stück um Stück, wenn schon nicht von ihren Maßen, so doch von ihrer Kraft verliert. Der alte Berliner Westen! Kein Mensch scheint mehr einen Gedanken an ihn zu verschwenden, seit alle wichtigen Impulse vom neuerstandenen Berlin-Mitte ausgehen und alle schrägen Anstöße vom Prenzlauer Berg. Aber natürlich existiert er dennoch.

Wenn es sich je fügen sollte, dass ich nach Berlin umziehe, könnte ich mir gut vorstellen, mein Quartier in Charlottenburg aufzuschlagen. Inmitten betuchter älterer Damen und ihrer Cafés lebt es sich meistens gut. Man muss dafür freilich ein bisschen bequem und ironisch sein. Man darf sich nicht aufregen über die «kuchenfressenden Pelztiere», wie Günter Grass es in «Örtlich betäubt», erschienen 1969, einen wütenden Gymnasiasten tun ließ, der damit drohte, vor den Augen der Besucherinnen des Cafés Kempowski seinen Dackel lebendig zu verbrennen: Nur der Anblick des misshandelten Tiers, meinte er, könnte diese hartherzigen Scharteken zu jenem schockierten Mitgefühl bewegen, das sie den napalmversengten Kindern in Vietnam vorenthielten. Seinen Deutschlehrer nervte das, er versuchte zu intervenieren: «Hören Sie doch auf mit der Dämonisierung von Schwarzwälder Kirschtorte!» Der Dackel blieb zum Schluss unverbrannt, der Deutschlehrer (der Grass mehr interessiert als der aufsässige Schüler) gelangte zu der Einsicht, dass örtliche

Betäubungen, wie sie der Zahnarzt setzt, besser funktionieren als schmerzliche Fanale für die ganze Welt. Grass machte in dem Jahr, als das Buch herauskam, Wahlkampf für die SPD.

Peggy und ich gehen zusammen den Kurfürstendamm hinab. Er bedeutet für uns sehr Verschiedenes. Ich war zum ersten Mal im Jahr 1975 hier, auf einer von der CSU subventionierten Reise, an der viele Bewohner meines Heimatorts teilnahmen. Unterwegs musste unser Bus die DDR via Transitstrecke durchqueren; diese feindlich regulierte Anreise erzeugte Angst und das Bedürfnis nach humoristischer Rache. Sooft wir einen Flusslauf kreuzten, fand sich jemand, der in einer fränkisch grundierten Karikatur des sächsischen Dialekts verkündete, wir führen soeben über volkseigenes Wasser. Angekommen, lud uns der Springer-Verlag zu einem Empfang mit Schnittchen in sein mauernahes Hochhaus, von dem aus der Blick beherrschend über den Osten der Stadt schweifte. Der Hochsitz war die westliche Antwort auf die Mauer.

Der Kurfürstendamm ist eine sehr angenehme Luxusmeile. Peggy, aus Eilenburg in Sachsen stammend, im Jahr meiner ersten erstaunten Begegnung mit diesem Stück Weltstadt noch nicht geboren, kennt ihn von Shopping-Schlendereien mit ihrer Schwiegermutter. Da bestand seine Besonderheit nicht mehr in der enklavehaften Position eines kapitalistischen Stachels im Fleische des Sozialismus, sondern in der edel nostalgischen Note. Es wird hier eine zahlungskräftige Schicht umworben; aber gepachtet hat sie diese baumbeschattete Promenade keineswegs. Immer wieder gibt es Örtlichkeiten, die so preiswert sind, dass auch die Gaffer des Teuren sich ohne maßlose Unkosten mit einem Espresso stärken können. Daneben aber haben Juweliere ihre Heimstatt, die einen Ring für 796 000 Euro feilbieten; und wenige Schritte weiter findet sich dann schon wieder ein dm-Markt. Keiner wird eingeschüchtert oder abgeschreckt, diese schöne großzügige Straße entlangzugehen. Lediglich einer

Spezialklientel unterbreitet man wie nebenbei ein besonderes Angebot.

Wir erblicken einen Laden für Pelzmäntel. Hier haben sich einst die kuchenfressenden Pelztiere ausstaffiert. Wer trägt heute noch mit Stolz diese mondänen Insignien, wer wird freiwillig zum Flaggschiff einer so anerkannt schlechten Sache wie der Pelztierfarmen? Solche Mäntel gelten nunmehr als antiquierte Protzerei, als unmodern. Das dürfte ihr Untergang sein. Dieser Laden legt die geplusterten Felle um die Schultern geisterhafter Schaufensterpuppen und gewährt einen Diskont bis zu 50 Prozent. Mit altertümlicher Eiseskälte blicken die Trägerinnen ins Nichts. Unwillkürlich beginnt man die prächtigen Exponate auf Mottenlöcher abzusuchen. Nur 4999 Euro für einen besonders exquisiten Nerz! Ob er seine Käuferin finden wird? Im Hintergrund zieht sich der Schriftzug «Ausverkauf – Ausverkauf» über die Wand.

Wir spazieren vor bis ins Herz des alten Westens, zur Gedächtniskirche. Gedächtnis für wen oder was? Das ist Gott sei Dank verschüttet. Nichts Besseres konnte diesem Bauwerk passieren als die volle Bombenlast, die es abbekam. Sie hat nicht nur das mutmaßlich ebenso lange wie langweilige Langhaus abgeräumt, sondern auch den vollen Namen angenehm gekürzt: «Kaiser-Wilhelm-Gedächtniskirche», gemeint war der Erste. An den braucht heute wirklich keiner mehr zu denken, Bismarck genügt.

Dieser anmaßende Kasten also wurde zur wilden Klippe zersprengt, es kam sozusagen unter der Kaiserkrone der «Hohle Zahn» zum Vorschein, wie ihn die Nachkriegsberliner nannten. So hatten sie nunmehr mitten in der Stadt ein Naturdenkmal. Naturdenkmäler wirken in jedem Fall entspannend, was man von historischen nicht immer behaupten kann. Direkt daneben, als Ersatz des untergegangenen Gotteshauses, steht das vergleichsweise niedrige achteckige Glasgebäude von Egon Eier-

mann, das der Volksmund, im Ensemble mit dem «Lippenstift» des neu hochgezogenen Turms, als «Puderdose» bezeichnet, kosmetische Accessoires eines verwüsteten Gesichts, das die Hoffnung nicht aufgegeben hat. Als Faustregel kann gelten: Sakrale Kunst der Nachkriegszeit hat dann eine Chance, wenn sie sich aufs Glas der Fenster verlässt – sonst nicht. Eiermann tut es und schafft durch sein dunkles Blau ein mystisches Tiefsee-Aquarium. Der goldene gekreuzigte Christus schwebt im Raum wie ein Bathyskaph. Die Gesamtwirkung ist grandios; aber liturgisch wohl eher schwer zu nutzen.

Wir verlassen Berlin in nordwestlicher Richtung und fahren ins Havelland. Die Gegend ist weit und flach, große Felder sorgen für einen ruhigen Rhythmus der Landschaft. Aber wenn wir glauben, dass wir bei solchen Verhältnissen leicht einen Platz zum Übernachten finden würden, täuschen wir uns: In der Stadt Nauen gibt es kein einziges freies Hotelzimmer, alles ist voll von radelnden Touristen. Und wir sind froh, dass uns der Landgasthof eines abgelegenen Ortsteils aufnimmt, an den wir empfohlen werden, fünfzehn Kilometer weiter über offenes Land, aber verwaltungstechnisch immer noch zur Stadt gehörig, in Haage.

Bei der Strecke zwischen Hamburg und Berlin dürfte es sich um die leersten zweihundert Kilometer Deutschlands handeln. So wenigstens muss es denen erscheinen, die ohne anzuhalten per Autobahn oder ICE durchbrausen. Das konnten sie keineswegs immer schon, die B 5 stellte nämlich von den drei Transitstrecken, die Westberlin mit der Bundesrepublik verbanden, lange die einzige dar, die nicht als Autobahn ausgebaut war. Diesen Zustand betrachteten beide Seiten als ärgerlich: der Westen, weil auf diese Weise der Weg von Hamburg nach Berlin und zurück ewig dauerte; und der Osten, weil sich eine Landstraße von der Umgebung rechts und links nicht so säuberlich laufkäfighaft isolieren lässt wie eine Autobahn. Der Westdeutsche oder Westberliner, der hier durchfuhr, konnte überall nach Belieben anhalten, ein Mittagessen zu sich nehmen (wenn er eins bekam), mit den Leuten plauschen, gefährliche Ideen in die Köpfe setzen, Druckerzeugnisse zurücklassen, ein Stündlein unbefugt angeln, ja vielleicht gar einen Republikflüchtling unter dem Rücksitz verstauen. (Dem wäre man beim Kontrollpunkt allerdings rasch auf die Schliche gekommen.) So lag es im ganz unterschiedlich motivierten Interesse beider deutscher Staaten, dass endlich eine Autobahn gebaut wurde. Doch spät erst, 1982, wurde sie fertig.

Heute, wie gesagt, ist die Autobahn Standard. Indem wir sie meiden und durch die Stoppeläcker gondeln, kommen wir uns fast wie Pioniere und Sonderlinge vor. Die landwirtschaftlichen Betriebsgrößen sind riesig. Vom alten preußischen Junkerland über die LPGs in sozialistischen Zeiten zu den gegenwärtigen pragmatischen Genossenschafts-Lösungen dürfte sich faktisch nicht allzu viel verändert haben. Hier bestand nie (wie in Franken oder Schwaben) die Notwendigkeit oder Lockung, das Land in handtuchbreite Streifen aufzuteilen, hier wies alles auf die geographisch großzügige Lösung des Gutshofs hin. Da die Felder bis hin zum Horizont abgeerntet sind, fühlen wir uns im August schon wie im Herbst.

Die B 5 führt, was wir nicht wussten, durch den Ort Ribbeck. Wer kennt nicht Fontanes Ballade vom Herrn von Ribbeck auf Ribbeck im Havelland und seinen Birnen! Mein in der Stadt Brandenburg ansässiger Neffe musste sie in der Schule auswendig lernen. Herr von Ribbeck auf Ribbeck im Havelland also hatte einen Birnbaum in seinem Garten stehen, und wenn die Birnen reif waren, dann stopfte er sich die Taschen voll damit. Kam ihm ein

Junge entgegen (in Pantinen, d.h. Holzschuhen, wie ausdrücklich vermerkt wird), so rief er: «Junge, wiste 'ne Beer?» Für ein Mädchen änderte er den Spruch leicht ab: «Lütt Dirn,/Kumm man röwer, ick hebb 'ne Birn.» Dann aber stirbt der alte Ribbeck, und nach drei Tagen tragen sie ihn aus dem «Doppeldachhaus» hinaus. «Die Kinder klagten, das Herze schwer:/‹He is dod nu. Wer giwt uns nu 'ne Beer?!›» Aber sie haben, so will es die Ballade, keinen Grund für ihre Befürchtung, «Ach sie kannten den alten Ribbeck schlecht». Denn der hatte, da ihm die unleutselige Art seines Sohns und Erben bewusst war, sich eine Birne mit ins Grab geben lassen. Da wächst aus den Taschen des Toten ein neuer Birnbaum hervor und wölbt sich über der Grabstätte. Und nunmehr, wenn wieder die goldene Herbsteszeit herbeikommt und es weit und breit leuchtet, dann flüstert's im Baume: «Wiste 'ne Beer?», beziehungsweise geschlechtsspezifisch abgewandelt: «Ick gew' di 'ne Birn». «So spendet Segen noch immer die Hand/Des von Ribbeck auf Ribbeck im Havelland.»

Wir gehen herum und sehen uns den Schauplatz an. Wir sehen das «Doppeldachhaus», das in der Tat sehr stattliche und mutmaßlich mit Fördermitteln vorzüglich herausgeputzte Herrenhaus. Wir sehen die geduckten Bauernhäuser ringsherum (der Kontrast ist bemerkenswert), aus denen die Jungen und Mädchen mit ihren minderwertigen Pantinen hervorspreißelten, sobald sich im September der Herr von und auf blicken ließ, um an ihnen seine kostengünstige symbolische Wohltat zu vollstrecken. Selbstverständlich handelte es sich selbst bei diesem Minimum um eine uneinklagbare außertarifliche Sondervergünstigung, die bei wechselnden Verhältnissen jederzeit außer Kraft gesetzt werden konnte. Und die große vorausschauende Ausgleichstat der ins letzte Hemd gesteckten Birne? Die Kinder, um die es ging, kamen jedenfalls nicht mehr in ihren Genuss, vielleicht noch nicht einmal deren Kinder, sondern erst die Enkel. «So klagten die Kinder. Das war nicht recht.» Und ob das recht war!

Wir schauen uns den Baum an. Es handelt sich um ein erstaunlich mickriges Gewächs. Der alte, erfahren wir, sei 1911 einem Blitzschlag erlegen. Nun gut. Aber der neue, ein scheues, fruchtarmes Individuum, kann nicht älter als zwanzig Jahre sein. Da fehlt was. Vermutlich hat die DDR gegen das feudale Erbe gegrummelt und an diesem Fleck heimliche Taten oder mindestens Unterlassungen begangen, ohne den bürgerlichen Humanisten, als den sie Fontane für sich reklamierte, frontal anzugehen. Das sähe ihr jedenfalls ähnlich. Fontane gilt als preußischer Kosmopolit. Da ist was dran. Aber wo er wirklich Preuße ist, da ist er es von ganzem Herzen und sollte aus einem solchen auch, wie er es verdient, verdammt werden. Was für ein sentimentaler, verlogener Mist ist diese Ballade!

Wir tun gemächlich, was der Erbe so strikt verboten hat, wir spazieren ohne Adelstitel über das Anwesen. So gelangen wir zum gutsinternen Friedhof (auf dem der Balladenheld übrigens nicht liegt, sein Baum steht an der Kirche). Dort erwartet uns eine vergangene Tragödie. Innerhalb einer Woche des Jahres 1893 – in der Epoche also, in der Fontane seine Ballade schrieb – waren drei Kinder der Familie von Ribbeck, vier, fünf und elf Jahre alt, an Diphtherie gestorben. Damals half nicht einmal das adlige Privileg bei Krankheiten, an denen heute kein Hartz-IV-Empfänger mehr stirbt.

Die Ribbecks aber bestanden vorerst weiter. Ihr letzter Vertreter war Hans von Ribbeck. Er starb, wie eine etwas seitab angebrachte Inschrift dartut, als Verfolgter des NS-Regimes. «Er war gottesfürchtig und als Mitglied des Stahlhelm – der Kampfgemeinschaft von Teilnehmern des Ersten Weltkriegs –

dem Kaiser treu.» Die Machthaber ab 1933 waren nicht nach seinem Gusto. In Gegenwart von NS-Funktionären hatte er bei Flurgängen mit seinem Spazierstock Figuren von Schweinen in den Staub gezeichnet, was den Funktionären nicht gefiel. Als ein englischer Kampfflieger über seinen Feldern abstürzte und das Militär die Absturzstelle sichern wollte, benutzte er seine «Fahrpeitsche», um das Zertrampeln der Ernte zu verhindern. Dafür wird er verhaftet. «Das Verbot, in der Haft einen Gürtel zu tragen, war für ihn so entwürdigend, dass er seine Kinder bat, ihn nicht zu besuchen.» Ein Mann des herrschaftlichen Accessoires: Gürtel, Spazierstock, Fahrpeitsche definieren seine Kontur, die innere wie die äußere; gewiss eine beeindruckende Erscheinung. Er starb 1945 im KZ Sachsenhausen.

Sollen wir ihn achten? Ganz bestimmt. Er war furchtlos bereit, für das, was er für richtig hielt, von der Hand eines Feindes zu sterben, den auch wir noch als unser Gegenbild betrachten. Doch waren die Überzeugungen, für die er einstand, die eines Adligen, der sich gegen die emporgekommenen Kätner zur Wehr setzte, denn zweifellos als solche verachtete er die neue herrschende Elite. (Man wüsste gern, wie *er* es mit dem Birnbaum gehalten hätte.) Ehren wir sein Grab, oder vielmehr den Findlingsstein, der hier an dessen Stelle tritt; doch trennen wir davon die übrigen Quadratkilometer seines Grundbesitzes.

Wir treffen bei unserem Rundgang auf ein Schild: «Kluge Leute fahren hier nicht Fahrrad. Den anderen ist es verboten.» Ein witziger Spruch, der jedoch einen besonderen Nachgeschmack entfaltet. Er schmeckt in diesem Umfeld nach einer Birne.

Wer, selbst in langweiligen Landschaften, langsam über Land fährt, erlebt Überraschungen. Ein vergleichsweise schüchternes Schild lädt uns ein zum «Lügenmuseum». Es befindet sich in Kyritz an der Knatter; und allein dieser Ortsname schon verführt uns, das Angepriesene zu besuchen.

Kann man denn Lügen ausstellen? Nicht viele, und dann bloß plumpe. Da prangt zum Beispiel an der Wand, zusammen mit einem blauen Eisberg auf silbernem Tablett, die Behauptung: «Die Titanic hat es nie gegeben». Und ein gebogener, mit Schwalbenkot aufgehellter Stock erklärt, er sei die Silberbüchse von Winnetou. Dabei weiß jeder ernsthaft Interessierte, dass sich die echte Fälschung der Silberbüchse im Karl-May-Museum zu Radebeul befindet, gleich neben der B 8. Aber gelogen wird hier eher nebenbei, die paar Lügen dienen nur zur Einstimmung in eine allgemein windschiefe Geisteshaltung. In diesem großen aufgegebenen Bauernhof residiert alles Mögliche, was dubios in seinen Materialien und wackelig in der Konstruktion ist. Man drückt einen Knopf, ein schwachbrüstiges Motörlein setzt sich in Gang und bereitet Erlebnisse der zärtlich erschreckenden Art; unversehens findet man sich von rotierenden Pfauenfedern gestreichelt. Regenschirme eiern, Drähte zittern, hausaltarähnliche Kleinbauten versprühen den Charme ihres Pappendeckels. Alles wirkt traumverloren und todesnah wie ein Club schwindsüchtiger Ballerinen. Da hat sich ein Bastler mystisch versenkt, ein ganzes Leben lang, und kam nicht mehr hervor. Kann man verrückt nennen, was so liebenswürdig ist? Als Kronzeugen beschwört dieses versponnene Labyrinth Christian Morgenstern, dessen Verse sich zwischen den mannigfaltigen Objekten entlangschlängeln. «Die Rehlein beten zur Nacht, hab acht! Sie falten die kleinen Zehlein, die Rehlein.» Ja, hier haben die betenden Rehlein eine Heimstatt gefunden; sie sind in Körper gefahren, die zu neunzig Prozent aus phantastischer Seele bestehen.

Wir erreichen Ludwigslust. Was für ein narzisstischer Name! Er gehört einem mecklenburgischen Herzog, der sich hier, in der tiefsten Ackerprovinz, sein eigenes Versailles schuf. Man kann es nicht einmal ein kleines nennen, denn es verbraucht erhebliches Gelände. Wie viele Bauern er dafür vertrieb, lässt sich nur grob abschätzen; aber die Methoden waren bestimmt keine zartfühlenden. Mecklenburg war in allen deutschen Landen berüchtigt für die Brutalität seines «Bauernlegens», der Vertreibung der kleinen Grundbesitzer durch die expandierenden großen. Das sollte man also in Erinnerung behalten, wenn man jetzt dieses unerwartete Juwel besichtigt. Ein Schloss in der Mitte, ein großer Platz, ringsherum in elegantem Schwung die Assistenzgebäude, Marställe, Bedientenwohnungen, kunstvolle Wasserspiele, ein Park mit Teichen, über die (wir haben Glück) sekundenlang ein Eisvogel flitzt. Der Mehrwert, den der «Dux Megalopolitanus» (so nennt er sich selbst, radebrechend latinisiert, über dem Hauptportal) seinen Untertanen abpresste und in diese Anlage steckte, erweist sich als eine äußerst langfristige Investition – noch nicht für den Sozialismus, der das Schloss enteignete, aber offenbar wenig damit anfing; noch nicht einmal ganz für unsere Gegenwart, denn obwohl das Ganze schon gut hergerichtet ist, scheint die Nutzungsfrage nicht völlig entschieden; aber als Angebot für die Zukunft. Es ist *da*.

Eng mit Ludwigslust und seinem feudalen Glanz auf dem platten Lande dürfte sich Redefin verbinden. Mir sagte der Name nichts, ich wäre einfach vorbeigefahren. Aber in Peggys Ohren hat er einen so guten und interessanten Klang, dass wir Station machen. Peggy ist früher Turnierreiterin gewesen, und Redefin ist eins der wichtigsten Gestüte überhaupt. Ich weiß nicht genau, was ich erwarte. Aber bestimmt nicht diesen Rossetempel, riesenhaft, in Stein und mit einem marmornen lebensgroßen Pferd auf der Giebelspitze. Noch überraschender ist, dass wir in das Heiligtum einfach so hineinspazieren können. Erst genießen wir, da wir niemandem begegnen, das diebische Gefühl, uns einzuschleichen. Dann aber treffen wir auf die Leute, die hier zu tun haben, sie grüßen uns; und also dürfen wir hier sein, was sehr freundlich ist, aber auch ein bisschen enttäuschend, denn es nimmt unserer Erkundung den Hauch des Abenteuerlichen. Ausschließlich Hengste stehen in den großen Boxen zwischen kapitellgeschmückten Säulen; wie sie heißen, wer ihre Eltern und wer ihre Großeltern waren, steht an den Türen geschrieben wie ein Adelsbrief. Auch eine Pferde-Sonnenbank gibt es hier, einen gewaltigen Apparat, den ich nicht erkenne und Peggy mir erklären muss; die Licht- und Wärmestrahlung kommt von der Seite, denn selbstverständlich streckt sich so ein Pferd, um es zu genießen, nicht auf der Liege aus, sondern bleibt stehen, das ist ihm bequemer.

Dass ich noch nie auf einem Pferd saß und ritt, ist mir bewusst; aber erst jetzt wird mir klar, dass ich noch nicht einmal eins je richtig gesehen habe. Die Pferde, an die ich mich erinnere, glichen Statuen oder höchstens maßvollen Spaziergängern, zumeist standen sie in meiner peripheren Wahrnehmung auf ihren Koppeln, die Köpfe äsend gesenkt, die Schweife müßig schwenkend, nicht unähnlich den Trauerweiden gleich daneben. Aber jetzt schauen wir zu, wie mit ihnen geübt wird, wie sich ihr Dasein ganz in Bewegung verwandelt. Zunächst setzen wir uns in die Halle, als die einzigen Zaungäste auf der kleinen Tribüne, wo sie ohne Reiter und nähere Anweisung eine Serie von Hürden bezwingen. Aber nachher wirken sie teils ziemlich durcheinander und nervös und müssen durch ein stark rollendes «Brrrr» zur Ruhe gebracht werden. Daraufhin bespricht sich eine beiwohnende Kommission und erfolgen irgendwelche schriftliche Eintragungen. Wozu? Peggy weiß es auch nicht recht. Vielleicht, meint sie, würde so die Deckungswürdigkeit der Hengste ermittelt. Es wäre schade, wenn einer davon, herrlich wie sie alle sind, dieses Klassenziel verfehlte.

Denn Hengste, wie gesagt, sind es alle. Auf einem Sandplatz im Freien sehen wir zu, wie ein ganz zierliches Mädchen einen von ihnen an der langen Leine um sich herumtraben lässt. Er wird unruhig, er lehnt sich auf, er steigt auf den Hinterbeinen hoch – er ist, wie man plötzlich mit einer Art erschrockener Freude feststellt, ein schlechthin riesenhaftes Tier. Die beiden

Wesen, an ihren entgegengesetzten Enden der Leine, messen die Kräfte durchaus in einem physischen Sinn; aber doch so, dass in diese Physis noch anderes hereinspielen muss: Denn das Tier, körperlich bestimmt zwanzigmal so stark wie seine Zähmerin, gibt nach.

Wo der Osten aufhört und der Westen beginnt, lässt sich ganz unmöglich sagen. Das ist ein gutes Zeichen. Wir erreichen Hamburg, und da wir Hunger haben, essen wir in einem McDonald's am Stadtrand. Gegen McDonald's kann man bestimmt vieles einwenden; aber bestimmt nicht, dass er nicht Standards setzt und hält. Es ist sauber, es geht schnell, der Preis ist mäßig, es schmeckt gut (auf eine gewisse kindlich oder wildbeuterhaft unausdifferenzierte Weise). Es ist ein Ort der Reinheit, der klaren Ansagen, der unvermischten Zutaten. Nun mag es ja sein, dass die hohe Kochkunst erst mit der Vermischung anfängt; dass erst die undurchsichtigen Soßen die wahre Polyphonie anstimmen und die Reife des Menschen mit den Ambivalenzen beginnt. Aber diese puritanische Einstimmigkeit, dieses naive Gemälde in blassen Primärfarben trägt, wenn schon wenig, so doch nichts Falsches in sich.

Das Restaurant fügt sich unauffällig ins städtische Niemandsland ein. Daneben befinden sich eine Tankstelle und eine brückenartig hochgestemmte Schnellstraße, die keine Rücksicht auf die menschliche Aktivität zu Füßen ihrer Betonpfeiler nimmt. Erstaunlich, wie andernorts quadratmeterweise um die Details des Weltkulturerbes gefeilscht und gerungen wird, während man hier Quadratkilometer um Quadratkilometer der beziehungslosen Wucherung überlässt.

Da wir nur ein paar Stunden für Hamburg zur Verfügung haben – wie sollen wir sie nutzen? Wir entscheiden uns für das, was auf der Hand liegt. Als Erstes suchen wir die Reeperbahn auf, zugegeben zur ungeeignetsten Zeit, mittags um halb eins. Die klar sexuellen Etablissements sind noch zu und offen allein die unverfänglichen: Kebabstände, Souvenirläden, selbst Shops für Sportartikel, ein Zeichen, dass es hier neben dem speziellen auch noch ein normales Leben gibt. Es sind auffällig viele nicht mehr ganz junge Paare unterwegs, Händchen haltend, die sich zur harmlosen Stunde mit dieser ausschließenden Geste inmitten einer imaginierten Anfechtung ihrer Zusammengehörigkeit versichern. In einem Fall schlägt die Frau sogar, obwohl dies beim Gehen recht unbequem für sie sein muss, beide Hände um die eine Hand ihres Mannes: ein Akt der Angstlust, bei dem klar die Angst den Sieg davonträgt. So wird das nie was mit eurem kleinen Abenteuer! Auch Männergruppen ziehen durch, einstweilen gehemmt wie Sterne bei Tageslicht. Alle spielen mit dem Risiko des Ortes zu seiner sichersten Stunde. Wie gefährlich es werden kann, verkünden lakonische Schilder. Der Zugang zum Parkhaus wird ab einer gewissen Abendstunde gehandhabt wie bei einem Hochsicherheitstrakt. Ein Schild verbietet in durchgestrichenen Piktogrammen das Mitführen von Feuerwaffen, Klappmessern, Baseballschlägern und Glasflaschen, denn auch diese lassen sich mit ein bisschen Phantasie und Alkohol leicht in Waffen verwandeln. Darunter die Inschrift: «Zu Ihrer Sicherheit wird der Bereich Reeperbahn videoüberwacht.» Was für eine wunderbare heuchlerische Inkonsequenz! Der Adressat in der unteren Hälfte des Schildes, um dessen Sicherheit man sich besorgt gibt, kann nicht deckungsgleich mit dem der oberen Hälfte sein, welchem man das Tragen eines Totschlägers ausreden will. Peggy mag die Reeperbahn nicht, «als Frau». Wir bleiben nicht lange, gehen einmal auf und einmal ab und dann weiter.

Stattdessen überlassen wir uns der Elbe, diesem Fluss, der hier beginnt, sich zum Meer hin zu weiten wie das lange Rohr zum Schalltrichter der Fanfare. Alles wirkt frei und offen. Ein Nahverkehrsschiff geht von Landeplatz zu Landeplatz, Fahrscheine lassen sich am Automaten lösen wie daheim im Binnenland für den

Bus. Es wirkt immer erfrischend und beflügelnd, wenn man das Außergewöhnliche im Muster des Bekannten dargeboten findet. Wir genießen einen Tag voller Sommerwolken, durchaus schwer und grau, aber machtvoll von der Sonne hinterstrahlt, sodass wir die Seestadt von ihrer besten Seite beglänzt und beschattet erleben. Große und kleine Schiffe aller Bauarten bewegen sich zwischen einem Gewirr von Kränen und Brücken, komplexe metallene Gittermuster am Hintergrund des Himmels, dazwischen das dunkle Wasser, zackig und kleinteilig aufgerissen infolge des ständigen Verkehrs, mit blitzenden Lichtern auf den Kämmen. Man sei nicht originell um jeden Preis und scheue sich, wo es sich anbietet, nicht, Tourist zu sein. Denn die meisten Freuden und Sehenswürdigkeiten, die die Welt bereithält, entbehren die Originalität gleichfalls. Es ist ein sehr heiterer Mittag und Nachmittag, wir durchqueren einen künstlich aufgeschütteten Bacardi-Strand mit Palmen im Kübel an einem seiner womöglich wenigen guten Tage (denn schon morgen kann wieder das nordische Wetter zuschlagen und die gepiercten Nabel frösteln lassen) und bewegen uns, da wir nichts Bestimmtes vorhaben, langsam und entspannt.

Unsere Begegnung mit Hamburg steht im Zeichen des Glücks. Selbst bei freundlichstem August-Sonnenschein jedoch müssen wir die Düsternis des Klinkers bemerken, dieses furchtbaren Steins, den man in seiner Härte und dem fast metallischen Glanz, zu dem er gebrannt worden ist, einen Ziegel nicht mehr nennen mag. Wie diese Straßenzeilen wohl an einem regnerischen Dezember-Nachmittag aussehen?

Auf dem Weg aus Hamburg haben wir zu tun, unsere Bundesstraße nicht zu verlieren, denn alles orientiert den Fahrer auf die Autobahnen; das Problem kennen wir inzwischen. Über längere Strecken geht die B 5 in der Autobahn auf, die an ihre Stelle getreten ist. Wenn Autobahnen schon im Allgemeinen recht langweilige Schläuche sind, so gilt das in gesteigertem Maß für Norddeutschland. Links und rechts hat man eine Art Galeriewald gepflanzt, der auf der Höhe von Siedlungen durch Lärmschutzwände abgelöst wird, beides wie Scheuklappen, die aber nicht den Fahrer, sondern seine Umgebung vom Scheuen abhalten sollen. Die Autobahn verschwindet in der Landschaft, optisch und wohl weitgehend auch akustisch. Gut so, das dient den berechtigten Interessen der Anwohner, die Vorrang gegenüber den Bedürfnissen der Reisenden haben sollten. Da die Anwohner aber zugleich auch die Nutzer der Strecke sein dürften, zum Beispiel auf dem Weg zu ihrer Arbeit in Hamburg, so haben sie den Preis der Schonung, die Reizlosigkeit der Anfahrt, sozusagen aus eigener Tasche zu begleichen. Als Wohltat erscheint die Brücke, die plötzlich hoch über den Nord-Ostsee-Kanal führt und sekundenlang den Blick auf Schiffe und ins Weite öffnet.

Wir suchen uns ein Quartier in Heide, denn in kleinen Städten hat man es damit immer leichter als in den großen. Das Hotel steht an einem riesenhaften quadratischen Marktplatz, dem größten Marktplatz Deutschlands, wie wir erfahren; und wir fragen uns, wozu ein solch relativ kleiner Ort ihn gebraucht hat. Unser Eindruck, dass dieser Platz eigentlich schon die Stadt *ist* (denn die zweistöckige Bebauung herum wirkt da bloß wie ein schwacher Ring), täuscht nicht. Aus allerlei Beischriften klauben wir die Geschichte zusammen. Das hier war, so ergibt sich, das Marsfeld der Republik Dithmarschen; hier hielten die freien Bauern der Gegend ihre Rats- und Heeresversammlungen ab; alle mussten Platz finden, um zu erörtern, wie sie dem dänischen König entgegentreten sollten, der ihre Unabhängigkeit bedrohte. Wir haben es also mit einem Denkmal der direkten Demokratie zu tun, die in Deutschland ja sonst wenig Spuren hinterlassen hat. Tapferer war sie als die deutschen Parlamente. Ein Brunnen, einigermaßen klobig aus acht achteckigen Bronzeplaketten gefügt, erzählt die Historie in wimmelnden Flachreliefs. 1559 fand die «Letzte Fehde» statt, in der die Republik unterging. Im Moritatenstil wird das Strafgericht abgebildet, man sieht, wie gehängt und gerädert wird, das Wort «Martyrium» ist in Metall gegossen; aber alles wirkt so niedlich, so lebkuchenschachtelhaft, dass man nicht glauben kann, diese Stadt unterhalte eine echte Beziehung zu ihrer tragischen und stolzesten Epoche. Die hübschen Häuslein der Altstadt, der kalte sozialdemokratische Verwaltungsbau des Rathauses machen es unwahrscheinlich, dass hier je die Bevölkerung mit ihrem Leben für ihre Freiheit einstand.

Der Abend gestaltet sich für uns sehr angenehm. Diese kleine Stadt verpflichtet uns zu gar nichts. Wir kommen frühzeitig an und haben Zeit. Ich gehe ins Internet-Café und rufe meine E-Mails ab, dann begleite ich Peggy, die nach einem Mitbringsel für ihre Kinder Ausschau hält; sie genießt den Urlaub von der Familie und ist doch im Geiste bei ihr. Bei dieser Gelegenheit lerne ich im Heider Kaufhaus die schönen naturgetreuen Tierfiguren der Firma Schleich kennen, aus einem harten guten Kunststoff verfertigt und völlig frei von der knuddeligen Plüschigkeit der ähnlich klingenden Firma Steiff, dazu bedeutend preiswerter. Die nehmen wir. Der Abend hat etwas vom Besten an sich, das eine Reise schenken kann, indem sie das Gefühl verleiht, sie sei zu Ende und man selbst in irgendeiner Weise angekommen.

Ab Heide verläuft die B 5 wieder als Bundesstraße, und wir bekommen die Landschaft zu sehen, die flach ist und vorwiegend aus Kuhweiden besteht. So gelangen wir nach Husum. Ich hatte darauf gehofft, hier endlich die offene Nordsee zu erblicken. Aber die zeigt sich so gut wie nie, dazu ist sie zu gefährlich. Die Ortschaften gehen ihr aus dem Weg, es schieben sich Deichsysteme zwischen sie und den Reisenden, und da die Gegend eben sehr flach ist, stellen die Deiche leider deren höchste Erhebungen dar und blockieren den Ausblick. Auch Husum hat es ratsam gefunden, sich nicht am offenen Wasser, sondern an einem engen Sund anzusiedeln; als wir hinkommen, ist gerade Ebbe, und die

Schiffe und Boote liegen auf dem Schlick. Peggy bringt es auf den Punkt: Nordsee ist wie Ostsee, bloß ohne Wasser.

Wie jede deutsche Stadt hat auch Husum sein touristisch wirksames Alleinstellungsmerkmal; in diesem Fall aber eins, mit dem es nicht recht glücklich zu werden scheint. Es handelt sich um den schmückenden Beinamen der «grauen Stadt am Meer». Er geht zurück auf ein Gedicht des großen Sohns der Stadt, Theodor Storm. Warum ausgerechnet dieses Gedicht eine solche Berühmtheit erlangt hat, ist mir dunkel. Storm hat viel bessere, er hat sogar richtig gute Gedichte geschrieben. Dies ist keins davon. «Doch hängt mein ganzes Herz an dir,/du graue Stadt am Meer./Der Jugend Zauber für und für/liegt lächelnd doch auf dir, auf dir/du graue Stadt am Meer.» Das ist konventionell selbst nach den Maßstäben des 19. Jahrhunderts, ja hilflos. Allein die eine unbeirrt wiederholte Zeile von der grauen Stadt am Meer hat, gerade weil sie so entschieden darauf verzichtet, Ausdruck. Wir kommen vorüber am Hotel «Zur grauen Stadt am Meer» (das so kalkweiß gestrichen ist wie eine Windmühle auf Mykonos) und gleich darauf an einem knalligen häuserwandfüllenden Gemälde, das «die bunte Stadt am Meer» verkündet. Und in der Tat leuchten die meisten dieser alten Fassaden in recht kräftigen Farben. Ja, was will man denn jetzt sein und haben? Ich stelle mir die launig paradoxen Festreden vor, die zu diesem Thema schon gehalten worden sind.

Auch liegt Husum, wie gesagt, nicht im engeren Wortsinn «am Meer». Aber dieses ist zweifellos stark präsent, es glänzt durch seine Abwesenheit. Ein ganzes Schaufenster der Buchhandlung ist Regionalkrimis gewidmet, die heißen: «Todesküste», «Küstenfilz», «Tod an der Förde», «Der Tote vom Leuchtturm», «Der Austernmörder». Vielleicht geht deswegen ein so unerschöpflicher Reiz von jenem Gegenstand aus, weil er vor allem in der Vorstellung existiert. Denn die Nordsee ist ein Meer, das man *weiß*, nicht sieht.

Um uns etwas zu entschädigen, fahren wir zur Insel Nordstrand hinüber. Das heißt, eine Insel sollte man nicht unbedingt nennen, was durch einen so breiten Damm mit dem Land verbunden ist. Die Straße geht einmal im Kreis um das Eiland, der Blick bleibt stets durch den Deich versperrt. Wir fühlen uns an der Nase herumgeführt. Schließlich finden wir eine Stelle, wo man bis an den Deich heranfahren kann, haben Mühe mit dem Parkplatz (denn andere scheinen Ähnliches vorzuhaben), steigen auf die Deichkrone und schauen nun wirklich über ein Vorfeld von Salzwiesen über das Wattenmeer zu den Halligen am Horizont. Und es ist immer noch Ebbe.

Ich wusste nur vage, dass sich irgendwo in oder bei Niebüll das Nolde-Haus befindet. Niebüll ist eine noch kleinere Stadt als Husum und Heide, mit noch niedrigeren Häusern. Über Nebenstraßen gelangen wir schließlich nach Seebüll, praktisch auf der dänischen Grenze, und dort zu der dreiteiligen Anlage: vorn das Dokumentationszentrum, hinten erhöht auf einem kleinen Hügel das Wohnhaus, das Emil Nolde sich um 1930, nachdem er lang einen geeigneten Ort gesucht hatte, selbst erbaute, dazwischen der Garten. Es heißt, man müsse, um dieses malerische Werk zu begreifen, die Nordseelandschaft kennen, in der es entstand. Das trifft zu in der Weise, wie man sagen kann, es gäbe ohne Wüste keine Fata Morgana. Keinesfalls sollte man dabei vergessen, dass die Fata Morgana zwar an die Wüste gebunden, aber ihr absolutes Gegenteil ist. Bewundern muss man, wie Nolde aus der völligen Öde und Monotonie ringsherum, wo weder das Land lockende Formen bietet noch das Meer sich sehen lässt und allein der Blick in den Himmel Anregungen liefert, seine Kunst der überreichen Farbe als Umschlag ins Gegenteil geschaffen hat.

Das Wohnhaus wird als Museum genutzt, es enthält in besonders großer Zahl Noldes «ungemalte Bilder». Nolde war derjenige Künstler, den die Kampagne der Nazis gegen die «entartete Kunst» am härtesten getroffen hatte; von 19 000 Bildern, die insgesamt beschlagnahmt wurden, stammten eintausend von ihm. Ab 1941 verschärften seine Feinde die Gangart noch und verhängten ein Malverbot. Es erstreckte sich offenbar jedoch nur aufs Öl und ließ das Aquarell unbehelligt, das ja in der Tat nicht in striktem Sinn gemalt wird. Diese ungemalten Bilder sind vielleicht das Beste, was Nolde hervorgebracht hat. Das Öl gab ihm Farbe satt, so wie er sie wollte; aber Sattheit bedeutete eben auch, dass er sich mit der Farbe als einem körperlichen Wesen herumzuschlagen hatte, zäh und träge in seiner Konsistenz. «Colour» bekam er da nur als «paint» zu fassen. Die Aquarelle aber hören, so bunt sie auch sind, nie auf, nach Farbe zu dürsten, wie nach etwas Tieferem oder Höherem, von dem das Blatt nur einen regenbogenhaften Vorschein erhascht. Nolde ist kein Künstler des Gelingens, sondern der Sehnsucht (davon legt auch die ungeheure Anzahl seiner Bilder Zeugnis ab); und von dieser redet die Wasserfarbe auf dem Papier bewegter, mit hellerer Stimme als die pastose Schicht auf der Leinwand.

Wunderbar ist der Garten, auf dessen Rasen wir uns hinterher ein wenig ausruhen. Er ist voll von den großen und bunten Spätsommerblumen, die Nolde so gern malte, so kunstvoll angeordnet, dass man es für Wildwuchs halten möchte. Hier lebt seine Quelle und sein Vermächtnis.

Sooft eine Bundesstraße die Staatsgrenze berührt, möchte ich sie immer noch ein kleines Stück auf den fremden Boden verfolgen, um die Differenz zu spüren. Diesmal bedeutet das, bis nach Tondern zu fahren, wie der deutsche, bzw. nach Tønder, wie der dänische Name lautet. Die Gegend zu beiden Seiten der Grenze – Nordschleswig – ist zweisprachig, die Grenze rutschte lange hin und her: Erst war ganz Schleswig dänisch, 1864 wurde alles preußisch-deutsch, 1919 gab es eine Volksabstimmung, von der Nordschleswig geteilt wurde, die Nazis holten die dänische

Hälfte zurück, nach dem Krieg wurde der frühere Zustand wiederhergestellt. Die Dänen genießen in Deutschland, die Deutschen in Dänemark Minderheitenschutz.

Man sollte also meinen, dass sich Tondern nicht allzu sehr von Niebüll unterscheide. Aber es unterscheidet sich doch. An allen Enden Deutschlands habe ich dasselbe festgestellt, nämlich dass die Grenzen jetzt zugleich völlig offen und doch wie mit dem Messer abgeschnitten sind. Man könnte, selbst wenn die Beschilderung fehlte, immer fast auf den Meter genau angeben, wo unser Land aufhört und das andere beginnt. Die Häuser hier in Tondern sind echte Ziegelarchitekturen, nicht bloß putzige Schächtelchen wie zehn Kilometer weiter südlich; die ganze Stadt wirkt älter in ihrem Bestand, gelassener, schöner in den Schwüngen ihrer Straßenzüge. Leider erstreckt der Unterschied sich auch auf die Hotelpreise, die sich mit einem Schlag verdoppeln. So drehen wir um und kehren ein bei einem Landgasthof in Süderlügum.

Er ist eins von diesen großen Anwesen, die von der mannigfaltigen Aktivität ihrer früheren Besitzer sprechen, als Gastwirte, Posthalter, Viehhändler, Lokalhonoratioren, die universalen Vermittler in einer statisch geprägten Gesellschaft. Vor offenbar nicht allzu langer Zeit hat der Komplex sich ein neues altes Dach zugelegt, aus Reet. Beim Spaziergang in dem kleinen Ort stoßen wir darauf noch öfter: dass es nicht die ersichtlich alten und lang nicht mehr hergerichteten Häuser sind, die Reetbedeckungen haben, sondern die neueren oder jedenfalls neu gemachten. Soll man das als Rückkehr zur Tradition begrüßen oder als Kitsch und Willkür ächten? Das müssen wir heute nicht entscheiden.

Nah bei unserem Gasthof fällt uns ein riesiger Haufen ausgedroschenen Getreides ins Auge. Es liegt dort einfach so herum, ohne dass jemand Angst zu haben scheint, es könne etwas abhandenkommen. Auch dies ein ambivalenter Anblick, wie die Reetdächer: Es zeigt, dass alle ganz leicht satt werden und keiner mehr die Verlockung spürt, Grundnahrungsmittel zu stehlen – man vergleiche damit, welch enorme kriminelle Energie noch bei Wilhelm Busch in die Entwendung von Eiern, Brezeln und Baumobst gesteckt und mit welcher Erbitterung dagegen angekämpft wird. Ebenso zeigt es aber, was die Produkte der deutschen Landwirtschaft für einen verheerenden Preissturz erlitten haben.

Damit endet die B 5; aber noch nicht unsere Reise, denn heim müssen wir von diesem nördlichsten Punkt Deutschlands natürlich auch noch. Wir nehmen die Autobahn bis Rostock; dort trennen sich unsere Wege, Peggy fährt weiter zu ihrer Familie auf Rügen, ich mit der Bahn zurück nach Chemnitz. In Rostock tun wir das erste und einzige Mal, was wir uns sonst strikt versagt hatten: Wir schalten, weil wir den Bahnhof nicht gleich finden, das Navigationssystem, das «Navi», ein. Selbst im Berliner und Hamburger Gewühl hatten wir das verschmäht, etwa im selben Geist, mit dem Reinhold Messner beim Erklimmen des Mount Everest auf das Sauerstoffgerät verzichtet. Die Bundesstraße und das Selberfinden einschließlich des Sichverfahrens dann und wann, das gehört zusammen und macht das stolze Doppelprinzip dieser Reise aus. Aber als ich nachher in der Bahn sitze, genieße ich diese Art der Fortbewegung doch sehr, bei der ich mich um gar nichts kümmern muss – nicht einmal mehr um das Gucken, insofern es einen aktiven Vorgang bedeutet. Was es da an Bildern gibt, gleitet vorüber wie ein Traum, der dem Schläfer nichts abverlangt. Straße und Eisenbahn, das verhält sich zueinander wie Theater und Kino. Die Autobahn aber hat, wenn man vom praktischen Vorzug des Schnell-da-Seins einmal absieht und nur die Reiseform betrachtet, wirklich gar nichts zu bieten, weder Traum noch Kino noch Theater; sie ist nichts als ein stundenlanger Stupor der Langeweile.

B 19 – Vom Kleinen Walsertal bis Eisenach

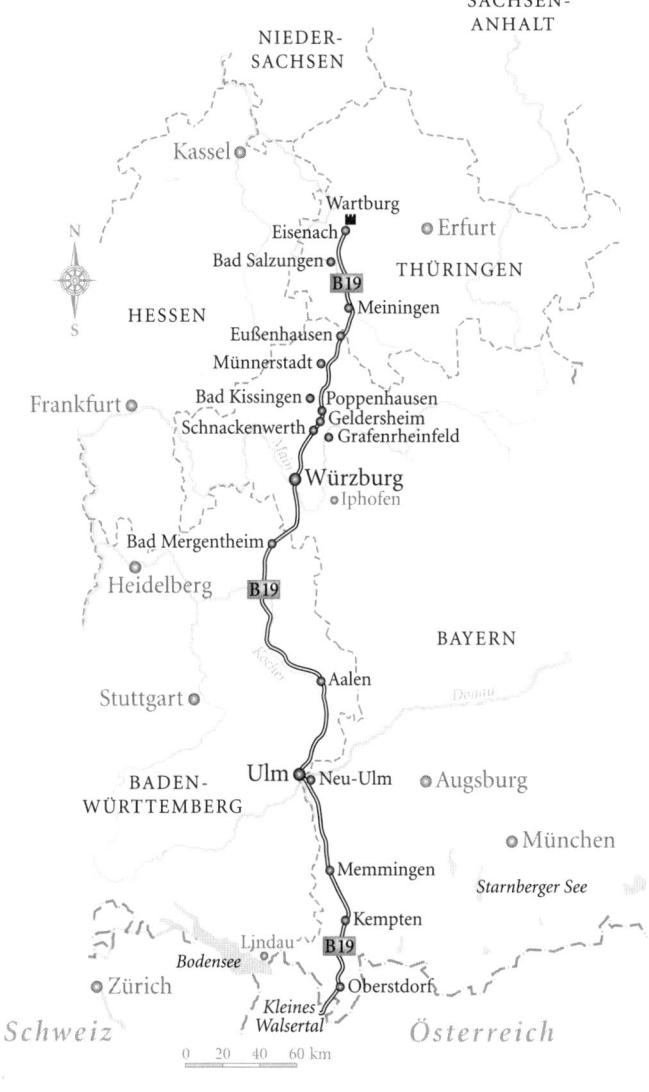

Andere Straßen fangen irgendwo an und hören irgendwo auf. Die B 19 aber entspringt wie ein Fluss. Ihr Ursprung liegt in mehr als 1200 Meter Höhe im Kleinen Walsertal. Dort befindet sich ein Parkplatz, wo, da es nicht mehr weitergeht (es folgt nur noch ein Schleichpfad), die Autoreisenden eingeladen werden, ihr Fahrzeug abzustellen und die Schönheit der Landschaft zu bewundern.

Von dieser merken wir heute kaum etwas. Mich begleiten Heike und Jona, Jona ist inzwischen sieben Monate alt; es wird unsere letzte gemeinsame Fahrt werden. Es ist ein bedeckter Tag im September. Vom Nebelhorn, das vor uns als majestätisches Massiv aufragen soll, um das Tal abzuriegeln, sehen wir wenig Horn und viel Nebel.

Das Kleine Walsertal stellt ein besonderes Areal dar. Es gehört zu Österreich, lässt sich aber bloß von deutschem Territorium aus erreichen; wie ein fremder Finger bohrt es sich in den Leib des Nachbarn hinein. Es ist deutsches Zollanschlussgebiet, hier hat eine Staatsmacht aus praktischen Gründen Verzicht üben müssen; was sie doch gewiss, wie Staatsmachten sind, höchst ungern tat. Heute hat das nicht mehr viel zu bedeuten; aber früher, als das neutrale Österreich sich von den Strukturen der Europäischen Union noch fernhielt, muss es eine veritable Schizophrenie begründet haben. Die Straße heißt hier, an ihrem steilen, kurzen Oberlauf, auch noch nicht B 19 (diesen Namen wird sie erst in der Mündung des Tals annehmen), sondern trägt die österreichische Kennziffer S 201.

Am hinteren Ende des Parkplatzes, als das erste Wort dieses Tals und dieser Straße, steht ein Häuserpaar in symbolischer Symmetrie. Beide weisen den unverkennbaren alpenländischen Stil auf; doch eines ist alt, das andere neu; und offensichtlich hat hier ein Umzug stattgefunden. Das neue hat ein rotes breites, weit überkragendes Ziegeldach und weißgetünchte Wände, an den Fenstern sind Geranien, es führt eine Rundbogentür hinein. Das alte gleicht dem neuen in den Proportionen, aber es ist aus Holz, und es herrschen dunkle Töne vor. Die Fenster sind klein und wenige an Zahl, es muss drinnen noch dunkler sein. Es wirkt gut in Schuss, aber verwittert. Ein handgemaltes Schild «Produkte aus eigener Landwirtschaft» erläutert den heutigen  Verwendungszweck, der zwischen Verkaufsstelle und Privatmuseum eine touristische Mitte halten dürfte. Aufgeschichtetes Brennholz und allerlei ländliches Gerät umringen es, alles aus Holz, dem einzigen Rohmaterial, das es hier oben immer in ausreichender Menge gegeben haben dürfte. Besonders fallen uns Halterungen an Front und Seitenwänden auf, an denen eine große Menge eigentümlicher hölzerner Pflöcke hängt, alle mit merkwürdigen Querstreben versehen.

Ein – diesmal nicht handgemachtes, sondern von der Gemeinde Mittelberg gesponsertes professionelles – Schild liefert die notwendige «Information zur bäuerlichen Kultur». Es handelt sich um «Heinzen». An diese kleinen Gerüste wurde das Gras bei Schlechtwetter zum Trocknen gehängt. Mit Heinzeisen wurden sie in den Boden gerammt. Es können auf jede davon nur minimale Quantitäten gepasst haben, jedes Mal waren mehrere Handgriffe erforderlich, darunter mindestens einer, der sich nur gebückt ausführen ließ. Wenn einer den ganzen Tag geheinzt hatte, muss ihn das Kreuz geschmerzt haben; und als Lohn dafür bekam er ein paar Armvoll Heu.

Interessanterweise läuft all dies nicht etwa als Gott sei Dank überwundene Urgeschichte, sondern eher als eine Art rechtschaffener Vorzeit, wenigstens ein irgendwie zu bewahrendes

251

Erbe. Als einziger Repräsentant der Landwirtschaft erscheint uns ein kleiner Uralttraktor, der sich mit der Steigung quält und uns aufhält und, obwohl bereits eine deutliche technische Verbesserung über die Heinzen hinaus, wie ein Relikt anmutet.

Alles an dieser Landschaft verkündet die Feindschaft gegen die Menschen. Gigantische anorganische Faktoren wirken zusammen, um ihnen des Lebens Notdurft so sauer wie möglich zu machen. Überall steigt und fällt das Gelände aufs mühseligste, Häuser und Wiesen haben sich mit extremen Hanglagen auseinanderzusetzen, schmale Streifenmuster verkünden jüngsten Steinschlag und Erdrutsch, und die felsig-eckigen Konturen unter den Matten lassen erkennen, dass auch, wo schon Gras darübergewachsen ist, die Gewalt der Natur nicht allzu lang zurückliegt; Schnee und Eis verhüllt der Nebel. Wohl einem Zeitalter, das unter solchen Natur-Umständen sich nicht mehr autark behelfen muss! Die Natur ist bezwungen, es regieren der Verbrennungsmotor und die erschwingliche Tiefkühlkost, Errungenschaften, die nur der grobe Undank als solche verleugnen kann. Die Leute hier sollten heilfroh sein, dass sie ihr Erbe nicht pflegen müssen. Sie tun es trotzdem. Die Architektur zitiert die alte Armut unter den Bedingungen des neuen Wohlstands, um ein Mehrfaches in der Größe gewachsen, mit viel Holz, Sprossenfenstern, Fensterläden und Dächern, die lasten wie ein Verhängnis. Man könnte das als fehlgehende Pietät deuten, die über den Toten nur Gutes sagen will, auch wenn er ein alter Geizkragen war; oder aber als Heuchelei; oder lachen und sich sagen, dass die Hiesigen ganz gut wissen, was ein modernes, bequemes Leben ist, wenn sie es sich auch vorsätzlich ein bisschen komplizieren, wie ein Hund, der sich erst dreimal im Kreis drehen muss, bevor er sich hinlegt. Vor allem aber muss man diese falsche Bodenständigkeit, die nämlich immer noch tut, als wäre der Boden ein steiniger, während er in Wahrheit, wie es einst vom Handwerk behauptet wurde, ein ziemlich goldener ist, in den Zusammenhang des

Tourismus stellen. Ihn darf man in den Alpen allerorten mit Fug und Recht als die neue Landwirtschaft bezeichnen, als die Art nämlich, wie mit dem Land gewirtschaftet wird.

Und die funktioniert nur, wenn man sie mit scheinhaften Unterpfändern der alten füttert. Der Tourist (mit dem Singular der Gattung ausgesprochen, wie *der* Ami und *der* Iwan) will ja gar nicht den alten Zustand zurück, wenn er in den Bergen Entspannung sucht. Zum Alten würde es unter anderem gehören, dass er, der Tourist, dort nicht vorkäme oder dass sein Aufenthalt und Vorwärtskommen sich jedenfalls viel mühsamer gestalten müssten, als es den zumeist nicht mehr ganz jungen Herrschaften, die hier mit Rucksack und Nordic-Walking-Stöcken Postkarten kaufen, genehm wäre. Der Tourist will nicht das Echte, sondern dessen gesicherten Abguss, das Klischee, wodurch das Klischee, anstatt dass es etwas Simpleres wäre, zu etwas viel Komplexerem wird. Eine griechische Kneipe im nordgriechischen Hinterland (ohne Touristen) ist eine griechische Kneipe. Eine griechische Kneipe in Wuppertal dagegen entspricht dem Bild, das sich ein griechischer Gastwirt vom Bild seiner deutschen Gäste von Griechenland macht; und so sind die Krieger von Riace als Gips-Repliken mit integriertem Zimmerspringbrunnen eben nicht nur schlechte und schlechtplatzierte Nachahmungen, sondern soziologische Phänomene eigenen und verwickelten Rechts.

Kunst sind sie allerdings nicht. Aber von Kunst ist im Kleinen Walsertal ja auch gar nicht die Rede. Ein Balkon aus Brettbalustern bleibt ein solcher auch, wenn er aus dem Baumarkt kommt. An welchem Kulturgut fände hier ein Übergriff statt? Höchstens ließe sich sagen: Es ist nicht der Urlaub, den ich mir persönlich wünsche.

Am unteren Ende des Tals, auf nunmehr echt deutschem Territorium, liegt Oberstdorf. Unsere Versuche, dort eine Unterkunft zu finden, scheitern; und nicht allein deswegen, weil die Zimmervermittlung nur werktags von neun bis dreizehn Uhr geöffnet hat, genau zu jenen Stunden des Tages und der Woche also, wo ein unversorgter Gast dort garantiert nicht auftaucht. Viehscheid ist heute! Was das ist, wissen wir nicht; erfahren es aber bald genug. Viehscheid bedeutet nichts anderes als den Almabtrieb der Kühe zum Sommerende. Um vielleicht dreihundert Kühe mit Glocken und Schmuck zu sehen, sind dreitausend Autos gekommen, für die Extra-Parkplätze eingerichtet worden sind. Es fällt den Insassen nicht ein, dass sie mit ihren Fahrzeugen die weit stattlichere Herde bilden. Dem Touristen kommt es so wenig in den Sinn (wie früher, ehe es Touristen gab, dem Sennen), dass er eine Sehenswürdigkeit abgeben könnte, obwohl es ihm an charakteristischer Tracht und Tätigkeit ja keineswegs gebricht. Was der Tourist wünscht, ist die symbolische Teilhabe, die notfalls auch schon mit zehn Kühen, die er sehen und knipsen kann, zufriedengestellt würde.

Da in Oberstdorf also keine Herberge zu finden ist, quartieren wir uns ein paar Kilometer außerhalb in einem Gasthof ein, im Weiler Langerwag, direkt an der Bundesstraße. Es gibt sie überall in Deutschland, diese Gasthöfe, die auf eine rührend, dabei aber durchaus lebenskräftig altmodische Weise den ganzen doppelten Mikrokosmos des Reisens und des dörflichen Lebens in sich schließen; wo man übernachten kann, gut essen, gern Selbstgeschlachtetes, Karten spielen; und häufig noch ausgedehntere Nebentätigkeiten des Wirts die Zahl der Seitengebäude anschwellen lassen. Einmal angekommen, braucht man das Gehäuse bis zum nächsten Morgen nicht mehr zu verlassen, es wird für alles gesorgt. Man ist unter Leuten und kann doch ganz für sich sein; man schöpft Vertrauen und zieht Behagen daraus. In Süderlügum, wo die B 5 an der dänischen Grenze endet, hatten wir in einem solchen Gasthof unter einem Reetdach Quartier genommen, hier ist es das breite Dach der Alpen; aber sonst ähneln sie sich sehr, obwohl zwischen ihnen die vollen tausend Straßenkilometer liegen, die Deutschland vom Süden zum Norden auszuspannen vermag. Immer sind es große Häuser im Familienbetrieb, bei denen das Gefälle von Unter- und Obergeschoss, Straßen- und Dorfseite für Abwechslung sorgt. Man zieht sich vom Essen zur Ruhe zurück, man macht noch einen kleinen Abendspaziergang; für alle diese Aggregatzustände und Spannungsdifferenzen bietet der Gasthof, eng und weit zugleich, meist quadratisch im Umriss und verwinkelt in der Innengliederung, Raum und Ausgangsort.

In der Gaststube herrscht reger Betrieb. Längs der Wände hängen riesige Kuhglocken an gestickten Bändern. Haben die Kühe die wirklich getragen? fragen wir ungläubig die Kellnerin. Antwort: Ja. So groß wie die Euter waren sie, die im Jahr 4000 Liter Milch produzieren; und vielleicht hatten die Kühe sie ja als Gegengewicht nötig. Ein älteres Ehepaar, eher norddeutsch, geht noch vor uns (auch wir ziehen uns ja immer beizeiten zurück, wegen Jona und weil unsere Tage lang sind), der Mann sagt: «Hut, Stock, Gebetbuch». Keinen dieser Gegenstände trägt er bei sich; aber was er meint, ist klar. Es ist der archetypische Aufbruch am Sonntag in die Kirche, dessen Bild sich einstellt, indem man um sich die Accessoires versammelt; jene Accessoires, die der moderne Mensch als überflüssig von sich getan hat und die er doch wenigstens als Redensart bei sich behalten möchte. Sie fehlen ihm.

Ab Kempten läuft alles auf die A 7 hinaus; und wer eigensinnig auf der Bundesstraße beharrt, braucht mehrere Anläufe, bis er draußen ist. Ulm ist nicht ausgeschrieben, nicht einmal Memmingen. Die B 19 hat man hier zu einer einfachen Landstraße degradiert, die parallel zur Autobahn verläuft, teilweise direkt daneben.

Wir durchqueren Memmingen, wo wir an einem Laden vorbeikommen, der für «Bestattungen mit Herz» wirbt. Allmählich verblasst der Sonderfall Allgäu, und wir kehren in die westdeutsche Normalität zurück. Es naht sich Ulm. Hier haben wir zu kämpfen mit Baustellen, Staus, Kreisverkehren bis uns schwindlig wird, Missweisungen der Verkehrsführung. Nie hat der Einheimische genügend Phantasie, um sich vorzustellen, wie der Fremde finden soll, was er selbst so gut kennt. Plötzlich sind wir in Neu-Ulm, ohne dass wir wüssten, wie. Und sind froh, als wir endlich Unterschlupf in einem Ulmer Parkhaus finden. Man muss müde und gereizt sein, um die Wahrheit des Parkhauses zu erleben. Die Rampen führen mit alpiner Lebensfeindlichkeit in steilen, engen Serpentinen hinab, die Decken lasten mit höhlen- oder höllenhafter Schwere – es gibt wenig, was so deprimierend wirkt wie ein großer Raum, der ganz niedrig ist. An den Verbleib der Fußgänger – und in einen solchen verwandelt sich doch jeder Benutzer, nachdem er geparkt hat und bevor er startet – ist kein noch so beiläufiger Gedanke verschwendet, ihm leuchtet kein Licht, ihn lenkt kein Pfeil, immerfort gerät er in Gefahr, von Autos aus unvorgesehenen Ecken überrollt zu werden, und für seinen Aufstieg sind Treppenschächte vorgesehen wie Sickergruben der Unterwelt.

Der Stadt Ulm geht kein guter Ruf voraus. Sie gilt als Wiederaufbauwüste mit angeschlossener Kathedrale. Macht man sich darauf gefasst (also auf weniges), ist man überrascht von dem, was es dennoch gibt. An die Oberwelt gelangen wir in der Nähe des früheren Fischer- und jetzigen Kneipenviertels, mit viel unverbranntem Fachwerk, in deutschen Städten von einer gewissen Größe an immer ein halbes Wunder. Von den steinernen Städten bleibt das ein oder andere auch, nachdem die Brandbomben ihr Werk verrichtet haben; von den hölzernen – nichts.

Die Donau ist uns einstweilen verborgen, nicht aber die kleine Blau, die sich hier in zwei kleine liebliche Arme spaltet. Auf einer Uferterrasse steht ein einzelner Götterbaum wie ein ganzer Hain, ein großes Mühlrad geht märchenhaft um, als würde es seinen

Moosbehang je neu heraufschaufeln. Von da gelangt man in die maßgebliche Oberstadt. Hier allerdings ist den Bomben wenig entgangen. Und doch haben die fünfziger und teils wohl noch die sechziger Jahre die alte Stadt davor bewahrt, ins Vergessen zu versinken. Alle Mühe hat sich diese Epoche gegeben, in anderen Materialien, angeführt vom Beton, das Maß des Fachwerks fortzuführen. Nicht ob das eine oder andere geglückt ist, zählt; sondern was alle zusammen ergeben. Die Fünfziger kultivierten zum letzten Mal die Architektur der guten Nachbarschaft; und schon das rückt sie in die Nähe der guten Architektur. Zehn Vierstöcker in der Hauptstraße stellen ihre gleichem Gesetz gehorchenden Giebel nebeneinander, in ruhigem und doch bewegtem Rhythmus. Wer aus der Reihe tanzt, wie überall, ist die Sparkasse, ein rüpelhafter Klotz aus Waschbeton in direkter Nachbarschaft des Münsters. Warum immer die Sparkassen? Sie haben genügend Geld, sie verbinden sich aufs innigste den örtlichen Verhältnissen, und doch benehmen sie sich immer mit ihren Bauten wie die Aliens.

Natürlich führt in Ulm kein Weg am Münster vorbei. Es besitzt, zu seinem Schaden, den höchsten Kirchturm der Welt, 161 Meter und 73 Zentimeter hoch. All seine Energie ist in den Turm geschossen und nichts auf Erden zurückgeblieben. Man fühlt sich an ein mittelgroßes Land erinnert, das um jeden Preis zur Großmacht aufsteigen will und sich darum in einen reinen Militärstaat verwandelt, der alle Ressourcen requiriert. Dieses Münster ist das Preußen unter den Kirchen. Was um Gottes willen hat die schwäbische Provinzstadt zu diesem Weltrekord gedrängt, der ihr doch wesensfremd bleiben musste? Das Portal unterm Turm ist schön, es besäße rein für sich Menschenmaß, mit reichem, erzählfreudigem Bildschmuck. Aber es vergeht zur Fußnote unter dem, was darüber maßlos und ohne Einhalt nach oben strebt; man verrenkt sich das Genick, um diese schwindelerregende Senkrechte in ihrer extremen Verkürzung in den Blick zu bekommen. Der ganze Bau, so stattlich er als solcher wäre, wirkt wie die Abschussrampe einer gigantischen Rakete, ein auf dem Boden verbleibendes Mittel, wenn bloß der himmlische Zweck erreicht wird. Man wird auch eingeladen hinaufzusteigen, auf rund siebenhundert Stufen. Ich weigere mich, dieses unfruchtbare Wunder mit meiner Höhenangst und meinen schmerzenden Kniegelenken zu ratifizieren.

Es hat wohl nur einen Menschen gegeben, der zu diesem Bauwerk je in eine echte Beziehung eintrat, und das war Albrecht Ludwig Berblinger, der Schneider von Ulm. Er verfertigte den ersten Flugapparat der Menschheit seit den Tagen von Dädalus und Ikarus, und den Beweis der Tragfähigkeit wollte er weithin sichtbar geben, indem er von diesem Turm abhob. Er zerschellte jämmerlich. Wenn man sich diese 161 Meter nicht als Höhe, sondern als Tiefe vorstellt, dann gewinnen sie auf einmal jenes Pathos, das sich sonst partout nicht einstellen will.

Wir queren die Donau, die hier noch einen recht moderaten Flusslauf darstellt, und steigen die Schwäbische Alb hinauf. Als wir oben angelangt sind und uns eine weite Ebene begrüßt, tritt uns, stolz wie ein Schloss, eine große Hotel- oder Motelanlage entgegen. Alles an diesem ausgedehnten Komplex ist neu; aber der Standort verkündet sein Alter. Hier wurde ausgespannt, in des Wortes ursprünglicher Bedeutung, nämlich so, dass man die Pferde von der Deichsel ließ, sie für die Nacht vor eine Krippe mit Hafer stellte, selber ein Bier trank und ein Nachtquartier bezog. Das tun auch wir. Auf eine angenehme Weise klug sind jene Speisekarten, die den Gast mit einem Vorsatzblatt über ihre Geschichte belehren. Denn wenn der Gast auf das Essen wartet, hat er Zeit und gute Laune und ist aufnahmewillig. So erfährt man, dass an diesem strategischen Punkt nicht nur aus- und umgespannt wurde, sondern auch der Zollkontrollpunkt lag: Denn wir befinden uns genau auf der Trennlinie von Württemberg und Bayern, bis vor 140 Jahren eine internationale Grenze. Der Betrieb liegt seit vier Generationen in den Händen derselben Familie.

Freilich lebt der Ort offenbar kaum noch von der B 19, sondern von den Fernfahrern und Reisebussen, die über die A 8 kommen, auch sie gleich daneben. Ihnen, den Bussen, entsprechen die großen Tische, busseweise war vorbestellt worden, der Charakter des Umschlagplatzes mit beschleunigter Versorgung hat sich über sämtliche sonstigen Veränderungen hinweg erhalten. Wir Individualreisenden sind da die Ausnahmeerscheinung, profitieren aber doch von der Eigenart des Betriebs, indem wir zügig ein gutes Essen zu mäßigen Preisen erhalten. Jona, der im Tragetuch reist, fällt stark auf, besonders den älteren weiblichen Buspassagieren; aber alle sind freundlich.

Ich gehe, wenn Mutter und Kind im Bett sind, abends ein wenig spazieren, denn die Abende sind noch lang und warm. Die Straße, die wir soeben mit solcher Leichtigkeit erklommen haben, lässt auf einmal, wenn man sie als Fußgänger kreuzen will, ihren gedankenlosen Gewaltcharakter erkennen. Die Autofahrer, endlich auf der Höhe angekommen, drehen richtig auf und rechnen mit allem Möglichen, nur nicht mit einem Zeitgenossen, der ihnen ohne Motor entgegentritt. Es ist wirklich gefährlich. Wer hier spaziert, kommt sich vor wie das Bewusstsein eines bewusstlosen Systems. Vier Typen von Straßen treffen auf engem Raum zusammen: die Autobahn; ihr Zubringer; die ausgebaute Bundesstraße; und ein befahrbarer Feldweg aus Betonplatten, dem ich folge. Es findet hier ein irrsinniger Flächenverbrauch statt, die Straßen zerfetzen und zerreißen über das zubetonierte und zuasphaltierte Areal hinaus die Landschaft und infizieren sie in einer noch weiter reichenden Druckwelle des Schadens mit ihrem Lärm.

Ich gehe dem Betonplattenweg nach bis in ein Wäldchen, wo er sich zu einem unbefestigten und vor Kraut und Schlamm kaum gangbaren Waldweg verwandelt, dicht an der Autobahn. Und dort ergibt sich ein Erlebnis ganz anderer Art als das jener degradierten und geschändeten Landschaft, das ich erwartet hätte. Der Lärm ist extrem, die Fahrzeuge schießen mit einem pfeilhaften Heulen dahin, von dem man kaum begreift, wie es als moderate und normale Art der Fortbewegung gelten kann, ja noch als zu langsam empfunden wird und ungeduldig macht. Aber das betrifft nur die Akustik. Die Optik bietet sich ganz anders dar. Je schneller die Autos sausen, desto weniger sieht man von ihnen, desto weniger sehen bestimmt auch die Insassen. Der Wald ist, wie bei diesen vernachlässigten süddeutschen Kleingehölzen oft, sehr dicht, und es wird schon dunkel; gewiss nimmt man ihn von der Straße aus nur wie einen merkmallosen schwarzgrünen Wall wahr. Aber nur wenige Meter davon entfernt stehe ich in einer Umgebung der vollkommenen Ruhe.

Es hat sich hier ein Bestand großer verholzter Doldenblütler ausgedehnt, größer als ich, von jenen rätselvollen Pflanzen also, die in nur einer Vegetationsperiode zur vollen stockwerkweise entfalteten Dignität von Bäumen auswachsen, welche sie dann trocken einen ganzen Winter bewahren; mit ausladenden Ständen aus winzigen Blüten, mit riesigen gezackten oder gefiederten Blättern, zuweilen ausschweifend aufgeblasenen Blattscheiden; Pflanzen, die einander so ähnlich sehen, dass bei ihnen, obwohl einige sehr wohlschmeckend sein sollen, vor dem Verzehr dringend gewarnt wird, denn es sind einige der potentesten Giftgewächse überhaupt darunter; Pflanzen mit Namen wie Engelwurz, Riesenbärenklau, Taumelkälberkropf, und natürlich die beiden Arten des Schierlings. Auf deren Seite also finde ich mich wieder, reglos und unsichtbar so nahe an den Rasenden, in einer höheren Wirklichkeit und einer anderen Art von Stille, die sich durch den unausgesetzten Höllenkrach noch zu vertiefen scheint. Ich stehe im Raum, mindestens auf der Fläche, während diese verdammten Seelen ihr heilloses Werk in bloß einer einzigen Dimension verrichten. Nie wird eine von ihnen das zu Gesicht bekommen, wo ich gerade bin, jeder Einhalt ist hier bei Strafe und Lebensgefahr verboten, hier gibt es keine Raststätte, keine Parkbucht; eine Leitplanke steht neben der Fahrbahn wie vor dem verschlossenen Paradies der Engel mit dem Schwert.

Am nächsten Morgen lockt uns ein handgemaltes Schild direkt vor unserem Quartier zu einem Mais-Labyrinth. Wir sind mit unserem nicht ganz leichten Van auf verschiedenen Feldsträßlein unterwegs und finden es nicht. Eigentlich könnte es sich in jedem dieser vielen Maisfelder verbergen, jedes reicht völlig aus, um darin verloren zu gehen, auch ohne dass nach einem bestimmten Muster daraus einzelne Bahnen herausgenommen worden wären; ja vielleicht so erst recht. Es ist jetzt die hohe Zeit des Maises, er ist zur annähernd vollen raschelnden Reife gediehen, aber noch nirgends geerntet. Sein vampirisches Werk am Boden ist vollbracht, aus jeder Handbreit Erde ein turmartiges, übermannsgroßes Gebilde gezaubert, mit dickem, hartem Schaft, das man einen Stängel kaum noch nennen mag, und den architektonisch festen und schweren Kolben. Das ungeschützte Erdreich zwischen den Einzelpflanzen ist so weit abgeschwemmt, dass die Ansätze der Wurzelbündel hervortreten wie Zahnhälse, die die Parodontose im Griff hat.

Keine andere Wirtschaftspflanze in Europa prägt die von ihr bestandenen Flächen so herrisch wie der Mais. Und diese Flächen sind gewaltig, rund fünf Prozent, oder ein Zwanzigstel Deutschlands, sind bemaist, schätzungsweise um den Faktor 1000 größer als sämtliche historischen Innenstädte zusammen. Die großen Doldenblütler, von denen vorhin die Rede war, obwohl von vergleichbarer Statur, sind Einzelkämpfer; aber der Mais bildet ein exakt ausgerichtetes Milliardenheer. Es gibt den Mais überall, und er ist ein Wesen von sehr entschiedener Gestalt. Und doch gehört er zum erstaunlichen Ensemble jener Dinge, die bei größter Augenfälligkeit so gut wie nie wahrgenommen werden. Der Mais hat etwas an sich, an das man nicht heranwill. Er ist ein poesieloser Spätankömmling, er wird fast ausschließlich ans Vieh verfüttert, besonders an die Schweine, und es wohnt ihm etwas Finstres inne, eine raubgierige Üppigkeit, wie sie sonst in der Vegetation der mittleren Breiten kaum vorkommt. Niemand würde ihn dem Getreide zurechnen, dem er doch offenbar angehört. Ein Weizenfeld, so viel schwächer in allen seinen Daseinsaspekten, mit seinen kaum kniehohen schwankenden Halmen und dem so viel geringeren Hektarertrag, kann man lieben und besingen. «Die Luft ging durch die Felder, die Ähren wogten sacht, es rauschten leis die Wälder, so sternklar war die Nacht.» Niemand, der den Mais liebt und besänge, wenigstens nicht in diesem Weltteil. Im alten Amerika forderten die Maisgötter ganz selbstverständlich Menschenopfer, als wäre die gewaltige vegetative Energie nur so zu erhalten; und noch in «Children of the Corn» von Stephen King, worin verwaiste Kinder des Mittelwestens sich eine geistige und religiöse Welt auf eigene Faust basteln, wachsen der Mais und der Mord auf demselben Boden. Soweit eine Pflanze grausam sein kann, ist es der Mais. Schade, dass wir dieses Labyrinth nicht gefunden haben.

Wie wohltuend die Landschaft hier ist, wie formenreich in ihrem Profil, aber immer so, dass das Maß ein menschliches und spaziergängerisches bleibt, die Höhe und das Tal und darinnen der kleine Fluss, der bei jeder Biegung etwas Neues zu bieten hat. Aalen zieht vorbei, das mir bisher ganz und gar unbekannt war, jetzt aber immerhin zur Verheißung wird; man würde gern noch einmal zurückkehren. Obwohl die Wälder zum Teil schon bunt sind, bringt das Licht noch einmal den Sommer zum Vorschein. Wie spät es ist, verrät sich fast nur darin, dass unter den noch lebhaften Farben sich die Zeichnung der Dinge stark zur Geltung bringt, wie bei einem schönen Gesicht, das, älter geworden, eine gewisse Schärfe annimmt. Die Welt wird zur aquarellierten Bleistiftskizze.

So spät ist dieser Sommer inzwischen, dass schon eine Wolke genügt, um ihn sofort in den Herbst kippen zu lassen. Wir beschließen, an einer ziemlich beliebigen Stelle des Kocher-Tals, wo gerade ein Wirtshaus seinen Parkplatz hat, anzuhalten und spazieren zu gehen.

Die Wochentage verlieren auf Reisen ihre Kraft, das ist das Schöne am Reisen. Doch nichts erspart einem den Sonntagnachmittag. Denn der Vormittag ging ja noch immer, da pflegte die Familie ihre Rituale, das Frühstück mit wahlweise einem harten oder weichen Ei, dem erzlangweiligen Kirchbesuch, dem Schafkopfspiel hinterher, dem Mittagessen. Nach dem Mittagessen jedoch sackte die Zeit ins Namenlose, alles was sich an diesem Nachmittag zutrug oder mit ihm in Berührung kam, wurde von etwas unerklärlich Lähmendem gestreift, von etwas Schäbigem, Mürrischem heimgesucht, dem Keim dessen, was sich im erwachsenen Leben zu einer Depression auswachsen kann. Das hat auch nichts oder wenig mit dem Arbeits- oder Schulbeginn am folgenden Montagmorgen zu tun, denn gegen Abend bessern sich Lage und Laune zu so etwas wie einer vergnüglichen Galgenfrist. Es ist vollkommen gleichgültig, was an diesem Nachmittag passiert, das Gefühl lässt sich nicht durch Abwechslungen narren, hier scheint eine innere Uhr den Tiefpunkt der Woche anzuzeigen. Ein Spaziergang kann zu jeder anderen Zeit der Woche heiter sein, hier legt sich eine gedehnte Traurigkeit darauf.

So also gehen wir durchs an sich hübsche Tal des Kocher, der neben einem Feldweg verborgen zwischen hohen Bäumen dahinläuft. Der Fluss ist rasch und turbulent, aber begradigt, das Grün überall kalt und ganz offenbar nicht mehr erneuerungsfähig, die Felder abgeerntet. Wir treffen in offener Flur auf eine verlorene Bushaltestelle, die anzeigt, dass hier zweimal am Tag

Anschluss in die nächste Stadt besteht. Der bloße Fahrplan, so wenige Ziffern auf einem weißen Blatt, hat etwas, das niederdrückt. Wir versuchen uns den, der allein am Straßenrand an einem dunklen Wintermorgen wartet, möglichst nicht vorzustellen. Unser halb- oder dreiviertelstündiges Manöver trägt, obwohl wir doch in ganz anderem Stil reisen, so sehr den Charakter eines Kindheitsausflugs mit Verwandten, dass wir einigermaßen erleichtert wieder an unserem Auto anlangen.

Die Landschaft Hohenlohe liegt schon recht nah an meiner weiteren Herkunftsheimat. Aber ich kenne sie so gut wie gar nicht, da sie auf der von mir abgewandten Seite Würzburgs lag und damit jenseits einer unsichtbaren Grenze, über deren Vorhandensein ich mir erst spät Gedanken gemacht habe, als sie schon nicht mehr galt. Im Nachhinein erstaune ich, mit welcher Strenge ich in Kindheit und Jugend ausschließlich auf den mainfränkischen Raum bezogen geblieben bin; dass ich mit siebzehn Jahren zwar für ein Jahr nach Amerika ging, aber nie, auch in meinen langen Würzburger Jahren nicht, in denen ich doch um diese Stadt leicht einen neuen Radius hätte schlagen können, aus jenem Rhombus mit den Eckpunkten Bamberg – Würzburg – Aschaffenburg – Rhön ausgebrochen bin. Die Hohenlohe war ein blinder Fleck, mir kaum dem Namen nach bekannt. Die Nacht verbringen wir in Bad Mergentheim, der alten Residenzstadt des Deutschen Ritterordens, schon hart am Rande Mainfrankens und damit auf der Schwelle des Vertrauten.

Ich habe bei der Wahl der Bundesstraßen darauf geachtet, dass zwei von ihnen, die B 8 und die B 19, durch meine alte Heimat führen, die eine kreuz, die andere quer. Ich bin gespannt, wie sich dieses für mich alte Land jetzt darbietet, mir, der nunmehr seit sechzehn Jahren nicht mehr hier lebt und nur noch auf sehr punktuelle Besuche zurückkehrt; und Heike, die, zwei Jahrzehnte jünger und ganz im Osten aufgewachsen, mit einer Art naturwüchsigem Misstrauen auf alles Westdeutsche reagiert. Es ist in der langen Zeit inzwischen auch fast schon das meinige geworden.

In Würzburg kenne ich, obwohl ich doch immerhin dreizehn Jahre hier gelebt habe, niemanden mehr, dem ich einen Besuch abstatten würde. Es waren dies die Jahre meines Studiums und meiner Promotion; meine Studienfreunde sind seither in alle Himmelsrichtungen davongegangen (ich ja auch), die meisten meiner Dozenten im Ruhestand.

Vor ein paar Jahren habe ich mit Studenten, nunmehr aus dem Osten, eine mehrtägige Exkursion hierher unternommen; sie hatten von sich aus für Würzburg optiert, ich hatte mich da nicht eingemischt. Zu meiner Überraschung hatte ich in der veränderten Rolle des Fremdenführers auf einmal ganz neuen Spaß an der alten Stadt, es war wie ein Urlaub gewesen, ich hatte mich von der fröhlichen Fremdheit der Teilnehmer anstecken lassen. Bei der größten Julihitze waren wir durchs Gelände der Landesgartenschau zur Festung hinaufgeklettert, hatten uns an Brezeln und Radler gütlich getan und waren auf dem Rückweg rechtschaffen erschöpft gewesen, so richtig wie beim Wandertag, wo man seine Schäfchen beisammenhalten muss, weil immer wieder jemand unbedingt jetzt eine Cola! braucht oder keinen Schritt! mehr weiterkann. So soll es sein.

Diesmal ist es anders. Diesmal kommt es mir vor, als wäre seit meiner Würzburger Zeit kein einziger Tag vergangen; und nicht nur, weil das bedeckte Wetter den Alltag nahelegt. Wir parken auf dem großen Platz vor der Residenz, der unter dem vielen Blech völlig verschwindet, aber immer noch das alte zersplitterte Kalksteinpflaster wie ein miserables Gebiss aufweist. Es ist die mir wohlbekannte Froschperspektive auf die Stadt im Kessel; gleich, scheint mir, werde ich diesen barocken Bau betreten, um in dessen oberstem Stockwerk das lateinische Seminar zu besuchen. Das alles ist mir auf kalte Weise nah.

Und doch bin ich froh, die Residenz zu sehen, jetzt ohne Trübung des Blicks durch die Lebensroutine, wie ich es während meiner Würzburger Zeit selten getan habe. Sie ist eins der herrlichsten Gebäude der Welt. Groß und prachtvoll zwar, aber nicht zu groß und nicht zu prachtvoll, kein Vergleich mit Versailles oder Schönbrunn oder auch nur Nymphenburg – sie besitzt ein Maß, das man weder über- noch unterschritten wissen möchte, ein großes Menschenmaß, das sich bei solcher Architektur mitnichten von selbst versteht. Eine kluge Heiterkeit trägt den Sieg davon über den repräsentativen Zweck; man möchte fast sagen, dass der Bau das Schloss nur zu seinem Vorwand genommen hat. Dabei war dem Architekten Balthasar Neumann allerdings auch die verkorkste Kessellage behilflich, der man sonst solche barocken Anlagen nicht aussetzt. Diese hat verhindert, dass ringsherum die anmaßenden Sichtachsen entstanden, kraft deren die barocken Schlösser sonst im Namen ihrer Erbauer das Land in weitem Umkreis durchherrschen. Die städtische Straße, die auf den Residenzplatz mündet, tut dies in einem unbotmäßig asymmetrischen Knick, und schon auf Höhe der Bäckerei Hanselmann, unseres Hoflieferanten in der Mittagspause, ist der Einfluss des Schlosses kaum mehr zu spüren. Auch der Hofgarten bedeckt nur eine kleine Fläche, dann wird ihm vom zeitgleich entstandenen Festungsring Einhalt geboten; aber er nützt sie zu einer beeindruckenden bühnenartigen Veranstaltung aus Treppen und Terrassen.

Die Residenz bedeutet viel mehr als ein einzelnes Stück Architektur. Sie ist der ästhetische Polarstern der ganzen Region. Der Fürstbischof von Würzburg, der zwei Drittel der Fläche Mainfrankens auch als weltlicher Potentat regierte, versammelte hier die wichtigsten Künstler seines Staats und noch wichtigere von außerhalb, gab ihnen hier die großen Aufträge, an denen ihr Können wuchs, und sandte sie in den zahlreichen Pausen ihrer Tätigkeit aufs flache Land, damit sie dort etwas für die Pfarrkirchen taten. An vielen kleinen Dörfern der Gegend hat die Hand Balthasar Neumanns mitgewirkt. In seinem Gefolge kamen die Maler, Bildhauer, Schreiner, Stuckateure; und die Handwerker vor Ort lernten. Keine andere große Kunstrichtung hat in solcher Qualität in solche Breite und Tiefe gewirkt wie der süddeutsche Barock, speziell der würzburgische. Hier gibt es Bauernhäuser, die sich einen heiligen Georg mit vollplastischem Sandsteinross leisten oder einen heiligen Sebastian, der unter dem Hagel der Pfeile den Unterbauch in so lebensechtem Entsetzen einzieht, dass man den Stich als kalten Schreck an derselben Stelle nachempfindet.

Selten wurde der erwirtschaftete und abgeschöpfte Mehrwert eines Landes gewinnbringender angelegt als hier: so nämlich, dass er, lang nach dem Ende der Herrschaft, die ihn einkassierte, immer noch Früchte trägt. Natürlich war die Residenz ein Herrschaftsprojekt, ein ausgesprochen überdimensioniertes sogar für den kleinen Staat, in dem sie entstand, und errichtet wurde sie, wenn schon nicht aus den Knochen der Bauern, wie so manches andere Großbauwerk der Geschichte, so doch jedenfalls aus ihrem Fett. Aber das Gehäuse erwies sich als dauerhafter als der, der es errichten ließ, einer perlmutternen Nautilus-Schale gleich, deren Pracht sich erst ganz ermessen lässt, nachdem ihr weichleibiger Bewohner das Zeitliche gesegnet hat. Freilich ist dieses wie alle Schlösser heute schwer zu nutzen. Was will man mit den Prunkräumen anstellen, die in gerader Flucht über hundert und mehr Meter laufen? Hier werden ratlose Touristen von ratlosen Führern belehrt, dass dieser Stuhl aus dem Jahr 1729 stammt und in jenem Bett von einem Meter fünfundneunzig Länge Napoleon schlief; denn Napoleon hat überall genau einmal geschlafen. Alles das ist aufs penibelste nacherschaffen, denn die gesamte Residenz brannte im Feuersturm von 1945 komplett aus.

Das heißt, mit Ausnahme des Treppenhauses. Dieses beherbergt das Herzstück der Residenz, das riesige Deckengewölbe Tiepolos, angetragen an das flache und überaus weit gespannte Gewölbe Neumanns. Dessen Machbarkeit und Stabilität wurde von den Zeitgenossen stark in Zweifel gezogen. Neumann bot an, sich darunter zu stellen, während neben ihm eine Kanone abgeschossen wurde. Es sollte dann noch eine weit härtere Probe bestehen: 1945 krachte der riesige Dachstuhl brennend auf das Gewölbe nieder – und es hielt. Alles andere haben die Tapetenweber, Vergolder, Parkettleger wieder so einigermaßen auf Originalniveau hingekriegt. Dieses Eine nur, diese Decke mit diesem Fresko, dem größten der Welt, wäre unwiederbringlich verloren gewesen. Betrachtet man die Dinge so, ist eigentlich alles in Ordnung.

Um das Fresko anzuschauen, muss man sich den Hals verrenken. Das tun aber bestimmt erst die modernen Touristen, während die höfischen Gäste des Hausherrn sich die Blöße einer derart unvorteilhaften Haltung bestimmt nicht gegeben hätten. Ist denn nicht die Decke ein denkbar ungeeigneter Ort für ein solch aufwendiges Gebilde? So dachte der Barock offenbar nicht; als höchster Luxus und wahre Großmut galt ihm, den Aufwand dort zu treiben, wo keiner richtig hinsah, die Überschwemmung des peripheren Blicks; fokussierendes Kunstkennertum wäre ihm wahrscheinlich knickerig vorgekommen. Und auch heute muss man bei aller überwältigenden Gegenwart dieses Panoramas sagen, dass es sich eigentlich nicht um ein Bild und kaum um ein Kunstwerk handelt. Sonst wäre das zusammenfassende Programm – die vier Erdteile huldigen dem Bischof von Würzburg (Australien zählte noch nicht und passte jedenfalls nicht ins viereckige Konzept) – auch gar zu albern. Es ist vor allem ein Himmel, der sich dort droben ausbreitet, ein Himmel wie der natürliche mit seinen Lichtern und Wolken; und die allegorischen und exotischen Figuren, die Flussgötter und Kannibalen und Mohrenköniginnen, haben als solche wenig mehr zu bedeuten als die Gestalten, die sich so überaus deutlich und beliebig in Sommerwolken hineinlesen lassen. Als ich mit vielleicht acht Jahren zum ersten Mal hier war, nahm ich fast nichts als diesen Eindruck mit. Das Blau und das bleiche Rosa, von denen das Getümmel hinterfangen wird, ist mir seither das Maß eines schönen Abendhimmels überhaupt geblieben.

Wir gehen durch die Stadt, die ich wenig verändert finde. Nachdem sie, als eine der letzten und schönsten in Deutschland, noch ganz zum Schluss total zerstört worden war, als wäre sonst eine kriegswichtige Aufgabe unterblieben (7000 Tote gab es, bei 100 000 Einwohnern), wird ihr Bild noch immer vom Wiederaufbau der Fünfziger dominiert. Diese halben Notlösungen sind jedenfalls seither nicht jünger geworden. Heike meint, es sei gewiss eine gute Stadt zum Studieren. Für mich war es das ganz bestimmt.

Ich bin dann doch nicht ungern aus Würzburg fortgegangen. Die Zeit war einfach um. Wie kann man von Würzburg nach Chemnitz gehen! bekam ich damals zu hören. Aber Chemnitz ist keine schlechtere Stadt als Würzburg. Was ihm als Einziges wirklich mangelt, ist der große Fluss. Was sonst noch fehlt, entbehre ich ohne weiteres. Es fehlen die Burschenschaften an der Uni. Es fehlt die Monotonie des Weinbaus an weithin gesperrten Hängen. Es fehlt die entwicklungsunfähige mittelalterliche Enge einer Innenstadt, die sich aber dennoch nicht entschließen mag, das Auto wenigstens aus den schmalsten Schläuchen zu verbannen. Und es fehlt die Macht der katholischen Kirche. Noch zu meiner Zeit, das heißt in den achtziger und frühen neunziger Jahren, vermietete das katholische Brunowerk, der größte Immobilienbesitzer am Ort, nicht an unverheiratete Paare. Große Aufmerksamkeit erregte ein Gotteslästerungsprozess, der angestrengt wurde, nachdem ein militanter Atheist einen Vortrag gehalten hatte. Anzeige wurde auch erstattet, als eine Yuppie-Firma ihren Anrufbeantworter mit dem kessen Spruch gefüttert hatte:

«Unser Beichtstuhl ist zurzeit leider nicht besetzt. Bitte sprechen Sie Ihre Sünden nach dem Piepston auf das Band.» Nein, mir fehlt Würzburg nicht.

Ab Würzburg haben wir es mit der B 19 zu tun, wie ich sie kenne, nämlich als der unterfränkischen Süd-Nord-Achse. Sie ist erst ein Stück als Autobahnzubringer ausgebaut, verschlankt sich dann zu zwei Spuren, läuft durch die Dörfer, nicht mehr jedoch durch den Marktflecken Werneck, wo sie sich einst mit der B 26, der unterfränkischen Ost-West-Achse, kreuzte – dieses Verkehrsherz der Region schlug an einem Punkt, wo man sich über die Straße hinweg aus den Fenstern der Häuser fast die Hand schütteln konnte. Jener alte Flaschenhals also, die Qual der Durchreisenden wie der Anwohner, ist nunmehr großräumig beseitigt. Nur wenige Kilometer weiter aber streift die B 19 einen zweiten, weit wichtigeren, doch viel geheimeren Herzpunkt: Am Ort Schnackenwerth schneiden sich der fünfzigste Breiten- und der zehnte östliche Längengrad und zerlegen Europa so in vier annähernd gleich große Quadranten. Ein Würzburger Geographieprofessor wollte hier einen Denkstein oder etwas Ähnliches errichten; ich glaube nicht, dass es dazu gekommen ist, denn er hätte inmitten der Rübenäcker (man baut hier viel Zucker- und Futterrüben an) doch wohl sehr verloren gewirkt; niemand hätte ihm den Mittelpunkt Europas abgenommen, der er trotzdem gewesen wäre. Es wäre eine unglückliche Art gewesen, recht zu behalten.

In Schnackenwerth zweigt eine kleinere Straße ab, die nach einer Strecke von etwa fünf Kilometern durch Bergrheinfeld und über den Main (das zweite Mal, dass wir seinen vielfach hakenschlagenden Lauf queren) in meinen alten Heimatort Grafenrheinfeld führt. Wir überschreiten den Main auf einer nagelneuen Brücke, die erst seit wenigen Monaten steht, viel schöner mit ihrem geschwungenen Bau als der alte Betontrog.

Grafenrheinfeld gehört eindeutig zu den Gewinnern bei den großen Umstrukturierungen des ländlichen Raums in den vergangenen Jahrzehnten. Das liegt nicht nur am Atomkraftwerk, dessen Gewerbesteuer die Gemeinde über viele Jahre zur reichsten im Landkreis gemacht hat (und das mit seinen abenteuerlich landschaftssprengenden Dimensionen weit genug vom Dorf entfernt steht, damit seine Präsenz, wenn man sich daran gewöhnt hat, nicht allzu überwältigend droht). Mit gut dreitausend Einwohnern hat es so gerade die Mindestgröße gehabt, um seine politische Selbständigkeit zu wahren. Es liegt nahe genug an der Kreisstadt Schweinfurt, um ins System der Stadtbusse eingebunden zu sein, und weit genug entfernt, damit Einzelhandel, Gaststätten und Gewerbe sich behaupten können. Von rund vierzig Vollerwerbslandwirtschaften, die es dort in meiner Kindheit gab, sind noch ein bis zwei übrig; auch die Nebenerwerbsbetriebe der sogenannten Mondscheinbauern, die tagsüber als Arbeiter in die Schweinfurter Kugellagerfabriken gingen und sich abends um ihre Äcker und Schweine kümmerten, früher so typisch für die Gegend, spielen offenbar keine große Rolle mehr. Grafenrheinfeld ist kein Dorf mehr, wie ich es vor vierzig Jahren kannte, wenn man unter einem Dorf verstehen will, dass es die Landwirtschaft zum vorwaltenden Element hat; in diesem Sinn gibt es in Deutschland wohl so gut wie überhaupt keine Dörfer mehr.

Was wird dann aus ihnen? Vor Jahren wurde ein russischer Schriftsteller, der auf Lesereise in Deutschland war, gefragt, was ihm bei uns besonders aufgefallen sei. Er antwortete: dass hier eins der Hauptziele Lenins, mit dem es in der Sowjetunion nie geklappt hatte, verwirklicht worden sei, nämlich die Angleichung der ländlichen Lebensverhältnisse an jene in der Stadt. Der alte Dualismus von städtischem Wasser- und ländlichem Plumpsklosett (oder wie es auch hieß: «Toilette mit Luftspülung») ist schon länger überwunden; die letzten Abschleifungsmaßnahmen finden soeben statt. Grafenrheinfeld hat, wie alle derartigen Ortschaften von einer gewissen Größe an, den Sprung zur kleinstädtischen Prägung geschafft. Es besitzt eine Bibliothek, ein kleines Museum, eine Skulpturengruppe, die eins der früheren Krautweiber inmitten ihrer Kohlköpfe, fränkisch kurz «Kraut» genannt, zeigt – kein zuverlässigeres Zeichen, dass das Bäuerliche abstirbt, als dass man zu ihm ein sentimentales Verhältnis entwickelt.

Den kleineren Orten aber, denen unter tausend Einwohnern, ergeht es übel; den Pfarrer und die Schule haben sie schon in den Siebzigern oder Achtzigern verloren, die Wirtshäuser und Bäckerläden sind seither gefolgt. Arbeitsplätze am Ort existieren fast nicht, alle, die Geld verdienen, pendeln; und zwar mit dem Auto, denn der Bus geht zweimal am Tag. Es gibt nichts mehr, was die Leute, die dort zufällig zurückgeblieben sind, noch strukturell verbände, am wenigsten die Scholle. Wer bestellt sie eigentlich überhaupt noch? Denn dass das Ackerland insgesamt schrumpfte, davon merkt man nichts. Offenbar genügt es, wenn der einzig verbliebene Bauer, der zehn Kilometer entfernt wohnt und alles in weitem Umkreis zusammengepachtet hat (denn darin bleiben die früheren Bauern doch Bauern, dass sie nicht verkaufen), drei- oder viermal im Jahr mit seinen riesigen Maschinen anrückt, um die Feldfrüchte eines halben Landkreises zu versorgen. «Dorf» ist keine Option mehr.

Auch darin nicht, dass sich die Kostbarkeit und der Nutzungsgrad der Flächen erhöht hat. Zweimal habe ich das Land hier ein anderes werden sehen. Als meine Familie 1970 aus einem anderen Ort nahe Schweinfurt herzog, war gerade die Flurbereinigung in vollem Gange. Sie legte nicht nur die ganzen unwirtschaftlich kleinen Felder zusammen, sondern betrieb auch die Trockenlegung der vielen feuchten und vom Hochwasser des Mains gefährdeten Wiesen und wandelte sie in höherwertiges Ackerland um. Das war noch ganz vom bäuerlichen Standpunkt aus gedacht. Damals verließen die Kiebitze und die Störche die Gegend. Aber auch als guter Acker war das Areal bald unternutzt. Was in der Ökologie als Flächenverbrauch getadelt wird, nahm hier gewaltiges Ausmaß an. Doch werden die Flächen ja nicht verbraucht – sie sind noch immer da –, sondern im Gegenteil aufgewertet. Bei annähernd gleichbleibender Einwohnerzahl verdoppelte sich die Grundfläche des Orts nahezu durch Neubaugebiete. Die Stadt Schweinfurt ließ sich mehrere hundert Hektar Land überschreiben, um ihr Gewerbegebiet zu erweitern; inzwischen ist es fast am Ortsrand von Grafenrheinfeld angelangt. Auch Grafenrheinfeld selbst hat ein gar nicht kleines Gewerbegebiet ausgewiesen. Kiesbaggerseen durchlöchern das Land wie einen Schweizer Käse, stellenweise sind zwischen ihnen nur schmale Stege geblieben. Und dann hat natürlich das Kernkraftwerk mehr als einen Quadratkilometer aufgefressen.

Vor vierzig Jahren gab es die Äcker und dann diejenigen Flächenanteile, die sich aus irgendwelchen Gründen zum Acker nicht eigneten. Meistens lag es am Wasser. Bei Grafenrheinfeld befanden sich die beiden letzten Reststücke des Hartholz-Auwalds im gesamten Tal des Mains, mit einer einzigartigen Vegetation von Frühlingsblühern: Blaustern, Primeln, Lerchensporn in weiten Teppichen. Auf einer ortsfest gewordenen Wanderdüne der Eiszeit gedieh ein besonderer Kiefern- und Eichenwald. Die Altwasser des Mains, in großen Schlingen vom Hauptstrom abgeschnitten und langsam verlandend, boten ausgedehnten Raum für Schilfwuchs und die ganze Vogelwelt, die dazugehört. Nichts davon ist verloren, im Gegenteil, es hat gleichfalls von der Aufwertung der Flächen profitiert und ist Naturschutzgebiet geworden. Nur dass man im Frühling hinausgeht und sich einen Strauß Blaustern holt, das ist jetzt leider verboten; schauen muss reichen.

Es sind sogar neue Biotope dazugekommen, die durch planvolle Anlage und Koppelung ausgekiester Baggerseen gewonnen wurden. Früher nahm man es den Sandbaggerfirmen übel, wenn sie allzu roh in die Landschaft eingriffen, offene Gruben oder steile Ufer zurückließen, und zwang sie zur «Renaturierung», zur Einebnung und Einsäung der Uferbereiche. Dann erkannte man, dass so die Eisvögel und Uferschwalben keine Nisthöhlen bauen konnten, und renaturierte anders, nämlich so, dass wieder die steilen abbruchgefährdeten Wände am Wasser stehenblieben. (Dabei war die wirkliche Natur des Ortes, wenn man darunter seinen ältesten noch erinnerlichen Zustand begreifen will, weder ein Steil- noch ein Flachufer, sondern vermutlich ein Feld mit Weißkraut.) Heute gibt es hier Kormorane und Graugänse, die sich früher nie blicken ließen, und auf dem Zug rasten die seltensten Gäste. Die Natur ist hier eindeutig verbessert worden.

Aber sie ist sozusagen nicht mehr unbewusst, kein normales Überbleibsel zwischen normalen Feldern, sondern ein Juwel, das nach Fassung verlangt, durch abgestufte Schutzmaßnahmen, Lehrpfade, Wege, die den Schritt des Naturfreunds lenken, und Hindernisse, die ihn hemmen sollen, damit er die empfindlichen Bodenbrüter nicht behelligt. Und diese intensiven Areale stoßen wie mit dem Messer abgeschnitten an Intensivnutzungen anderer Art; die Neubauten sind inzwischen bis an den Alten Main herangerückt. Dazwischen passt nichts mehr. Die Welt hier ist deutlich reicher geworden, in jedem Sinn, keineswegs nur im materiellen; aber enger ganz gewiss auch.

Wir gehen um den Ort auf dem Ring seines umwallenden Damms herum, den es sich gegen das Hochwasser zugelegt hat, die alte Plage hier, an der Stelle, wo der Main im weiten Bogen von Westen nach Süden umlenkt und das Maindreieck beginnt. Der Damm hält das Weichbild auch nach innen zusammen, er gestattet einen schönen Spazierweg. Bestanden ist er mit Obstbäumen, die weiß aufgemalte Zahlen tragen, denn das Recht, sie abzuernten, wurde früher versteigert und wird es vielleicht noch. Für eine Mark – auch damals schon nicht viel Geld – konnte man einen ganzen Kirschbaum pachten, hatte aber nicht viel davon, denn hier verlief der Schulweg der Kinder.

Auch die Schule sehe ich wieder, in die ich noch ein knappes Jahr ging, ehe ich aufs Gymnasium wechselte, wenngleich anstelle des Sechziger-Jahre-Flachdachkastens heute ein ganz anderer Komplex dasteht. Die übliche Geschichte: Schon in den ersten Jahren, als ich in der vierten Klasse war, kam das Wasser von oben durch, die Flure standen voll von Eimern und Wannen. Es wurde saniert und ein geneigtes Dach aufgesetzt, eine Maßnahme, die ungefähr so teuer gewesen sein muss wie ein kompletter Neubau. Kaum war sie abgeschlossen, stieß man auf einen Giftstoff, der in dem weichen Fugenmaterial zwischen den Betonplatten verborgen gewesen war. Diesmal riss man ab und baute neu. Dreimal in wenigen Jahrzehnten musste grunderneuert werden. Von unserer Epoche wird trotz ihrer irrsinnigen Bauaktivität vielleicht weniger bleiben als von früheren, die sparsamer bauten. Sollte es dank welcher Krise auch immer dazu kommen, dass zwanzig Jahre lang alle Wartung ausfällt, wird kein einziges unserer Häuser mehr nutzbar sein, und nach fünfzig Jahren wird man kaum die Ruinen finden.

Der Weg geht weiter zwischen dichten Hecken – jetzt voller dunkelblauer und dunkelroter Früchte, im Frühling aber vor lauter Blüten wie ein Tunnel aus Brautkleidern – die einzelnen schmalen Seen entlang, in die der Altmain zerfällt. Ein Geruch nach Schlamm und besonnter pflanzlicher Fäulnis weckt die Erinnerung an anarchisches kindliches Badevergnügen, jeden Tag mit dem Fahrrad mit nichts als einer Badehose, einem Handtuch und was zu lesen an einen anderen herrlichen Pfuhl, wie es heute kein verantwortlicher Erzieher mehr zuließe. Damals herrschte in Erziehungsdingen größere Strenge, doch zum Ausgleich ließ man die Kinder ohne Aufsicht ihren Sommertag verplempern. Passiert ist nie was. Ich denke, die heutigen Kindheiten haben sich ähnlich verändert wie diese Landschaft, alles ist hochwertiger und genau durchdacht, aber ohne einen Bereich, wo man auch mal fünf gerade sein lässt. Weiter entlang an der Konservenfabrik, an einer schmalen Wiese voller Blumen wie ein Sommerabschied; und zurück in den Ort.

Nördlich von hier beginnt das altberüchtigte Teilstück der B 19. Sie lief hier als wahre Fernstraße, die mit den Orten auf ihrem Weg keine oder nur eine höchst widerwillige Beziehung einging. Die fernen Ziele, die langen Geraden ließen vergessen, dass es sich um eine einspurige Landstraße handelte, die Autofahrer rasten weit schneller, als es ratsam war, und wenn ihnen ein Traktor vor der Nase saß (denn sie war zwar eine Fernstraße, eine Nahstraße blieb sie dabei aber auch), verloren sie die Nerven und überholten ins Blinde hinein. Es kam hier zu zahlreichen tödlichen Unfällen. Wie lange alle das hinnahmen! Halb so viele Autos gab es damals, aber mehr als doppelt so viele Tote im Straßenverkehr. Die B 19 steuerte direkt auf den Kirchturm von Geldersheim zu, auf einer Trasse, die vor zweihundert Jahren, französischem Vorbild folgend, als befestigte Chaussee nach geometrischen Gesichtspunkten angelegt worden war; wenn sie das kompakte Geldersheim mit seiner Kirchenburg dann jedoch erreichte, wurde sie von mehreren engen Kurven gepackt und gedrosselt und zwang die Autofahrer, zähneknirschend bis fast in den Stillstand abzubremsen.

Poppenhausen hatte seine Umgehung schon vor unserer Zeit erhalten. Es ist der Ort, in dem mein Bruder mit seiner Familie lebt, der Einzige von uns vier Geschwistern, der in der alten Heimat blieb, um dort Hauptschullehrer zu werden. Bei ihm laden wir uns zum Kaffee ein. Poppenhausen ist etwa halb so groß wie Grafenrheinfeld, hat aber durch Eingemeindung mehrerer kleinerer Orte seiner Umgebung die Mindestgröße für Selbständigkeit erreicht. Dann beginnt die B 19 ihre eigentliche alte Fuhrmannsexistenz. Während man in Unterfranken sonst damit rechnen kann, alle drei Kilometer auf eine Ortschaft zu treffen, erstreckt sich hier ein rätselhaft siedlungsfreies Areal. Die Straße durchschneidet es ohne Rücksicht auf das Geländeprofil. Die «Himmelsleiter» taucht in mehreren Stufen in eine langgezogene Bodenwelle ein und wieder empor, viele Kilometer hat man diesen skalierten Aufstieg vor Augen. Ein einzelnes großes altes Gasthaus heißt die «Schwarze Pfütze», ein geheimnisvoll grimmiger Name. Von der inzwischen erreichten Höhe geht es hinab nach Münnerstadt über den Schindberg, der den Pferden und ihren Führern noch einmal Schlimmes abverlangte.

Sogar uns Kindern war klar, obwohl doch längst das Auto die Mühsal aus der Reise herausgenommen hatte (wenngleich nicht zur Gänze die Gefahr), dass dies eine böse Straße war. Sie ist es nicht mehr. Ihre Besonderheit hatte darin bestanden, dass sie eine fast hundert Kilometer lange Sackgasse war. Denn an ihrem oberen Ende, dort, wo sie einst die Verbindung nach Thüringen hergestellt hatte, traf sie nunmehr auf die undurchdringliche Grenze zur DDR, die hier weit nach Westen vorbauchte. Mit der Vereinigung aber entstand das Bedürfnis nach einer neuen überregionalen Verkehrsanknüpfung, was naturgemäß durch eine Autobahn bewerkstelligt wurde. Parallel zu ihr fraß sich also seit den neunziger Jahren die nagelneue A 73 durchs Land und raubte der alten Bundesstraße Reiz und Last der langen Distanzen. Drei Stränge laufen jetzt mancherorts nebeneinander her: erstens die alte B 19, die durch die Dörfer ging; zweitens die neue B 19, soweit wie möglich durchfahrtsfrei angelegt, aber jetzt teilweise nur durch wenige Meter von, drittens, der Autobahn getrennt. Die neue B 19 nützt keinem mehr. Um ihre Neusortierung als Staats- oder Kreisstraße gab es ein ziemliches Hickhack, denn verständlicherweise hatten weder Kreis noch Freistaat ein Interesse daran, diese zusätzliche unnütze Baulast zu schultern. Recht verloren läuft sie neben der neuen Trasse einher wie ein Hund, der seinen Herrn begleitet.

Wir aber halten uns nicht nur an die ältere Bundesstraße, sondern sogar an die ganz alte. Bis in die dreißiger Jahre berührte die B 19 auch Bad Kissingen, in dem wir uns einzuquartieren beschließen, denn in der Kurstadt gibt es Unterkünfte genug, und darüber hinaus ist für heute Abend eine Wahlkampfveranstaltung mit Bundeskanzlerin Angela Merkel angekündigt. Um 18 Uhr soll sie auf dem Theaterplatz sprechen.

Um 18 Uhr regnet es, nicht heftig, aber beharrlich; der Platz füllt sich nur langsam, niemand rechnet mit Pünktlichkeit. Die CSU schenkt Bier aus, den halben Liter zu 2 Euro, dazu wird auf den instabilen Plastikbecher ein Pfand von 1 Euro erhoben, was offenbar zu nichts anderem dient, als die Leute daran zu hindern, das leere Behältnis hinterher einfach aufs Pflaster zu werfen. Die Sicherheit wird von drei verschiedenen Arten von Helfern gewährleistet. Der Staat stellt Polizei, die Partei ihre Ordner, daneben gibt es noch Security. Diese wirkt immer am finstersten, weil man ihr zutraut, ihre Teilhabe am Gewaltmonopol nach privatem Ermessen zu gestalten; dafür stehen ihre guten, aber saloppen Anzüge. Man würde eher einen Polizisten provozieren als einen von denen. Es tritt eine Vorgruppe zur Erzeugung guter Laune an, die «Dorfrocker», die unverkennbar aus der näheren Umgebung stammen. Ihr Unterfränkisch ist unwillkürlich; aber von dort schalten sie gern auf die Prestige-Mundart des Bairischen um. Das ist die Hochsprache ihrer Kunst.

Über der Band ist eine Leinwand angebracht, wo die Jungs sich noch einmal, aber gewaltig vergrößert, ihrem Publikum darbieten. Alle schauen auf die Leinwand, niemand auf die Originale, die fallen im Verhältnis einfach zu klein aus. Und trotzdem wäre es falsch zu sagen, dass hier das Medium die authentische Präsenz ablöst. Genau so wie diese Band wird sich gleich die Kanzlerin präsentieren; und doch haben es bei ziemlich schlechtem Wetter tausend bis zweitausend Leute auf sich genommen, herzukommen, um sie *selbst* zu sehen. Das Medium wirkt hier nicht wie die Vergegenwärtigung des Entfernten, sondern eher wie ein simpleres und älteres optisches System, eine Art Lupe, die über das kleine Menschlein gehalten wird und dessen Qualität, *da* zu sein, lediglich verdeutlicht. Ohne das geht es nicht mehr; denn längst hat die vorläufig unveränderte Leiblichkeit des Menschen im Verhältnis zu seinen technischen Möglichkeiten etwas verdrießlich Untermaßstäbliches angenommen, dem dringend aufgeholfen werden muss.

Ein Film ist zu sehen, der sechzig Jahre Bundesrepublik als einen Triumphzug von CDU-Bundeskanzlern vorführt. Auch Kiesinger fehlt nicht, der als «kluger Vermittler» gewürdigt wird; vor kurzem genierte man sich seiner noch. Die charakterstarke Skurrilität dieser alten Gesichter! Der Schrumpfkopf Adenauers, das krötenhafte Antlitz Erhards hatten mir als Kind in dem Maß Ehrfurcht eingeflößt, wie ich in ihren Zügen nur mühsam Menschliches hatte ausmachen können. Sie schienen einer anderen Ordnung von Wesen anzugehören. Das Ganze erinnert, nicht zuletzt auch wegen der schweren Untermalungsmusik, an eine viel ältere Form der Nachrichtendarbietung, die Wochenschau. Auf eine fast rührend altertümliche Weise steht der Streifen politisch rechts: stramm patriotisch, angeberisch, sentimental. Und er schließt bewegende Bilder ein von Bau und Fall der Mauer.

Wie ist es möglich, dass danach wieder die Dorfrocker zuschlagen? Hier wird klar auf Zeit gespielt, irgendwas mit dem Ablaufplan haut nicht hin. Der Versuch, auch das Publikum zu den Klängen von «Ab geht die Luzi» in eine Mitmach-Choreographie einzubinden, wozu sie ihrem Nachbarn in die Hand patschen und ihre zahlreich mitgeführten Regenschirme schwenken müssten, scheitert hingegen an der allgemeinen Unbeweglichkeit des vorwiegend älteren Publikums. Bad Kissingen gilt als die Stadt in Deutschland mit dem höchsten Durchschnittsalter der Bevölkerung. Die CSU fährt mit einem Transporter vor, auf dem steht: «Näher am Menschen». Die CDU hat einen mehrere Meter großen Luftballon mit ihrem Parteinamen mitgebracht, den sie steigen lässt wie eine frühe Montgolfiere. Auf einem Balkon des Platzes ist ein Transparent angebracht, das einen garantierten Milchabnahmepreis von 40 Cent pro Liter fordert, das ist unwesentlich mehr, als wir vor fünfunddreißig Jahren beim Bauern zahlten, wenn wir allabendlich mit der Milchkanne hinkamen. Eine lokale Politikerin spricht, danach wird Ministerpräsident Seehofer angekündigt. Merkel kommt nicht. Sie ist, wie ich am nächsten Tag erfahre, dann auch endgültig nicht mehr gekommen.

Unser Hotel fällt um eine Spur nobler aus, als wir es im Sinn hatten. Das liegt daran, dass wir uns ihm durch seinen relativ schlichten Hintereingang genähert haben. Dann ist es zu spät, darüber zu erschrecken, dass wir unter demselben Dach nächtigen wie einst Sissi und Kaiser Franz Josef – mit je 35 Leuten Entourage, übrigens in getrennter Anreise – und noch so dieser und jener aus den europäischen Königs- und Kaiserhäusern. Dies verrät uns die Präsentationsmappe in unseren Zimmern. Im Preis spiegeln sich diese Vorzüge nur sehr teilweise. Luxuskurhäuser wie unser «Kaiserhof Viktoria» scheinen es in den letzten Jahren schwer gehabt zu haben. 1981 hatte es die Arbeiterwohlfahrt erworben, 1983 war ein fünfjähriger Nutzungsvertrag mit der BfA geschlossen worden. 1992 kauft es «Rudi May in seiner Eigenschaft als Privatier», dann wird es in eine Rheumaklinik umgewandelt. Auch diese muss «aufgrund der Gesundheitsreform» schließen. Und erst ganz vor kurzem ist es wieder als Hotel geöffnet worden. Wir sind sozusagen noch die Versuchskaninchen, ob altmodischer Luxus im Kurbad wieder geht. Prachttreppen, Kronleuchter, Draperien, Stuckaturen mit Putten und Rosen an atemberaubend hohen Decken. Man muss es, wenn man es kriegt, genießen können, man darf dann nicht spöttisch werden und sich auf Stilurteile versteifen, sonst schadet man niemandem als sich selbst. Im riesigen Speiseraum fühlen wir uns als zeitweilig einzige Gäste ein wenig verloren, aber sehr gut bedient. Die Zimmer sind in Ordnung, bleiben aber kleinmütig unter den Standards von einst, vor allem was ihre Abmessungen betrifft. Dem Gast von heute wird nicht mehr zugetraut, dass er einen Saal zu bewohnen vermag.

Ein Spaziergang am nächsten Morgen enthüllt die ganze Pracht der alten Kuranlagen, die Gärten, Brunnenhäuser, Fontänen und Wandelgänge. Was für ein herrliches Konzept stellt so ein Wandelgang dar! Die wunderbarste serielle Architektur, Radfenster, Pfeiler, Stuck in vielen Jochen, ordnet sich dem einfachen absichtslosen Gehen unter und adelt es zum Wandeln. Und was taten die Wandelnden? Sie hatten ihre Becher dabei, die personalisiert waren wie im Märchen, und tranken die heilenden Wässer. Als Gast eines Kurhotels und Inhaber eines entsprechenden Dokuments bin ich berechtigt, dieses Wasser höchstselbst zu erproben. Da gibt es den «Luitpoldstrudel», einen «eisenhaltigen Natrium-Calcium-Chlorid-Hydrogencarbonat-Sulfat-Säuerling», oder auch das «Kissinger Bitterwasser», ein «Magnesium-Natrium-Sulfat-Wasser nach Rezeptur von Herrn Prof. Dr. K. E. Quentin, Vorstand des Instituts für Wasserchemie und Chemische Balneologie der Technischen Universität München». Teuer muss es sein, abscheulich nach Salz, Rost und Essig muss es schmecken, und das Vokabular muss stimmen, dann tut es seine Wirkung gegen Stuhlträgheit und chronische Entzündung im Bereich der Gallenwege todsicher; denn der Mensch ist vor allem ein metaphysisches Wesen. Übrigens befindet sich gleich neben dem Viktoria der Neubau des Steigenberger-Hotels, ein Vier-Sterne-Haus auch dieses; aber schon der Außenanblick verrät, dass man für einen vergleichbaren Preis hier zwar bestimmt eine vergleichbare Dusche kriegen wird, aber niemals die entscheidenden unwägbaren Dinge, die mit der Idee von *Raum* verbunden sind.

Nördlich von Mellrichstadt, bei Eußenhausen, erreichen wir die alte innerdeutsche Grenze. Es war früher ein ganz vergessenes Eck, im hintersten Winkel des alten Westens; und etwas abseits sieht dieses schöne Land aus Feldern, Hügeln und den fernen Höhenzügen der Rhön immer noch aus. Mein Poppenhäuser Bruder meint, diese ganze Region zwischen Hassbergen, Rhön und Thüringer Wald mit dem Grabfeld als seinem Zentrum hätte das Zeug, zur deutschen Toskana zu werden, ein Refugium für Großstädter mit Hang zu rustikalen Baulichkeiten und edler Ruhe, wobei die südliche Weinkultur sich leicht durch die Vielzahl der örtlichen Biere ersetzen ließe. Das kann gut sein; aber dafür müsste einerseits der allgemeine Wohlstand, andererseits das Ruhebedürfnis noch ein Stück steigen, denn diese Region ist sehr weit entfernt von den Wirtschafts- und Bevölkerungszentren unseres Landes.

Hier also befand sich der Grenzübertrittpunkt zur Deutschen Demokratischen Republik. Hier bin ich, bei meinen wenigen, aber für mich wichtigen Besuchen (es waren drei) in diesem untergegangenen Staat auf die andere, die feindliche Seite hinübergegangen. Ein Schild warnte schon mehrere Kilometer vorher die Angehörigen der alliierten Streitkräfte, dass sie kehrtmachen sollten, denn keinesfalls wollte man, dass der Dritte Weltkrieg versehentlich ausbrach. Die Prozeduren der Einreise und besonders der Ausreise dauerten lange. Bei der Einreise begnügten sich die Grenzer mit der Feststellung, dass aus dem Westen keine unerwünschte Konterbande hereinkam, ein Quelle-Katalog zum Beispiel oder ein altes Exemplar des «Spiegel». Bei der Ausreise hingegen gingen sie gründlicher zu Werke, denn hier hätte es ja geschehen können, dass wir optisches Gerät oder Kinderkleidung mitnahmen, Dinge, die wegen des gängigen Schwarzkurses von 1 : 4 für einen Westler unverschämt billig waren, von denen aber die stets devisen- und konsumgüterknappe DDR nicht ein Stück entbehren konnte. Oder wir hätten gar die kostbarste Ressource entführt, einen Menschen. Dann freilich wäre es ihm und uns schlecht ergangen. Grundsätzlich war die rückwärtige Sitzbank zu entfernen. Einmal trafen wir einen freundlichen Grenzer, der uns zeigte, wo der Hebel saß (er kannte unser Auto besser als wir selbst), ein anderer mit gehässigen Zügen ließ uns mehrere Minuten vergeblich hantieren, ehe er geruhte, uns einen Tipp zu geben. Es gab da, was man nicht vermutet hätte, ausgeprägte individuelle Unterschiede. Noch im Mai 1989 hat mich auf dem Rückweg ein Grenzer schikaniert, weil ich vergessen hatte, auf der Zollerklärung eine Gipsplakette mit dem Porträt von Friedrich Schiller im Wert von drei Ostmark einzutragen, während sein humanerer oder auch bloß faulerer Kollege ihn vergebens drängte, endlich Schicht zu machen. Es war mein letztes Zusammentreffen mit diesem moribunden Staat.

Besonders eine Begegnung an dieser Stelle ist mir erinnerlich. Zu dritt waren wir unterwegs, mein anderer Bruder, ich und unser Vater. Unser Vater war Staatsanwalt und als Ermittler zuständig, sooft wieder ein flüchtiger DDR-Bürger an dieser wohlgesicherten Grenze erschossen worden war; das wurde im Westen stets als Mord gebucht. Es hatte Jahrzehnte gedauert, bevor er von seinem eigenen Dienstherrn die Erlaubnis erhielt, den Boden der DDR zu betreten, um einen alten Freund aus der Zeit seiner Kriegsgefangenschaft zu besuchen. Der Grenzer, der unsere Papiere kontrollierte und daraus alles über uns erfuhr, tat etwas, wozu er vermutlich nicht berechtigt war: Er fragte unseren Vater, was er, bei seinem Beruf, denn von dem Fall Weinhold halte. Dieser Fall hatte kurz zuvor Furore gemacht: Ein DDR-Grenzsoldat hatte zwei seiner Kameraden aus dem Hinterhalt erschossen, um selber unbehelligt den Weg in die Freiheit des Westens nehmen zu können; und die westdeutschen Gerichte hatten ihn freigesprochen. Das ließ dem Mann, dem jederzeit das Gleiche widerfahren konnte, offenbar keine Ruhe. Es war ein kritischer Augenblick. Unser Vater erwiderte, es sei dies ein rein politisches Urteil gewesen und moralisch, aber auch juristisch unhaltbar; immer stehe das fremde Recht auf Leben höher als das eigene Recht auf Freiheit. Da standen die beiden Männer, institutionelle Feinde, jeder auf seiner Seite von Amts wegen mit dem Töten an dieser Schnittstelle der Welt befasst, und setzten sich in gewagtem persönlichen Einvernehmen über ihren Dienstherrn hinweg, ein jeder über den seinigen. Aber es war kein privater Vorgang, keine Fraternisierung, sondern etwas Bedeutsameres: die Bekräftigung nämlich eines systemübergreifenden Verständnisses von dem, was Recht und Unrecht sei. Dafür gab es in dieser Zeit, vor vierunddreißig Jahren, sonst wahrlich wenig Gelegenheit.

Heute ist die ganze Grenzanlage, mit der die DDR verzweifelt wie ein Verblutender versuchte, das Ausströmen ihrer Lebenskraft zu blockieren (und die sie mit all dem hysterischen Aufwand doch gerade diese Kräfte kostete), so völlig aus der Landschaft verschwunden, dass man nicht glauben mag, es habe sie je gegeben. Es ist vorüber wie ein böses Märchen. Aber wie im Märchen und Mythos ist die Überwindung des Bösen daran gebunden, dass ein zeichenhaftes Unterpfand des Überwundenen zurückbleibt. Ein Restchen der alten Ketten gibt es auch hier zu besichtigen, mit einem Parkplatz dabei, um es dem neugierigen Reisenden so kommod wie möglich zu machen. Ein Teilstück der alten schlechten Straße hat man belassen, samt allen gestaffelten Hindernissen, Zäunen, Schranken, Kontrollhäusern; ein wenig sieht es aus, als würden hier Pferdeturniere veranstaltet. Besonders beeindruckend wirkt der «Fahrzeugrammbock» (natürlich ist alles beschriftet), ein schwerer Eisenblock auf Rädern, der noch den fast schon erfolgreichen Flüchtling auf den letzten Drücker in Sekundenschnelle von der Seite her zermalmte. Darum hieß er auch im Volksmund, wie mir einmal jemand verriet, der aus dem östlichen Grenzland stammte, der «Schnelle Gustav».

Es schließt sich ein Teilungs- und Einheits-Gedächtnispark an, der sich von offiziellen Stätten dieser Art auf erfrischende Weise darin unterscheidet, dass hier jeder nach seiner eigenen Façon gedenken darf. An einen Brocken Grenzmauer hat ein Künstler auf eigene Faust in schwarzen und weißen Farben einen Trabi von vorn und einen Käfer von hinten gemalt sowie ein westdeutsches und ein ostdeutsches Ampelmännchen, die aufeinander zugehen. Ein frommer Bürger hat einen kleinen Schrein für die Gottesmutter errichtet, um ihr für das Wunder von 1989 zu danken. Eine Tafel zitiert ein Gedicht aus dem Lesebuch des Rhöngymnasiums, «ca. 1972»: «Es lag schon lang ein Toter / vor unserm Drahtverhau, / die Sonne auf ihn glühte, / ihn kühlte Wind und Tau. / Ich sah ihm alle Tage / in sein Gesicht hinein / und immer fühlt ich's fester: / Es muss dein Bruder sein. / (…) Bis ich, trotz aller Kugeln, / zur Nacht mich ihm genaht / und ihn geholt. – Begraben – / Ein fremder Kamerad. / Es irrten meine Augen. – Mein Herz du irrst dich nicht: / Es hat ein jeder Toter / des Bruders Angesicht.» Dieser Tote hat Vorfahren, die ihm umso näher sein dürften, als er von ihnen nichts weiß. Die Kugeln und der Kamerad schreiben sich vom 19. Jahrhundert des Ludwig Uhland her, der Drahtverhau bedeutet eine Erfahrung des Ersten Weltkriegs und bloß eine Metapher für die hiesigen weit solideren Maßnahmen. Der Bruder verdankt sich möglicherweise den Sprachregelungen Adenauers; aber hier und jetzt ist ihm der Wind des Revanchismus aus den Segeln genommen, und es kommt anderes darunter zum Vorschein. Denn was man auch sagen mag, hier spuken die Erschossenen; und werden es noch geraume Zeit weiter tun.

Kern- und Prunkstück der Stätte jedoch bildet ein schwungvoll schräges Stück Privatmythologie. Kann es ein Zufall sein, dass das Jahr der deutschen Vereinigung gerade das 800. Todesjahr Friedrich Barbarossas war? Nein! Als etwa drei Meter hohe Figur aus rubinrotem Glas, gefasst nach Art moderner Kirchen-

fenster, schreitet der Kaiser voran; den Kyffhäuser, in dessen
Innerem er geschlummert hatte, bis die deutsche Schicksals-
stunde reif war, hat er verlassen. Der Bart, der durch die Stein-
tischplatte hindurchgewachsen war, ist waagrecht abgeschnitten;
das hat er eigenhändig mit seinem Schwert getan, als er von
seinem Knappen Alberich hörte, es flögen keine Raben mehr
über seinem Schlummerberg, sondern ein goldener Adler habe
sie alle verjagt. Auch der Knappe folgt ihm, etwas kleiner, aber
genauso knallrot mit grober schwarzer Lineatur. Sie gleichen in
ihrer festen, aber zuversichtlichen Kontur riesenhaften DDR-
Ampelmännchen. Der Knappe schultert die deutsche Flagge; sie
ist bestückt mit Erinnerungen an die Fußballweltmeisterschaft
2006, und hinter ihm marschiert eine kleine Armee von spielerischen Phantasieflaggen. Vor mehr als hundert Jahren, zum
siebenhundertjährigen Kyffhäuser-Jubiläum, hatte der soeben
auf den Thron gelangte Wilhelm II. versucht, seinen ver-
storbenen Großvater Wilhelm I., unter dem
die Bismarck'sche Reichsgründung zustande
gekommen war, als Retterfigur des «Barbabi-
anca» aufzubauen: Der Weißbart habe das
Vermächtnis des Rotbarts angetreten und die
überfällige Verheißung erfüllt. Dieser Erfindung
war bei den Zeitgenossen kein durchschlagender
Erfolg beschieden. Wenn sich jedoch die düstere
messianische Geschichte vom Barbarossa und
seinem vulkangleichen Schlummer unterm Berg
nunmehr auf *diese* originelle und unbekümmerte
Weise in Wohlgefallen auflösen sollte, wäre ich damit sehr einverstanden.

Unser letztes Quartier beziehen wir in Meiningen, einem der
zahlreichen kleinen thüringischen Herzogssitze mit dem ihm
eigenen leicht verschlafenen Charme. Auch hier geraten wir in

286

ein Gehäuse, dessen Implikationen wir nicht sogleich überblicken, nämlich ins Hans-Sachs-mäßige Fachwerkheim eines thüringischen Heimatverbands: Hoch unter dem Dach unterhält er eine Art rustikaler Suite für Gäste, die wir zu mäßigem Preis beziehen dürfen. Da es mit dem Essen Verzögerungen gibt und Jona schlafen muss, bekommen wir das Bestellte schließlich von zwei Kellnern, die beladen ungefähr achtzig hölzerne Treppenstufen zu überwinden haben, stilvoll in der Suite serviert. Unerwarteter Luxus ist immer der schönste.

Auf der thüringischen Seite führt die B 19 überwiegend noch durch die Ortschaften und hat ein starkes Aufkommen von Schwerverkehr. Schilder fordern die «Brummis» auf: Wenn sie merken, dass sie einen Schweif von Autos, die nicht überholen können, hinter sich herziehen, sollten sie in einen der extra hierzu angelegten Parkplätze einbiegen und den Schwarm vorbeilassen. Sonst nämlich wächst die Ungeduld und mit ihr die Gefahr.

Wir queren den Thüringer Wald, der für uns nicht nur Thüringen in seine zwei natürlichen Hälften trennt, sondern auch zur Scheide des Wetters und der Jahreszeiten wird. Aus dem Altweibersommer treten wir über in Nebel und in große Buchenbestände, die sich schon herbstlich verfärben und die hohe Zeit des Waldes im Herbst ahnen lassen. Durch die «Drachenschlucht» steigen wir ab nach Eisenach. Dort sind wir schon einmal gewesen, vor neun Monaten, mitten im Winter. Links von uns sehen wir die Wartburg, die wir damals aufgesucht haben. Die B 19 endet, indem sie in die B 7 mündet. Der Kreis schließt sich.

Es ist die letzte Bundesstraße, und eine besondere für mich.
Denn diesmal reise ich mit Gisa. Wir haben uns erst vor kurzem
kennengelernt und wollen zusammenbleiben. So steht diese
Fahrt für mich unter einem vollkommen anderen Stern, als wir
in den süddeutschen Herbst starten.

Wir reisen mit einem Seat Exeo. Ach, dieses ganze Pseudo-
latein der Autonamen, alle diese Avensis und Sentras und Clios!
Beim Opel Admiral und beim VW Variant ließ sich mit ein
bisschen Nachdenken noch herauskriegen, warum die wohl so
hießen. Bei den neueren aber dient das Latein bloß noch als in-
haltsfreie Anmutung, eine Verpackung wie eine glänzende und
leere Medikamentenschachtel. «Exeo» heißt «Ich gehe hinaus»,
verwandt mit dem Ausgang, Exitus, das kann ja wohl niemand
gemeint haben.

Die B 31 führt am Nordufer des Bodensees entlang, doch bekommt man, wenn man sie fährt, wenig davon zu Gesicht; längst

haben es die Anliegergemeinden des Sees geschafft, dass ihnen der Durchgangsverkehr erspart wird, die Hauptstraße geht in ihrem Rücken vorbei, und wer in die Orte will, muss einen Abstecher nach links und den Hang hinab machen. Als wir in München losgefahren sind, lag dort, einmalig für Mitte Oktober, bereits Schnee. Jetzt, wo wir von der Autobahn abschwenken und die Bundesstraße bei Sigmarszell nahe Lindau beginnt, begegnet uns weit milderes Wetter. Es ist eine Landschaft des Baumobstes, selbst Pfirsichbäume entdecken wir, noch mehr fast als Wein ein Beweis der Wärme; aber als einzige noch im Besitz ihrer Früchte sind die Apfelbäume.

Die vielen Apfelbäume auf den Streuwiesen und an den Stra-ßenrändern der deutschen Mittelgebirge, deren Äpfel keiner mehr haben wollte und die ihre schönen verschmähten Früchte bis in den Dezember und Januar trugen, hatten wir bedauert; aber diese hier, die der Ernte gewiss sind, verdienen das Bedauern fast noch mehr. Ihre Äpfel erinnern an die Euter des Milchviehs im Allgäu, am Oberlauf der B 19. Wie diese sind sie zu einer Über-fülle gezüchtet, von der man sich kaum vorstellen kann, wie ihre Träger sie dauerhaft zu tragen vermögen, ohne Haltungsschäden zu bekommen. Als so riesige Kugeln bieten sich die Äpfel dar, so gebüschhaft niedrig sind die Kronen gehalten, so sehr bie-gen sich die Äste. Der ganze Baum wirkt wie ein Zwerg, der vor Anstrengung hochrot angelaufen ist. Ohne die Verletzung fun-damentaler Gesetze der Proportion scheint die Landwirtschaft nicht mehr auszukommen, und was an alten wohlgeformten Bäumen noch herumsteht, das verzehrt sein Gnadenbrot, ehe es von allein umfällt und stirbt.

Wir steuern Friedrichshafen an, das uns schon deswegen sym-pathisch vorkommt, weil sein Name als der so ziemlich einzige auf unserer Karte nicht gelb unterlegt ist, um sich als «besonders sehenswert» zu empfehlen. Inmitten aller dieser Hochburgen des Fremdenverkehrs scheint es also eine normale Stadt zu geben. Normal heißt im Westen Deutschlands: Es hat im letzten Krieg von den alliierten Bombern eine volle Ladung abbekommen, die vom historisch gewachsenen Ort nur hier und da einige mühsam rekonstruierte Reste übrig gelassen hat, schmerzliche Erinnerungen eher als behaglich zu betrachtende Erbstücke; dann kam der Wiederaufbau der Fünfziger, der, so unzulänglich er im Einzelnen verfuhr, doch im Ganzen die Erinnerung an das Ältere wahrte, indem er sich an überlieferte Straßenverläufe und Parzellengrößen hielt, denn mehr war nicht zu haben; dann kamen die instinktlosen Siebziger mit ihren so unschönen wie unpraktischen Flachdächern, die sich um Vorhandenes nicht scherten; und schließlich kam, ab den Achtzigern, was wir wohl als Gegenwart bezeichnen dürfen, mit prestigebewussten Projekten, welche immer eine Spur zu edel ausfielen.

Ihre Galionsfigur ist die originelle Brunnenskulptur aus Bronze, die in keiner Fußgängerzone fehlen darf, ein in teures Metall gegossener Gag. Im Fall Friedrichhafens treffen wir auf einen ganzen Zoo im schon winterlich trockengelegten flachen Becken, eine Schnecke mit Propeller, ein See-Einhorn mit Spatzenschnabel und feistem Fischleib, und noch so dies und jenes. Denn mit Bronze, die ja nicht gemäß ihrer schließlichen Härte bearbeitet wird, sondern deren Form aus geklatschtem und geschmiertem Ton erwächst, geht alles ganz einfach, sobald Geld keine Rolle spielt – viel zu einfach. Das Einzige, was mit solch eherner Albernheit versöhnt, ist die Aussicht, dass diese Gebilde im Fall einer historischen Störung noch sang- und klangloser als die Kirchenglocken verschwinden werden, die man im Ersten Weltkrieg zu Kanonen umgeschmolzen hat und die, kaum durch neue ersetzt, im Zweiten aus ihren brennenden Glockenstühlen geborsten zur Erde stürzten. Die Fußgängerzonenbrunnenbronzen werden bloß irgendwann von Metalldieben, die nachts mit Brecheisen und Tieflader anrücken, abgeholt oder von einer in verzweifelte Geldnöte geratenen Kommunalverwaltung unzere-

moniell nach ihrem Materialwert verhökert werden, und keine
Pietät wird diesen erstarrten Witzen eine Träne nachweinen.

Wer hat überhaupt etwas von ihnen? Die Antwort geben sie
selbst, indem ihre verdunkelte Haut unfehlbar hier oder dort hell
glänzende Stellen aufweist: die Kinder. Sie haben z. B. das feiste
Einhorn so ausdauernd geritten und sich dabei im Schwung
so gut festgehalten, dass sein Rücken und seine henkelartigen
Brustflossen ganz blank poliert sind.

Wir gehen auf der Seepromenade entlang, die, wie wohl im
Herbst nicht anders möglich, ein bisschen traurig wirkt, aber auf
eine Weise, die nicht schmerzt, sondern eher wohltut, vorbei an
Cafés, die draußen nicht mehr servieren, und einem Bootshafen,
der ziemlich zur Ruhe gekommen scheint. Auch der See ist ruhig, grau, in seiner weiten Erstreckung fast meeresartiger als die
Ostsee mit ihren vielen Inseln und Halbinseln. Die Alpen auf der
anderen Seite heben sich einigermaßen deutlich als weißes Band
vom Himmel ab, verschwinden aber rätselhafterweise, sobald sie
fotografiert werden, wie die beschworenen, aber zum Lichtbild
nicht bereiten Geister einer Séance.

Weiß man nur, was man sieht, oder sieht man nur, was man
weiß? Es ist ein alter Streit unter den Reisenden. Ich tendiere
zum Ersten; denn das ist die Voraussetzung speziell dieser Art
zu reisen, die auf der vorgegebenen Schnur der Route die Perlen
ihrer Funde reiht, welche ihrerseits gar nichts miteinander ge-
mein haben müssen außer eben diesem einen: Funde zu sein.
Die Angst, eine Attraktion zu verpassen, darf keine Rolle spielen,
vielmehr muss man die Überzeugung haben, dass einen für jede
entgangene Sehenswürdigkeit zwei Überraschungen entschädigen. Aber ein bisschen Wissen, eine Ahnung hilft. So wusste ich
nur ganz vage, dass Friedrichshafen die Stadt des Zeppelins war;
aber nicht, was das genau bedeutet und was sich davon heute
noch sehen lässt.

Wie sich erweist: ein großes Zeppelin-Museum, direkt am See, in der guten Stube der Stadt und ersichtlich ihr Stolz. Es geht in kleinem Maßstab los, mit Zeppelin-Devotionalien, die die ungeheure Popularität des Grafen Zeppelin in den ersten beiden Jahrzehnten des vorigen Jahrhunderts bezeugen. Von allen das frömmste war ein schönes Kästchen, verfertigt aus dem Birnbaum, an dem eins seiner ersten Luftschiffe scheiterte, das Unglücksholz umgedeutet zur Reliquie. Neben den Apfel- spielen auch die Birnbäume ihre Rolle auf dieser Reise.

Im Grafen Zeppelin durfte das wilhelminische Zeitalter sich selbst von seiner besten Seite bespiegeln. Ein Adliger war er, ein Offizier, aber auch Diplomat, ein alter Herr, mit preußenhaftem Air, doch nicht ganz ein Preuße von der neuen schneidigen Art, denn er stand in württembergischen Diensten; in jeder Hinsicht also ein Garant des Überkommenen. Aber Graf Ferdinand Zeppelin, ansehnlich in Uniform und ausladender weißer Barttracht, hatte noch im Alter, wo man sich gemeinhin nach getaner Lebensarbeit zur Ruhe setzt, das technisch Neue gezeugt. Freilich nicht ohne dass es sich in seinem langen Leben vorher angebahnt hätte: Als junger Mann war er nach Nordamerika gegangen und erlebte aus eigener Anschauung den ersten aller modernen Kriege, den Bürgerkrieg der Nord- und Südstaaten, selbstverständlich aufseiten des technisch überlegenen Nordens; und im Deutsch-Französischen Krieg erwarb er Ruhm durch einen verwegenen Erkundungsritt hinter der Front. Dabei waren ihm die französischen Heißluftballons aufgefallen, die zu Aufklärungsflügen eingesetzt wurden, deren Nutzen aber durch ihre mangelnde Lenkbakeit erheblich eingeschränkt blieb. Das musste anders werden!

Damals waren die Deutschen die Chinesen der Welt: Sie drängten als neue Macht in aufgeteiltes Gelände, forcierten wirtschaftliches Wachstum und technische Innovation, glaubten aber, dies ohne sozialen Wandel ganz im Rahmen einer hergebrachten autoritären Ordnung leisten zu können. Das war ein Widerspruch, so wie es heute in China ein Widerspruch ist. Wenn dieser Widerspruch in irgendeiner Person zum Frieden zu finden und der anstehende Konflikt sich in Wohlgefallen aufzulösen schien, dann bestimmt im Erbauer der Luftschiffe; und dafür liebten ihn alle. Nicht zuletzt Kaiser Wilhelm II., der Jahre zuvor Zeppelins Ablösung als württembergischer Gesandter am Berliner Hof wegen despektierlicher Äußerungen betrieben hatte, der ihn aber nun, da die Zeppeline wirklich in Gang kamen, in seinem üblichen Überschwang als «den größten Deutschen des zwanzigsten Jahrhunderts» ausrief. Als Zeppelins Firma nach wiederholten Unfällen pleite war, kamen durch Spenden des deutschen Volkes rund sechs Millionen Goldmark zusammen, die die Fortsetzung des Projekts ermöglichten; und bis 1914 hatten an rund 1500 Flügen insgesamt 35 000 Menschen teilgenommen.

Das Museum bietet keinen ganzen Zeppelin (dazu reicht der Platz beim besten Willen nicht), sondern eine halbe Scheibe davon, einen Abschnitt jenes extrem leichten Gerüsts, über das man die Spannhaut zog und festnähte, alles von Hand, wie in einer gigantischen Schneiderei. Das komplex und riesenhaft Technische versichert sich noch einmal des Handwerks. Man staunt, welcher Grad von Standardisierung bei den vielfältigen Metallverbindungen erreicht wurde, wie hier vollkommen durchgerechnete «gebördelte Erleichterungsbleche» aus dem speziell entwickelten «Duraluminum» zum Einsatz kamen – und wie das alles auf die Herstellung von Unikaten hinauslief. Bruchlos setzt sich der entwerfende Wille in die Erzeugung von Kaffeegeschirr und Bestecken aus demselben Leichtmetall fort; in die neuzeitliche Fabrik hat der Geist der höfischen Manufaktur Einzug gehalten, welche Luxusgüter in begrenzter Stückzahl produziert.

Der Zeppelin kam ziemlich genau zur selben Zeit auf die Welt wie jenes andere, heute allein siegreiche Vehikel der Luft,

293

das Flugzeug; aber es verbindet sie kaum etwas. Das Flugzeug geht hervor aus der kleinteiligen Bastelei – nicht umsonst waren seine beiden Erfinder, die Brüder Wright, von Haus aus Fahrradmechaniker. Der Erfolg des Flugzeugs lässt sich erzählen entlang dem Muster «Vom Tellerwäscher zum Millionär», mit aller harten Nüchternheit, die dazugehört. Franz Kafka hat die Flugpioniere in «Die Aeroplane von Brescia» beschrieben, wo er zufällig auf die dortigen «Flugtage» geriet: Kleinbürger, Familienväter waren es, so ganz unpassend zur Größe des Triumphs, den sie mit ihren Kisten doch eigentlich verkörpern sollten. Die erwartbare Dankbarkeit der Menschheit, endlich fliegen zu können, stellte sich nicht recht ein; und ich denke mir, dass der große Augenblick, bei allem äußeren Geprahle, in heimlicher Betretenheit erlebt wurde – so ähnlich wie später, als der erste Mensch auf dem Mond landete.

Das wahrhaft dankbare Staunen blieb den Zeppelinen vorbehalten. Der Zeppelin kam groß, er kam gigantisch zur Welt, anders ging es technisch gar nicht. Und er bot, was die Phantasie immer braucht, um sich das Neue ganz zu eigen zu machen, die Anknüpfung ans Altvertraute: In diesem Fall war es das Schiff. Nur der Zeppelin, wie er langsam, still und mit gewaltigem Volumen am Himmel vorüberzieht und die Luft auf diese Weise fühlbar zu einem zweiten, größeren Ozean macht, liefert ganz die Anschauung der Luftschifffahrt – während die sirrenden und brummenden Doppeldecker in ihrer nervösen Wendig- und Windigkeit, die wie durch ein Nichts durch die Atmosphäre schossen, eher an Insekten denken ließen, an etwas, das zwar fliegt, aber dafür keine Achtung verdient. Noch heute belehrt ein Faltblatt des Friedrichshafener Museums darüber, dass ein Zeppelin nicht «fliegt», sondern «fährt»: Der Unterschied scheint wichtig. Es ist gut, dass das Luftschiff zur selben Zeit reifte wie das neue Medium des Films; denn ohne diesen, der jede Bewegung der Luftriesen gespannt verfolgte, wäre das Maß der festlichen Erregung, die der Zeppelin auslöste, wo immer er sich blicken ließ, heute verloren.

Herz und Gedächtnis des Friedrichshafener Museums ist der Filmsaal. Er zeigt die vielen Ankünfte des Zeppelins und wie aufregend jede davon war. Hundert Jahre ist das her, und alle, die dabei waren, sind tot. Aber sie leben so sehr in diesen flackernden Bildern! Der Zeppelin wurde nie, auch in seinen besten Zeiten nicht, zum Massentransportmittel; dafür war er zu teuer, dafür bot er zu wenig nutzbaren Raum bei zu viel bewegtem Volumen. Er blieb immer ein Privileg der Betuchten, der Standard an Bord orientierte sich an der Luxusklasse der großen Ozeandampfer. Aber es war auch gar nicht nötig mitzufahren, um dabei zu sein. Man konnte sich zum Beispiel unter die Hunderte von Helfern drängen, die der Zeppelin brauchte, sooft er anlegte; er warf dann lange Taue zu Boden, die mussten festgemacht werden. An diesen Helfern fehlte es nie. Die Filmbilder zeigen ihre Begeisterung. Nicht der Neid, die Festesfreude ist der Modus ihrer Teilhabe, wie wenn sich im Märchen die Prinzessin vermählt. Das Luftschiff schwebt ein über Berlin, jemand oben in der Gondel hat eine Kamera in der Hand, und wie ein Brausen des Heiligen Geistes bricht überall am Boden unter ihm der Jubel aus. Die Jubelrufe freilich sind verschollen, denn noch gab es nur den Stummfilm; aber man sieht die Leute in den Straßen, wie sie zu Tausenden wild mit ihren riesigen Taschentüchern winken. Diese Stofftaschentücher gehören zu den gestischen Accessoires, die seither ausgestorben sind, ersetzt durch die rein praktischen Tempos, mit denen man besser nicht wedelt. Vor diesen Bildern ermisst man den Verlust. Und alle (die Damen ausgenommen) schwenken die Hüte!

Immer noch mehr Bilder ziehen über die Leinwand des Friedrichshafener Museumssaals. Der Zeppelin umrundet die Welt, er gleitet dahin über die Weiten der sibirischen Taiga, über die Berge Japans und die amerikanischen Weizensteppe; und ob-

wohl es eigentlich langsam vonstatten geht, mit einer Reisegeschwindigkeit von kaum über hundert Stundenkilometern, sieht
und spürt man noch im bloßen Film jene Bewegung, die die
heutigen Flugpassagiere, welche zehnmal höher und zehnmal
schneller reisen, nur noch wissen, aber nicht mehr erleben können, sodass sie sich vor lauter Schnelligkeit langweilen müssen.
Der Zeppelin besucht die großen deutschen Städte, und der Betrachter, der heute diese vorübergleitenden Bilder sieht, tut dies
vertieften Blickes im Bewusstsein des Abschieds; heil und arglos
bieten sie sich dar, so, wie sie über die Jahrhunderte wuchsen,
Augsburg, Nürnberg, Ulm, in Köln schwebt das Luftschiff am
Dom vorüber, dem so das einzige Mal in seiner fast achthun-
dertjährigen Geschichte ein würdiges Gegenüber zur Seite trat;
Bilder des Abschieds also, erst für uns so zu deuten, wie ein win-
kendes Taschentuch, das langsam kleiner wird und entschwindet
– ehe alle diese Städte im Feuersturm, der ebenfalls aus der Luft
kam, aber aus den Bäuchen und von den Tragflächen der neuen,
mörderischen Flugzeuge, untergingen, um sich in jenes andere
zu verwandeln, als das man sie heute entlang der B 2, der B 8, der
B 19 besichtigen kann.

Hitler mochte die Zeppeline nicht; und er bewies einen
wachen Instinkt, als er sich weigerte, seinen Namen zur Taufe
herzugeben. So las man denn 1936 in den Schlagzeilen nicht
«Hitler explodiert», sondern «Hindenburg explodiert», womit
Hitler sicher ganz gut leben konnte. Diese Brand-
katastrophe bezeichnet das Ende
der Ära; das letzte Exemplar des
Zeppelins wurde zu Beginn des
Zweiten Weltkriegs abgewrackt. Ein
Modell der Hindenburg schmückt
das Schaufenster des Museums, ge-
treu in jedem Detail außer einem:
Die Hakenkreuze auf den Seitenru-

dern sind ihrer Haken beraubt, zurück bleiben ein paar ziemlich klägliche Pluszeichen, Zeugnis einer abergläubischen Scheu, die bis heute unsere stärkste Empfindung im Umgang mit der NS-Zeit bleibt.

Je weiter man am Bodensee nach Westen gelangt, desto dichter treten die Berge heran: die Alpen von Süden als Panorama, auf der Nordseite, niedriger, aber als realere Beengung, die Ausläufer der Schwäbischen Alb. Und mit ihnen nahen sich auch die Wälder, jetzt – im Herbst – besonders prachtvoll in ihren lebhaften Farben, obwohl diese doch eigentlich das Zeichen des Absterbens sind und schon den totenhaften Schlaf der Bäume im Winter vorwegnehmen. Auf den offenen Flächen stehen Mais und Wein, die noch auf die Ernte warten. Und dann kündigt sich das Freilichtmuseum Unteruhldingen mit seinen Pfahlbauten an.

Hier war ich vor sechsunddreißig Jahren schon einmal, während eines Familienurlaubs, dreizehn war ich damals; aber ich weiß, wie ich erst jetzt feststelle, so gut wie keine Einzelheiten mehr. Denn man täuscht sich fast immer über seine Erinnerungen, die, weil sie so stark sind, auch deutlich zu sein scheinen. Dabei ist in den meisten Fällen nichts als eine Stimmung zurückgeblieben, wie von einem Traum, den man schon bald nach dem Erwachen vergisst und der doch den ganzen Tag zu färben vermag. Ich will diesen Ort jedenfalls noch einmal sehen; und ich werde nicht enttäuscht.

Unteruhldingen bietet ein wunderbares Beispiel dafür, wie Geschichte erobert werden kann – zurückerobert kann man nicht sagen, denn von dem, worum es hier geht, trennt uns eine so immens lange Zeitspanne, dass kein lebendiges Gedächtnis dabei helfen konnte.

Der konservierende Impuls, bei der Pflege jüngerer Geschichtsrelikte sonst der vorherrschende, tritt bei den Pfahlbauten zurück. Zwar muss man die hier gemachten Funde natürlich auch konservieren, und zwar sogar besonders achtsam; denn sie bestehen aus wenig haltbaren Materialien, die nur der Zufall vor der Zerstörung gerettet hat. Ihre Strukturen haben sie wahren können, aber nicht ihre ursprüngliche Festigkeit. Schlamm und Wasser haben sie durch und durch weich und schlaff, Brände so bröckelig hart gemacht, dass sie beim Anfassen zerfallen. Sie taugen nur mehr fürs Archiv, nicht fürs Museum, und darüber hinaus als Nachbauanleitung. Für alle praktischen Zwecke rückt ihre Rekonstruktion ins Zentrum.

Rekonstruiert ist hier alles: die Pfähle, auf denen die Siedlung im seichten Uferwasser steht; die Stege, die darin herumführen, die Hütten aus Holz und Schilf, die vielfältigen Gerätschaften. Man tut gut daran, sich einem der herzhaften Pädagogen anzuschließen, die die Führungen machen; denn das meiste, was es hier gibt, erschließt sich nicht der Kontemplation, sondern erst im wenigstens angedeuteten Gebrauch der Gegenstände. Das ist natürlich viel besser als die Andacht vor ausgegrabenen Originalen. So versteht man, was es mit einem Furchenzieher, diesem Urpflug, auf sich hat, ein klug gewähltes Stück krummen Holzes am Übergang von der Wurzel vom Stamm; oder mit der ältesten Sichel, ebenfalls einem gebogenen Stück Holz, in das kleine Feuersteinklingen eingebettet worden sind, an den Kinnbacken eines Tiers erinnernd, eher zu einer Art mühseligen Schneidrupfens geeignet als zum Schneiden, aber gegenüber dem reinen Rupfen schon ein klarer Fortschritt. Erstmals begreife ich völlig, was es mit dem Zunder auf sich hat. Zunder ist ein getrockneter Pilz, der die Funken des Feuersteins oder Feuerbohrers aufnimmt und als Glut dann lange zu bewahren vermag, verschlossen und transportabel in einem kleinen Ledersäckchen – vorausgesetzt, man hat ihn vor dem Trocknen reichlich eingepisst. Sein Gebrauch zieht sich durch die Jahrtausende, um erst vor etwas mehr als hundert Jahren zu erlöschen. Das Wort blieb zurück, als erblindete Redensart. Überhaupt gewinnt man den Eindruck, dass die bäuerliche Lebensweise, wie sie sich in den landwirtschaftlichen Betrieben meiner Kindheit in den Sechzigern und Siebzigern zumindest resthaft erhalten hatte (in dem, was die alten Leute noch taten, obwohl es längst zeit- und kraftsparende Alternativen gab), schon in der Jungsteinzeit im Wesentlichen voll entwickelt war, besonders in der sparsamen Neigung, alles, was irgend ging, aus Holz zu verfertigen statt aus dem jeweils härteren und teureren Material, Stein oder Eisen. Holz ist die große haushälterische Konstante des bäuerlichen Europas durch die Jahrtausende. Es leuchtet alles so sehr ein, was man hier vorgeführt kriegt; und darum ist es das Gaudium der Kinder, die Fragen stellen und bei gestellten Fragen aufzeigen und sich melden wie in der Schule, stolz, es gewusst zu haben.

Nicht weit ist die Meersburg. Sie würde ich ebenfalls für einen Besuch mit Kindern empfehlen, wie die Pfahlbauten. Und noch eher als diese: Denn an den Pfahlbauten können sie eine bestimmte, wenn auch sehr lang dauernde Phase der Geschichte kennenlernen; an dieser wunderbar verbauten und verhauten Burg jedoch mag ihnen aufgehen, was überhaupt Geschichte sei. Es fällt ihnen die Grundausstattung der Opposition von «Jetzt» und «Früher» zu. Gut trifft es sich, dass gerade die Meersburg sich in privater Hand befindet, für wissenschaftliche Dokumentationen keinen Spielraum hat und ihre Kunden mit Klischees locken muss. Der Eintrittspreis ist hoch, 8,50 Euro, denn aus den Einnahmen muss der gesamte Betrieb bestritten werden; am Eingang steht ein Kartenabreißer im vagen Mittelalter-Kostüm. Hervorgehoben wird, dass es sich um die älteste bewohnte Burg Mitteleuropas handle, kontinuierlich in Benutzung seit den Zeiten der Merowinger. (Von diesen freilich ist wenig geblieben außer dem Namen des Dagobert-Turms.) Und noch einen zweiten Rekord nennt sie ihr Eigen: Beim Sturm auf die Meersburg kamen das erste Mal außerhalb Chinas Feuerwaffen zum Einsatz, im Jahr 1334. Wer hier auf wen schoss, scheint dagegen bei den rasch wechselnden Territorialverhältnissen nicht der Rede wert.

Hier also hat mancherlei zueinandergefunden, was keinen Zusammenhang besitzt als den der sukzessiven Lebendigkeit. Es geht treppauf, treppab, auf engem Raum ein Maximum von Wendungen und Krempel. Wir stoßen auf ein Ensemble, bestehend aus einem verstümmelten hölzernen Jesus (Religion), einem aufgespannten Wildschweinfell (Jagd, Zeitvertreib bei gutem Wetter) und Kegeln mit Kegelkugeln (Zeitvertreib, wenn es regnet): zweifellos ein authentischer Mischmasch. Am stärksten und prägend sind aber doch die Requisiten frühneuzeitlicher Kriegsführung vertreten: Harnische, die wohl mehr dem Prunk als der Wehr gedient haben, Hellebarden, Musketen. Eine zwergenhafte Kanone hat ein schützendes Regendach erhalten, unter dem sie aussieht wie ein großer Vogel, eine Amsel oder ein Eichelhäher, der die Meisen vertrieben und das Vogelhäuschen ganz allein besetzt hat. Das alles konvergiert zu einem imaginären Zeitalter des Rittertums, für viele Kinder, besonders die Jungen, das exemplarische Grundfaktum historischer Differenz überhaupt. Es bietet sich ihnen im Affekt der Enttäuschung dar: Dass es all dies nicht mehr geben soll, ist das Erste, was sie von ihm zu hören kriegen. Mit dieser Trauer also fangen sie an. Wie kann ein Fünfjähriger sich da anders zur Wehr setzen, als zu behaupten, die Ritter lebten doch noch, bloß tief unter der Erde!

Plötzlich stehen wir in einem zauberhaften kleinen Garten, seinerseits Dach eines Raumes oder einer Zimmerflucht, die wir vorher schon durchquert haben, mit Blick weit über den See. Und dann kommt die Wohnung der Annette von Droste-Hülshoff, mit ihrem Sterbebett als Mittelpunkt, einem sehr bescheidenen, einsamen Bett, geschmückt von künstlichen Blumen.

Niemand würde sich beschweren, dem man diese Wohnung

anweist. Die geringe Quadratmeterzahl wird wettgemacht durch einen sehr guten Zuschnitt – und die Aussicht. Ein besseres Sprungbrett für die Sehnsucht unter beengten familiären Bedingungen ließe sich schwerlich denken, für ein Dasein der Fesseln und der Entfesselung zugleich. Für Intensität auf kleiner Grundfläche ist dieser Ort ideal, besonders für eine Frau, die nicht Herrin ihres eigenen Lebens ist. Dort oben hatte sie ihren Ort der Entgrenzung; einen Stock tiefer aber saß sie im Salon bei Schwester und Schwager und mutmaßlich einer komplizierten Handarbeit, die irgendwann nach Jahren eine bestickte Geldbörse oder Ähnliches ergab. Der sehr viel jüngere Levin Schücking war auch dabei, der sie zum Schreiben ermutigte und dem sie für jeden Tag ein Gedicht versprochen hatte: die einzige Chance, ihm auf indirektem Weg ihre Liebe zu gestehen. Die Büste der Dichterin schmückt den Eingang der Burg, ein Porträt, das in seiner biedermeierlichen Bravheit so gut wie nichts besagt. Es gleicht dem alten Zwanzigmarkschein, für den sie auch schon ihre spitze Nase so unglücklich hatte hinhalten müssen. Dieser Kopf wird von seiner Frisur vernichtet, dem untertänig gemachten langen Haar. Hier auf der Meersburg schrieb sie: «Ich muss immer sitzen so still und klar / Gleich einem artigen Kinde / Und darf mir nur manchmal lösen mein Haar / Und lassen es flattern im Winde.» Bei keiner anderen deutschen Gedichtzeile fühle ich so stark das Bedürfnis, einzugreifen, wie bei dieser letzten, um sie zu dem zu befreien, was sie eigentlich hätte sein wollen. Solches Flattern bleibt der Brennschere des Versmaßes unterworfen, es gehorcht, noch wo es ausbrechen möchte, ängstlich der Konvention. Es sollte heißen: Und es *flattern* lassen im Winde!

Station machen wir, für zwei Tage und also eigentlich zu lang, in Überlingen. Vor Überlingen war ich erst kurz zuvor gewarnt worden, von einer, die dort wohnt und aus familiären Gründen nicht wegkommt: Ich solle mich nicht von der Idylle des Sees und von der Putzigkeit der Altstadt blenden lassen, hier lebe ein pedantischer, verbiesterter, tief unglücklicher Menschenschlag, eine Sorte, die den Reichtum und die Schönheit ringsum gar nicht verdient habe und ihnen voll blinden Undanks begegne. Dies kann der flüchtige Reisende schwer nachprüfen, auch wenn er sich schon öfter gedacht hat, dass die Eignung einer Gegend als Ferienort sich zu derjenigen als dauernder Wohnsitz wohl umgekehrt proportional verhält. «Leben, wo andere Urlaub machen»? Bloß nicht!

Aber uns heimelt dieses Überlingen, das wir fast nur im Dunkeln sehen, doch an. Von dem, was die Warnerin gemeint haben könnte, funkelt gleichwohl etwas durch. «Hier keine öffentliche Toilette!» verkündet ein Schild am Eingang des entkernten alten Kurhotels am See, das alte Lied. Und gleich dahinter steht ein Piano, ein besonderes Exemplar, an dem die schwarzen und die weißen Tasten den Platz getauscht haben, verziert mit dem Hinweis: «Bitte nicht berühren!» Bitte, immerhin, trotz Ausrufezeichen. Aber ein solches Stück muss man einfach berühren, man muss ihm im Vorbeigehen mindestens einen einzelnen leisen Ton entlocken, sonst wird es seinen Wohlklang verlieren wie nicht getragene Perlen ihren Schimmer.

Am Bodensee sind wir ziemlich saumselig gewesen, was auch bedeutet, dass wir uns von seinem Saum nicht lösen mochten. Infolgedessen haben wir die B 31, die mit insgesamt zweihundert Kilometern eigentlich gar nicht so lang ist, dennoch in zwei zeitlich getrennte Etappen zerlegt; und starten die zweite nun in Ludwigshafen, an des Sees äußerstem westlichen Ende, wo der Weg sogleich steil ansteigt. Diesmal haben wir einen Mercedes der A-Klasse – das erste Mal im Leben, dass ich am Steuer eines Mercedes sitze; es kommt mir wie ein Fehlgriff nach oben vor, obwohl es gegen das bequeme, leise und folgsame Auto nicht das Mindeste einzuwenden gibt, es auch nicht teurer in der Miete und im Verbrauch sogar billiger ist als unser letzter Wagen. Es ist neblig und schon Nacht, ich bin weder mit dem Fahrzeug noch mit der Strecke vertraut; es strengt mich an.

Wir verhaspeln uns in der Dunkelheit, die jetzt schon früh einsetzt, kommen ab von der 31, kurven plötzlich durch Tuttlingen, finden unsere Trasse wieder und erreichen endlich Donaueschingen, das um sieben Uhr abends schon in nächtlichem Frieden liegt. In der Altstadt gibt es vier Hotels, den «Ochsen», die «Sonne», den «Hirschen» und die «Linde». Solche Namen flößen Vertrauen ein. In der Linde beziehen wir Quartier, und zwar, ohne dass wir uns um diese Ehre eigens beworben hätten, im exponiertesten Raum des Hauses, dem Erkerzimmer am Eck im ersten Stock.

Die Reise auf den Bundesstraßen neigt sich dem Ende entgegen; und es ist lehrreich und auch irgendwie erheiternd, abschließend festzustellen, dass es immer wieder die gleichen Fehler waren, auf die ich gestoßen bin. Wie oft saß in den fensterlosen Badezimmern der Hotels der Lichtschalter hinter der Tür und blieb also, wenn man hereinkam, praktisch unauffindbar. Oder wie jedes von ihnen auf eine andere, originelle Weise der Seife in der Dusche den Krieg erklärt, sei es, dass man sie überhaupt nirgends hinlegen kann, sei es, dass sie herunterrutscht oder von einem festinstallierten Kästchen ohne Abfluss aufgenommen wird, worin sie sich alsbald zu einem milchigglitschigen Etwas auflöst. Vor wie vielen (ausnahmslos modernen oder postmodernen) Gebäuden habe ich gestanden, die partout nicht preisgeben wollten, wo sich ihre Tür befindet, und vor wie vielen Türen, denen man es beim besten Willen nicht ansah, ob sie links oder rechts aufgingen, und sobald das geklärt war, immer noch zu raten gaben, ob man ziehen oder drücken muss. Das ist eine Aufgabe, welche die Designer noch nicht als die ihrige erkannt haben: eine Tür zu entwerfen, die sich ohne Schildchen selbst erklärt!

Am meisten aber habe ich gestaunt, wie schwer es den Einheimischen fällt, durch geeignetes Signalement einem Ortsfremden mitzuteilen, wo es langgeht. Wenn die Stadtverwaltungen begriffen, wie viel Unmut sich in ihren Besuchern bereits aufgestaut haben kann, ehe diese den avisierten Parkplatz, die angekündigte Sehenswürdigkeit auch nur von ferne zu Gesicht bekommen: sie würden sich eilig darum bemühen, neben dem behindertengerechten Zuschnitt aller Dinge (der ist ja inzwischen gründlich durchgesetzt) endlich einmal auch das Problem des fremdengerechten Zugangs ins Auge zu fassen. Man sollte meinen, die Reisenden aller Sorten wären eine hinlänglich große Interessengruppe, um hier in Wirksamkeit zu treten – es gehört schlechterdings jeder dazu, der sich auch nur ein paar Kilometer von seiner Heimatgemeinde wegbewegt. Aber während die Blinden zumeist ihre Lobbyisten haben, halten für die Touristen nur die Einheimischen vom Fremdenverkehrsamt Ausschau, die in ihrer Betriebsblindheit nicht sehen, was nottut. Überall in den Innenstädten prangt das uniforme rote «i» der Informationszentren. Aber diese sind unweigerlich geschlossen, wenn der Reisende ankommt und beispielsweise eine Unterkunft benötigt, nämlich abends und an den Wochenenden. Umso lieber hält man sie zu den Zeiten geöffnet, wenn keiner sie braucht, an den Vor- und Nachmittagen unter der Woche. Dies sind eben die Kernarbeitszeiten! Dass der Tourist jedoch vorzugsweise in der Kernfreizeit auftaucht – hat das schon mal jemand bedacht?

Wir gehen an einem wunderschönen warmen Novembermorgen, wie man ihn diesem Monat gar nicht zutraut, durch Donaueschingens Zentrum. Donaueschingen mag etwa 20 000 Einwohner haben und bietet alles, was zur deutschen Stadt dazugehört: den Haushaltswarenladen, der neben Kochtöpfen auch Spielzeug offeriert; die lustige Bronzebrunnengruppe, hier als musizierendes Quintett mit partiell beweglichen Teilen ausgeführt; den

Platz mit dem Rathaus; und den Floristen, der teuren starren Kitsch verkauft, Krimskrams aus Flechten und Moos und missfarbigen knochentrockenen Schoten, bei dem lebendige Blumen so gut wie gar keine Rolle mehr spielen. Keramikengel! Rosenkugeln! Reisigrehe! Ein Totenschiff aus Badeschwämmen und den Brauseköpfen von Gießkannen! So sehen die Dinger jedenfalls aus. Eine deutsche Stadt muss sehr klein oder sehr groß sein, um nicht auszusehen wie Donaueschingen, um wirklich weniger zu haben oder wirklich mehr zu bieten. Und wie jede deutsche Stadt hat Donaueschingen eine Besonderheit, mit der sie wirbt, für gewöhnlich abgebunden in der Form des Genitiv-Attributs, «Stadt des / der ...».

Im Fall von Donaueschingen ist das die Donauquelle. Sie befindet sich etwas seitab, nahe dem Schloss, denn Donaueschingen war, auch das gehört zu vielen dieser Städte, einmal Residenz eines kleinen Landes, des Fürstentums Fürstenberg. Man hat die Quelle vor ungefähr hundert Jahren, als dieser Ort, wie sich an vielen Details andeutet, mondäner war als heute, in ein großes kreisrundes Becken gefasst, zu dem man über eine Treppe niedersteigen muss, dazu in ein schönes, korbförmig nach innen gebogenes schmiedeeisernes Gitter mit Motiven des Jugendstils. Das Wasser ist völlig klar, dabei aber von einem meerhaft blauen Schein; Gasbläschen steigen hier und dort darin auf wie Schwärme winziger Fische, am Grund glitzern Münzen. Gisa meint, ich solle bloß kein Geld hineinwerfen, das bringe Unglück. Es scheint, dass der Münzwurf in bedeutsame Quellen und Brunnen unter allen Umständen etwas Schicksalhaftes nach sich zieht, nur über das Vorzeichen herrscht Uneinigkeit.

Das Ganze wird überkrönt von einer allegorischen Gruppe, «Mutter Baar weist der Tochter Donau den Weg». Die Mutter erscheint als Matrone im wallenden Gewand, sie zeigt mit einem vom künftigen Gang der Zeit höchst gefährdeten steinernen Finger über das Becken hinaus ins unbestimmt Weite; die Tochter aber ist eine nackte frühreife Elfjährige, die nicht ohne Zweideutigkeit posiert. Diese Gruppe ginge heute gar nicht mehr. Ein prüderes Zeitalter dachte sich nichts Arges dabei. Der Strom fließt ab über einen Ausguss, der kleiner als eine Badewanne ist.

Niemand, der diese Stelle aufsucht, kann sich dem starken Kontrast zwischen der Gewaltigkeit des Entspringenden und der Kleinheit seines Ursprungs entziehen. Mit rund 2800 Kilometer Länge ist die Donau der größte Fluss Europas, wenn man die in ihrer Randständigkeit eher schon asiatische Wolga außer Betracht lassen will. Am äußersten nordwestlichen Ende eines südöstlich zentrierten Kosmos gelegen, darf man Donaueschingen in gewisser Hinsicht als den Mittelpunkt unseres Erdteils betrachten.

Es fällt schwer, von einem Fluss und seinem Lauf zu sprechen, ohne die biographische Metapher zu bemühen. Zwar weiß jeder, dass die Donau zum selben Moment, wo sie hier entspringt, auch schon an ihrer Mündung angekommen ist; und doch drängt sich das Bild der Wiege auf. Kein anderer Strom der Erde berührt so viele verschiedene Länder: Neun sind es insgesamt. Sie alle treten vor und sprechen, in Form steinerner Weihinschriften, die sie haben anbringen lassen, ihren je einen Satz wie die Feen, die bei der Taufe Dornröschens zugegen sind und ihr einen Wunsch in die Wiege legen. Ganz sachlich macht es Österreich ab, der erste Nachbar, zu dem die Donau von uns aus übertritt: «In Dankbarkeit, dass seit 1989 kein Eiserner Vorhang mehr die Menschen an der Donau trennt.» Schon um einiges ergriffener gerät, was die Slowakei zu sagen hat: «Donau, die du Zeiten, Völker und Staaten scheidest, sei du ihr Band in den kommenden Jahrtausenden.» Die Zahl der Stromkilometer übersetzt sich ganz zwanglos in die Länge der historischen Perspektive, und so auch beim Beitrag des nächsten Landes: «Die Donau ist eines der Wunder der Natur. Für uns Ungarn ist sie seit 1100 Jahren Teil unseres Lebens. Gott segne den Ort ihres Ursprungs!» Je weiter hinab am Lauf ein Land liegt, desto mehr begreift es den Strom als eine Nabelschnur, und desto feierlicher, flehender sogar, wird der Ton. «Auch die Donau, besungen in der kroatischen Hymne, bindet schon jahrhundertelang das kroatische Volk und den kroatischen Staat an die große europäische Familie.» Das klingt etwas nach Geschichtsklitterung – denn der kroatische Staat ist nagelneu –, aber jedenfalls offiziell; wie ein privater Stoßseufzer hinter dem Rücken der Macht hingegen der Beitrag aus dem isolierten Serbien: «Donau, du große Majestät, bringe etwas Luft, von der man nicht vergeht!» So ringt die Hoffnung um Atem; der Trotz aber spricht: «Rumänien, tausendjährige Hochburg Europas, Wache der Donaumündung!» Und halb ungläubig, schon ganz aus der Ferne tönt es: «An der Quelle des grandiosen Flusses, der Bulgarien mit dem Herzen Europas verbindet.»

Fehlt noch ein Land? Ja, die Ukraine! Sie hat das letzte kleine Stückchen Ufer vor dem Ende in ihrem Besitz, und darum liegt in dem, was sie zu sagen hat, Staunen und Wehmut. «Donau, hier ist deine Quelle. Von hier fließt du bis ins Schwarze Meer. Deine Wasser tragen Erinnerungen ...», den Rest der goldenen Lettern im stark geäderten Marmor kann ich auf dem Foto, das ich gemacht habe, leider nicht mehr entziffern. Ein Rätsel bleibt jedoch, warum ausgerechnet dieser vergleichsweise kleine Quell als der Ursprung der Donau gilt. Denn schon ein paar Hundert Meter weiter vereinigt er sich mit einem weit größeren Wasserlauf, und jeder unbefangene Beobachter müsste sagen, dass in diesen mündet, was Donau heißt. Warum hat die Überlieferung es anders entschieden? Wir finden es nicht heraus.

Von hier ab führt die B 31 im Ernst durch den Schwarzwald. Dieser ist, vorsichtig gesagt, nicht mein Fall. Er ist kein besonders hohes Gebirge, nicht einmal hier, wo er Hochschwarzwald heißt. Interessante Formen fehlen ihm, er ist nicht wild, nicht einsam, überall wimmelt es von Menschen und ihren Spuren; aber er lässt ihnen keinen Platz, er quetscht sie in die Täler, und erstaunlich große Orte quälen sich an überraschend steilen Hängen hin; Neustadt etwa, das aussieht wie in einen Spalt gekippt. Der Schwarzwald ist von graugrüner Düsternis, seinen Namen trägt er mit nur geringer Übertreibung zu Recht, die Nadelbäume treten bis dicht an die Häuser heran; und es handelt sich, soweit ich das aus dem fahrenden Auto erkennen kann, wirklich um Tannen, kenntlich daran, dass ihre Nadeln rund wie bei einer Flaschenbürste um den Zweig sitzen und nicht säuberlich gescheitelt wie bei den Fichten, die meist sonst der Fall sind, wo sich in deutschen Landen ein vergleichbar dunkelöder Anblick bietet.

Wir halten in Titisee. Hier scheint die Dunkelheit des Waldgebirges ihren Mittelpunkt zu haben. Der namengebende See ist offenbar ein Karsee, wie sie sich am Fuß einst vergletscherter Berge gebildet haben, mehr oder weniger rund und allseits von Hängen umzingelt, kratergleich; auch hier lässt der Tannenwald kaum Raum für andere, leichtere Formen des Lebens. Und ohne dass er dem Himmel Platz ließe, bespiegelt nur er sich allseits auf der ruhigen Fläche des Sees und wird noch dunkler in der Reflexion, sodass auch das Wasser nicht, was es doch sonst meist tut, Helligkeit in die Landschaft bringt. Selbst als zwischenzeitlich die Sonne durchbricht, hält dieser Spiegel beirrenderweise, wie unter einem bösen Zauber, an seiner Dunkelheit fest.

Eng, dunkel und wie aus einer anderen Zeit ist auch der Ort. Sein Gepräge muss er erhalten haben, als der Schwarzwald noch ein echtes Urlaubsgebiet war und nicht nur ein Ausflugsziel für Tagestouristen, die wenig Geld dalassen, ein Tässlein Kaffee hier, eine Postkarte dort … Es gibt in Westdeutschland viele solche Orte, die darunter zu leiden haben, dass man nur noch nebenbei hinfährt und nicht, um hier richtig Urlaub zu machen, denn dafür hat man heute die Toskana, Irland und Lanzarote, Australien und den Westen der USA; und wenn es einer doch tut, so gibt er sich selbst als Relikt aus alten Zeiten zu erkennen. Das Rheintal ist auch so eine Gegend; aber dort sorgt der Fluss dafür, dass die Landschaft nicht allzu klaustrophobisch gerät. Titisee in seiner kraterhaften Abgeschlossenheit ist etwas Besonderes.

Als hätte, was die Natur vorgibt, nicht genug Dunkelheit in sich, mühen sich die Bauten darum, sie nochmals zu vertiefen. Das «Romantik-Hotel am See» mit seinen vier Sternen ist komplett mit Holz verschalt, das fast schwarz ist, mit Fensterläden in einem nicht viel lichteren Grün; sie wirken merkwürdig fehl am Platze an einem so großen Gebäude, wie ein Paar Zöpfe bei einer erwachsenen Frau. Beim Kurhaus handelt es sich erkennbar um eine Konstruktion der Siebziger, aber auch dieses ehrt in seinem tief herabgezogenen Ziegeldach und der Finsternis seiner Oberflächen aus Glas und Metall die örtlichen Traditionen. Bloß kein Licht machen in der Welt! Das Restaurant und Hotel, wo wir unser obligatorisches Tässlein Kaffee zu uns nehmen, hat sich in jeder Epoche eine Art Jahresring zugelegt. Seinen Kern bildet ein vierstöckiger Riegel, schwer zu sagen, ob aus den dreißiger oder fünfziger Jahren (denn die Fünfziger lieben die Dreißiger und schließen sie in die Arme wie eine Gattin den aus Krieg und Gefangenschaft spätheimkehrenden Ehemann). Jeder Stock ist ein wenig kärglicher als der darunter und der oberste ein ganz schmales senfgelbes Band unterm Dach, mit Kämmerlein für den Arbeiter der Faust, dem Hitlers Freizeitorganisation «Kraft durch Freude» erstmals in seinem Leben einen Urlaub ermöglicht hat. Dann folgt der nüchtern kubische Vorbau von 1970. Davor steht ein polygoner Pavillon aus Glas und dunklem Holz, wie die Achtziger es mochten. Und der jüngsten Gegenwart gehört die Umfassung des Komplexes an, ein ganz niedriger Lattenzaun in einem südlichen Landhausstil, mit schnörkelhaft altmodischen Laternen, ganz in Weiß, aber einem Weiß, das in dieser Umgebung knochen- oder geisterhaft, jedenfalls ungut wirkt. Das Ganze ist von einer ausführlichen und elaborierten Hässlichkeit, deren Faszination man sich so schwer widersetzen kann wie der Schwerkraft eines Schwarzen Lochs im Kosmos. Dass es so etwas gibt! Es durchströmt den Betrachter mit einer gewissen boshaften Genugtuung über die Fülle der Welt. Der riesige Kaffeesaal im Inneren gewährt einen weiten Blick über den See, soweit in diesem Kessel von Weite die Rede sein kann, und ist auf unheimliche Weise vollkommen leer.

Ja, die Lust am Unheimlichen findet in Titisee reiche Nahrung. Dass wir in der Urheimat der Kuckucksuhren weilen, ist uns seit Donaueschingen klar. Aber hier wuchern sie ins Monströse. In den Schaufenstern bieten sie sich dar wie puppenstubenhafte Doppelgänger der Hotels, das schauerliche Paradox eines riesenhaft gewordenen Zwergentums, jedes wartet auf mit noch mehr Accessoires, Schwarzwaldpärchen und Mühlidyllen, die der vollen Stunde harren, um sich mit grässlicher Lustigkeit in Bewegung zu setzen. Leicht kostet ein solcher Kasten tausend Euro; darunter hängen die Ketten und metallenen Zapfen, die das Uhrwerk in Gang halten, wie ein Bannfluch der Unterwelt.

Natürlich wird dem Besucher auch der freie Zugang zum See verwehrt, das muss nun einmal so sein, unendlich läuft an der Straße der Jägerzaun entlang, und wenn man dann doch Eintritt in den streifenschmalen Uferpark gefunden hat, tritt einem alsbald ein mehrgliedrig aus Beton, Natursteinstelen, aufgehäuften Felsbrocken und Käfiggittern gefügtes Hindernis entgegen, als lauerten dahinter die großen Raubtiere eines Zoos, weit geht die Absperrung ins Wasser hinaus; ein unbefugter Eindringling müsste sich, um sie zu umgehen, bis zum Hals ins Wasser wagen. Aber was wirklich geschirmt wird, ist bloß der Ministrand eines Hotels. Sein kläglicher Umfang steht in einem erstaunlichen Missverhältnis zum Aufwand der Umwallung. Wichtiger, als was man selber hat, ist, dass der andere es nicht haben soll.

Ein schweres Fernrohr offeriert gegen Einwurf von fünfzig Cent verbesserte Aussicht auf den See, liefert aber bloß einen grobkörnigen, desorientierenden Tunnelblick auf Einzelheiten am fernen Ufer, eine Ente, ein Holzhäuschen. Und plötzlich fällt einem ein: Dies wäre das ideale Setting für Horror oder einen Thriller auf Deutsch! Diese beiden erregenden Genres sind ja fast völlig auf die USA beschränkt geblieben. In Deutschland ist in den letzten Jahren zwar der Regionalkrimi ins Kraut geschossen, aber der interessiert sich ja in der Regel noch nicht einmal im Ernst für seinen Plot, geschweige denn dass er tiefere, schlimmere Qualitäten erreichte; sein wahrer Zweck besteht darin, durch die Annahme eines Kriminalfalls das von Haus aus statische Lokalkolorit eben genug in Bewegung zu setzen, dass es für ein Buch langt, eine recht gemütliche Zielsetzung. Es dürfte mal wieder unsere NS-Vergangenheit sein, die die bebende böse Lust blockiert, ohne welche Thriller und Horror nun einmal nicht auskommen.

Buch oder Film könnten mit dem beiläufigen Blick des Besuchers durch besagtes Fernrohr starten; er lässt sein Auge gelangweilt über die düstere Fläche des Sees schweifen; zufällig erfasst er das Holzhäuschen am anderen Ufer, versteht erst gar nicht, was er sieht; er blickt noch einmal hin, und, ja, dort begibt sich soeben das Inkommensurable … Verstört lässt der Beobachter das Rohr fahren, schaut mit nunmehr unbewaffnetem Auge, um, was er gesehen hat, in einen Zusammenhang zu rücken, aber da ist das Holzhäuschen zum kleinen Fleck geschrumpft und, was immer geschah, verschwunden. War es überhaupt real? So könnte man anfangen; und allmählich

glitten die Kuckucksuhren und schwarzen Hotels hinein in den abgründigen Wirbel …

Städte stellen sich ihrem Besucher, wenn dieser das erste Mal kommt, oft anders dar, als sie glauben. Man fährt das Höllental hinunter und erreicht Freiburg im Breisgau durch einen großen ungastlichen Tunnel. Man wird um die Altstadt herumgelotst; ringsherum zieht sich eine Infrastruktur aus Stadtautobahnen und bastionsartigen Parkhäusern. Freiburg gilt als eine der schönsten und als die lebenswerteste Stadt Deutschlands. Dies trifft offenbar nur auf ihr Zentrum zu, das klein ist wie überall; außerhalb davon sieht sie aus wie alle anderen auch, ja schlimmer, da sie derartigen Aufwand treibt, diesem Zentrum die Behelligungen durch den Autoverkehr zu ersparen: Also tut sich hier mehr an den Rändern. Freiburg bildet eine Nuss, deren Schale dreimal so dick ist wie ihr süßer Kern. Wir parken am Bismarckring auf Höhe des Bahnhofs, vor den Toren der Innenstadt. Der Fußgänger findet sich auf ein Schlachtfeld geworfen, auf dem unumschränkt das Automobil regiert. Zur Überquerung der überbreiten Ringstraße braucht er mehrere Ampeln, die markantesten Strukturen sind die Zugänge zu den zwei Tiefgaragen, ferner eine Brücke, neben ihr eingeklemmt eine Fußgänger-Rampe Richtung Innenstadt, der Bahnhofsvorplatz, ein Taxistand, Trennelemente aus Beton, die dem Autoverkehr die Gefährdung durch herumirrende Menschen ersparen helfen sollen. Als ob das alles nicht genügte, stehen noch mehrere tornadoförmige Skulpturen herum, die den desorientierenden Effekt, den man der Gleichgültigkeit zuschreiben möchte, wie aus Mutwillen noch verstärken.

Wir haben die Wahl zwischen Novotel und Intercity-Hotel, beide von abweisendem Äußeren, und entscheiden uns für das Intercity. Es wirkt wie die Fortsetzung der beiden Tiefgaragen mit oberirdischen Mitteln. Die winzige Eingangstür finden wir kaum, ein altes, Architekten und Betreibern stets unzulänglich bekanntes Problem, siehe oben. Die Auslegware in den schmalen Gängen ist mit einem hell- und dunkelgrauen Muster gestaltet. Am meisten liebevoller Aufwand wurde mit zwei Vitrinen in der Eingangshalle getrieben, die den Gästen teure Geschenke auf die Schnelle anraten, Wecker, Uhren, Automodelle, Schreibgarnituren, säuberlich getrennt danach, was sich von der Geschäftsreise dem gehörnten Ehemann und was der betrogenen Gattin mitbringen lässt. Etwas aus diesen Glaskästen geschenkt zu bekommen muss Verdacht auslösen. Als wir uns eingerichtet haben und die Innenstadt aufsuchen, finden wir sie so schön, wie es heißt. Aber wir wissen auch, welcher Preis dafür fällig war.

Die Stadt, wie bei dieser Größenordnung in Deutschland gar nicht anders möglich, hat im Krieg ihr Fett abbekommen. Aber es ist ihr gelungen, die Wunden zu schließen. Sie hat ihre Straßenzüge behalten und sie mit kleinem Pflaster bedeckt; dazwischen rinnen, mühelos auch für alte Leute zu überschreiten, kleine Bäche, die ein geheimes Netz in der ganzen Stadt zu bilden scheinen. Glücklich sind die Neubauten geraten, große Sorgfalt wurde an ihre Fenster verwandt, glücklich auch ihre Farben, die sich alle irgendwie als sozusagen musikalische Variationen des warmen dunkelroten Sandsteins zu erkennen geben, der hier vorwiegt, und an einem bedeckten Spätherbsttag sehr wohltun. Seinen Mittelpunkt, von dem er nach allen Seiten strahlt und wirkt, hat dieser schöne Stein an dem gotischen Münster, das auf Anhieb viel kleiner wirkt, als es ist, einfach weil es so anheimelt. Sein reicher Skulpturenschmuck besitzt, bei aller Qualität, etwas Treuherziges in den vollrunden, faltentiefen, gar nicht großen Gestalten. So bietet es sich als Antipode des himmelstürmenden Münsters von Ulm dar, das nur eines wollte, nämlich hoch hinaus, und diesem Zweck alle irdischen Rücksichten geopfert hat.

Freiburg, wie gesagt, gilt als die Stadt in Deutschland, wo sich am besten leben lässt. Für den durchreisenden Gast ist das nicht ohne weiteres nachzuprüfen. Nachdem er den Schwarzwald durchmessen hat, verspürt er zunächst einmal Dankbarkeit für die Entdüsterung, die diese Stadt spendet. Und es ist warm! Wir sitzen an einem späten Sonntagmorgen im November zum Brunch im Straßencafé (wenngleich mit Mantel) und frieren nicht. Der Sonntags-Brunch scheint in Freiburg große Beliebtheit zu genießen; man könnte sich wirklich daran gewöhnen. Möchte man hier wohnen? Freiburg ist die Stadt der Fahrräder. Die Fahrradfahrer, die ja sonst mehr oder weniger den Fußgängern zugeschlagen und mit diesen zusammen den Autofahrern kontrastiert werden, haben sich hier zu einer Art von Mittelstand oder drittem Geschlecht entwickelt. Ein Radfahrer, ein älterer, eher stiller, bärtiger Herr, stellt mich zur Rede, dass ich als Fußgänger den Radweg benutze. Ich tue es, weil der Fußweg von parkenden Fahrrädern versperrt ist. Hier hat sich etwas formiert, eine Schicht oder ein Milieu, das man in seinem Auftreten nicht nur als angenehm erlebt.

Gut gefällt uns ein italienisches Restaurant, das für vier Euro einen Teller exzellenter Pasta serviert. Wie können sie so billig sein? Wir achten auf das Publikum. Es kommen hierher diejenigen, die in der Stadt eingekauft haben, schwer von kleinen Paketen; daneben Paare, auch Trios von Freundinnen, Schülerinnen sogar (Liebespaare mit ihrem geschäftsschädigenden Hang zum Verweilen eher nicht); insgesamt Leute, die mutmaßlich hinterher noch anderes vorhaben. Das erhöht die Umschlagsgeschwindigkeit. Fünfmal hintereinander bestimmt lässt sich jeder Tisch pro Abend besetzen. Nicht ein Restaurant mit seinen schwerfälligen zeitraubenden Ritualen ist es, sondern eine Art Ess-Café. Es kommen hierher selbst Frauen *allein*, um zu essen. Das ist der ultimative Vertrauensbeweis. Dieses Geschäftsmodell trägt. Hinterher besuchen wir ein Kino, was in fremden Städten immer besonders süß ist, und können nur staunen, wie «Paranormal Activities» aus einem Nichts von Budget und den ältesten Kamellen des Genres einen völlig in Bann schlagenden Horrorfilm gezaubert hat.

Weiter geht es in Richtung der deutsch-französischen Grenze. Wir durchqueren eine weich ausdrucksvolle Landschaft, vom wechselnden Novemberwetter feucht und verwirrt im Himmel wie auf Erden, und voll plötzlichen nassen Blaus. Eine begrenzte Ebene, die ihre niedrigen Berge ehrt: den Tuniberg und den Kaiserstuhl. Hier gedeiht der Wein, in deutschen Landen immer stolzer Ausweis eines ungewöhnlich milden Klimas. Wein ist bei uns nicht bloß Wein, sondern ein Ticket in den Süden. Dies ist die Wiege der ökologischen Bewegung in Deutschland. Ausgerechnet hier sollte eins der ersten Atomkraftwerke entstehen. Uralte Graffiti setzen sich, unter Aufbietung eines meist schlampig ausgeführten Totenkopfs, zur Wehr gegen das Kernkraftwerk in Wyhl. Nach dreißig Jahren hat sie noch keiner beseitigt. Waltet da eine Nachlässigkeit, die sich nicht um das Erscheinungsbild des öffentlichen Raums kümmert, oder stehen diese Sprayereien schon unter dem inoffiziellen Denkmalschutz der Sentimentalität?

Wir erreichen Breisach, wo unsere Bundesstraße endet. Wir erkennen die Wein-Kleinstadt mit ihrem erlesenen Fremdenverkehr, wie sie sie uns schon im unterfränkischen Iphofen an der B 8 entgegentrat. Aber diese hier trägt zudem die schönen Zeichen Frankreichs: große Fenster mit entsprechenden Fensterläden, Mansarden, etwas unbestimmbar Nachlässiges inmitten des unverkennbar deutschen, genauer: hartnäckig-aufwendigen südwestdeutschen Denkmalschutzes. Diese Stadt war immer eine Festung, sie wurde von Kanonaden durchgewalkt wie ein Rührteig. Wir steigen auf zum Münsterberg. Wie schwer entzieht man sich dem Magnetismus, der immer von der Hauptkirche ausgeht! Von gotischen Kirchen ist nun wirklich des Langen und Breiten die Rede gewesen. Und dennoch. Dennoch ist immer die gotische Kirche das unvermeidlich Beste, was diese alte Reichsstadt und jener ehrwürdige Marktflecken zu bieten haben. Im Grunde ist es immer dasselbe, wie eine glückliche Kindheit; wehe nur dem Leben, dem sie fehlt. In Breisach erstaunen wir bloß über den kreuzweghaften Aufstieg, der diese Kirche so weit von ihrer Gemeinde trennt und speziell von denen, die ihrer am meisten bedürfen, den alten Frauen mit ihren Hüftproblemen. Mit einem Mal erblicken wir den Rhein.

Auch hier machen wir wieder den kleinen Schritt über die Grenze hinaus ins Nachbarland. So kommen wir nach Neu-Breisach im Elsass, französisch Neuf-Brisach. Leider hören wir niemanden, der den Namen ausspricht, und erfahren so nicht, wie unser brachialer Kehllaut sich drüben verwandelt, ob wir mit einem «Brisasch» oder «Brisakh» zu rechnen haben, Letzteres mit auslautendem H, das der Erschöpfung nach vollbrachter Tat entspräche. Neu-Breisach ist eine unzerstörte Festung. Sternförmig hat sie der Festungsbaumeister Ludwigs XIV., Vauban, in die Ebene gesetzt. Das Innere kann der sinnreich-aufwendigen Umpanzerung nicht das Wasser reichen; wie eine Mohnkapsel schließt sie sich um den losen Inhalt, den Ort. Niedrige, ehrgeizlose, dabei nicht uncharmante Häuser auf einem geometrischen Grundriss sind es; und schon bald halten wir auf einem großen Platz, der ersichtlich mehr dem Exerzieren als dem Verkauf von Gemüse gedient hat. Wir befinden uns vielleicht fünf Kilometer von der deutschen Grenze. Und doch ergreift uns hier ein provinzieller Friede, wie er so nur in Frankreich gedeiht und niemals in Deutschland. In Frankreich geht es oft noch um vieles langweiliger zu. Aber diese Langeweile beschert dem, der dafür empfänglich ist, etwas anderes, worüber sich nur schwer sprechen lässt.

Ehe wir nach Neu-Breisach kommen, und wieder auf dem Rückweg, macht uns ein Schwarm von Kreisverkehren ganz wirr im Kopf. Endlich erkennen wir das Epizentrum all dieser zirkulären Konfusionen: Die bewunderte Sternfestung war es, von der die modernen Straßenbauer die Kunst erlernt haben, Flächen zu beherrschen, indem sie radiale Strukturen schufen und die Bahnen gleichartig in alle Richtungen davonschießen ließen. Die Verkehrsplaner wandeln in den Spuren des Sonnenkönigs.

Wie viele Bundesstraßen gibt es? Das lässt sich gar nicht so leicht sagen. Sie sind zwar durchnummeriert, mit 1 beginnend. Je höher aber die Zahlen steigen, desto mehr Unordnung gerät ins System, desto mehr Lücken tun sich auf. Aus der Existenz der B 173 kann man nicht ohne weiteres schließen, es müsse auch eine B 172 und eine B 174 geben. Und es wird ständig gebaut. Bisherige Bundesstraßen werden zu Autobahnen hoch- oder, wenn eine neue Autobahn gleich daneben ihnen die Last des Fernverkehrs abnimmt, zu Staats- oder Kreisstraßen heruntergestuft. Nicht selten bekommen sie eine neue Streckenführung, die die Orte umgeht und den Verkehrsfluss beschleunigt; diese Straßen erhalten dann hinter ihrer Nummer ein «n», für «neu», und die entsprechende Bundesstraße existiert dann abschnittsweise doppelt.

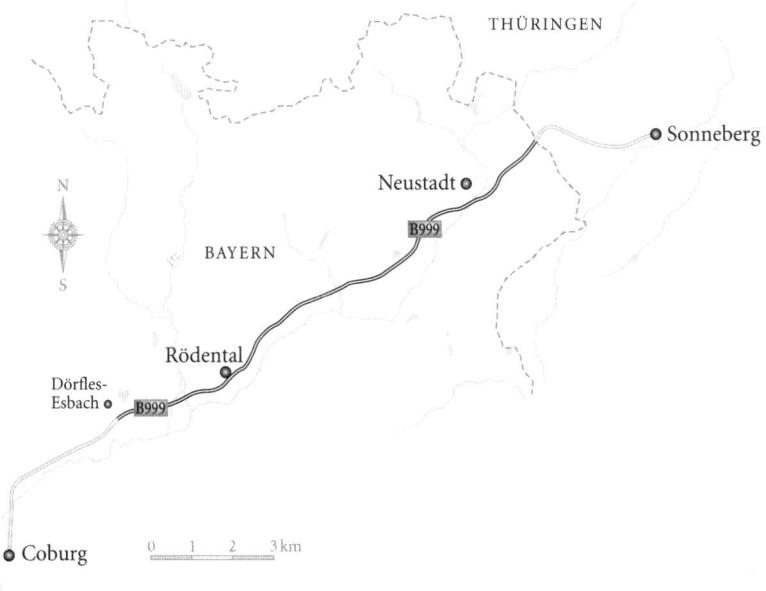

Als Faustregel gilt: Je höher die Nummer, desto kürzer die Straße. Die wirklich langen Magistralen, die das Land von einem Ende zum anderen durchziehen, bleiben im Einstelligen; fünf von ihnen haben wir in voller Länge ausgefahren. Die meisten mit einer zweistelligen und alle mit einer dreistelligen Zahl sind von regionaler, manchmal sogar nur lokaler Bedeutung. Das System endet absehbar mit 999.

Die B 999 gibt es tatsächlich. Wir erreichen sie, indem wir von der B 19 aus einen Abstecher nach Nordosten machen. Sie dient als Umgehung für Rödental und hat eine Länge von vielleicht fünf Kilometern. Rödental besteht aus einer Anzahl von Ort- schaften, die im Lauf der Zeit längs ihrer Durchfahrtsstraße zu- sammengewachsen und zur Gemeinde vereinigt worden sind. Der Ortsname stellt eine offensichtlich junge Erfindung dar; er soll Zwistigkeiten vermeiden, wie sie oft in ähnlichen Fällen entstehen, wenn ein Ort den anderen seinen Namen aufzwingt. Rödental ist eine Industriegemeinde, die Dörfer, aus denen es hervorging, lassen sich nicht mehr ausmachen, aber eigent- lich städtischen Charakter besitzt es auch nicht. Wir kommen an nicht weniger als drei Fabriken der Firma Zapf vorbei, die Puppen herstellt; eine der Fabiken ist in schreiendem Pink ge- strichen.

Das Tal bietet sehr wenig Platz; die Gemeinde ist schmal und lang und wird in ihrer gesamten Länge von der Straße durch- zogen, die Coburg mit Sonneberg verbindet. Selbst an einem gewöhnlichen Nachmittag unter der Woche wie heute muss der Verkehr für die Anwohner (und Anwohner sind hier praktisch alle) eine schwere Belastung bedeuten. Wer auf die andere Seite will, um im Bäckerladen gegenüber einzukaufen, muss sich den Weg quer zu einer unendlichen Auto-Karawane erkämpfen. Der Lärm dürfte erst mit der Nacht aufhören, und vielleicht selbst dann nicht. Die Straße stellt die Lebensader der Gemeinde dar; mit ihr und durch sie ist sie zu dem geworden, was sie heute ist.

Und doch lässt sich nichts leichter begreifen, als dass die Rödentaler sie heute aus ihrem Ort hinauswünschen.

Aber wo steckt die B 999? Wir begegnen ihr erst, als wir Rödental in Richtung Sonneberg verlassen. Sie wird gerade gebaut. Im Bogen soll sie um die Gemeinde herumführen, um den direkten Anschluss an die A 73 herzustellen. Da es im Tal für sie keinen Platz gibt, fräst sie sich in den Hang hinein. Die Rödentaler, die früher vor ihren Häusern den Krach und den Gestank zu erdulden hatten, werden nun stattdessen eine Barriere dahinter bekommen, die sie von Wald und Flur abschneidet. Die Erdarbeiten sind weit gediehen, ein erhebliches Waldstück gerodet, die künftige Trasse ist bereits eingetieft. Intensiv roter Lehmboden tritt zutage; die Farbe lässt ihn wie zerfleischt erscheinen.

Wir halten an einem Parkplatz für Baufahrzeuge, inmitten des Drecks. Neben einer Linde, die wunderbarerweise verschont ist, steht eine große Eisenwaffel, wie man sie zur Sicherung von Ausschachtungen verwendet. Die großen roten Erdhügel sind teilweise schon wieder von Unkraut bedeckt, wie eine Wunde, kaum dass sie geschlagen ist, sich sogleich aus eigener heilender Kraft zu schließen beginnt. Die fertige Straße wird ihre Narbe sein.